职业教育改革创新示范教材 II

汽车涂装工艺

QICHE TUZHUANG GONGYI

主　编　易建红　李秀峰
副主编　向忠国　李和平

人民交通出版社
China Communications Press

内 容 提 要

本书是职业教育改革创新示范教材之一,其主要内容包括:表面的清洁与除油、表面的前处理、底漆的涂装、腻子的刮涂及打磨、中涂底漆的涂装、面漆的调色、面漆的涂装、面漆的修整、塑料件的涂装、局部修补涂装、板块修补涂装、全车涂装。

本书可作为职业院校汽车车身修复专业、汽车运用与维修专业的教材,也可供汽车维修及相关技术人员参考阅读。

图书在版编目(CIP)数据

汽车涂装工艺 / 易建红,李秀峰主编. — 北京:人民交通出版社,2012.7
ISBN 978-7-114-09820-8

Ⅰ. ①汽… Ⅱ. ①易… ②李… Ⅲ. ①汽车–涂漆–职业教育–教材 Ⅳ. ①U472.44

中国版本图书馆 CIP 数据核字(2012)第 108570 号

职业教育改革创新示范教材Ⅱ

书　　　名:	汽车涂装工艺
著 作 者:	易建红　李秀峰
责任编辑:	钟　伟
出版发行:	人民交通出版社股份有限公司
地　　　址:	(100011) 北京市朝阳区安定门外外馆斜街 3 号
网　　　址:	http://www.ccpress.com.cn
销售电话:	(010) 59757973
总 经 销:	人民交通出版社股份有限公司发行部
经　　　销:	各地新华书店
印　　　刷:	北京市密东印刷有限公司
开　　　本:	787×1092　1/16
印　　　张:	17
插　　　页:	1
字　　　数:	380 千
版　　　次:	2012 年 7 月　第 1 版
印　　　次:	2018 年 1 月　第 5 次印刷
书　　　号:	ISBN 978-7-114-09820-8
定　　　价:	35.00 元

(有印刷、装订质量问题的图书由本社负责调换)

职业教育改革创新示范教材编委会

(排名不分先后)

主　　　任：简玉麟(武汉市交通学校)
副　主　任：曹建波(武汉市交通学校)
　　　　　　袁立新(湖北黄冈交通学校)
　　　　　　徐太长[湖北交通职业技术学院(中职部)]
　　　　　　高德胜(武汉市东西湖职业技术学校)
　　　　　　杨　进(武汉市汽车应用工程学校)
　　　　　　刘　涛(武汉市第三职业教育中心)
　　　　　　龙善寰(武汉机电工程学校)
　　　　　　李　强[湖北十堰职业技术(集团)学校]
　　　　　　余明星(武汉市交通学校)
　　　　　　程　骏(武汉中交盛世图书有限公司)
委　　　员：张宏立、刘惠明、宋波舰、任晓农、蔡明清、何爱明、冯汉喜、
　　　　　　何本琼、易建红、彭万平(武汉市交通学校)
　　　　　　朱帆、吴晓冬(湖北黄冈交通学校)
　　　　　　黄远军、刘小锋、黄刚[湖北交通职业技术学院(中职部)]
　　　　　　邹雄杰、黄丽丽、宗传海、李晶(武汉市东西湖职业技术学校)
　　　　　　周琴、林琪、牛伟华、白建桥、童大成(武汉市汽车应用工程学校)
　　　　　　董劲松、叶婷婷、晏雄波(武汉市第三职业教育中心)
　　　　　　彭无尘、胡罡、宋天齐、孙德勋(武汉机电工程学校)
　　　　　　唐棠、余立明、周松兵[湖北十堰职业技术(集团)学校]

前言

《国家中长期教育改革和发展规划纲要(2010—2020年)》中提出:大力发展职业教育,把职业教育纳入经济社会发展和产业发展规划,把提高质量作为重点;以服务为宗旨,以就业为导向,推进教育教学改革。实行工学结合、校企合作、顶岗实习的人才培养模式;满足人民群众接受职业教育的需求,满足经济社会对高素质劳动者和技能型人才的需要。

职业教育的发展已作为国家当前教育发展的战略重点之一,但目前学校所使用的教材普遍存在以下几个方面的问题:

(1)学生反映难理解,教师反映不好教;

(2)企业反映脱离实际,与他们的需求距离很大;

(3)不适应新一轮教学改革的需要,汽车车身修复、汽车商务、汽车美容与装潢等专业教材急缺;

(4)立体化程度不够,教学资源质量不高,教学方式相对落后。

针对以上问题,结合人民交通出版社汽车类专业教材的出版优势,我们开发了"职业教育改革创新示范教材"。本套教材以"积极探索教学改革思路,充分考虑区域性特点,提升学生职业素质"的指导思想,采用职教专家、行业一线专家、学校教师、出版社编辑"四结合"的编写模式。教材内容的特点是:准确体现职业教育特点(以工作岗位所需的知识和技能为出发点);理论内容"必需、够用";实训内容贴合工作一线实际;选图讲究,易懂易学。

该套教材将先进的教学内容、教学方法与教学手段有效地结合起来,形成课本、课件(部分课程配)和习题集(部分课程配)三位一体的立体教学模式。

本书由武汉市交通学校易建红、武汉市东西湖职业技术学校李秀峰担任主编,由武汉市交通学校向忠国、李和平担任副主编,参加编写的还有彭万平、易昌盛。

限于编者的经历和水平,书中难免有不妥或错误之处,敬请广大读者批评指正,提出修改意见和建议,以便再版修订时改正。

职业教育改革创新示范教材编委会

2012年1月

目录 CONTENTS

第一篇 基 础 篇

学习任务一　表面的清洁与除油 …………………………………… 2

学习任务二　表面的前处理 ………………………………………… 22

学习任务三　底漆的涂装 …………………………………………… 45

学习任务四　腻子的刮涂及打磨 …………………………………… 73

学习任务五　中涂底漆的涂装 ……………………………………… 95

学习任务六　面漆的调色 …………………………………………… 113

学习任务七　面漆的涂装 …………………………………………… 135

学习任务八　面漆的修整 …………………………………………… 155

学习任务九　塑料件的涂装 ………………………………………… 181

第二篇 综 合 篇

学习任务十　局部修补涂装 ………………………………………… 200

学习任务十一　板块修补涂装 ……………………………………… 222

学习任务十二　全车涂装 …………………………………………… 240

参考文献 ……………………………………………………………… 263

第一篇 基础篇

汽车涂装可以分为汽车制造涂装和汽车修补涂装两种形式，这两种形式既有很多相同的地方，也有很多的不同。从这两个行业对从业人员的技术技能要求来看，汽车修补涂装施工人员一般是从接车开始，到交车都是由一个人完成，对于修补过的部位要做到无痕迹修补，所以其在技能方面要求更全面，在技术方面要求更精湛。在本书中我们将以汽车修补涂装技术为主，汽车制造涂装为辅来讲解汽车涂装的相关知识和工艺。

汽车修补涂装根据其作业内容及作业顺序的不同，又可以大致分为表面的清洁与除油、表面的前处理、底漆的涂装、腻子的刮涂及打磨、中涂底漆的涂装、面漆的调色、面漆的涂装、面漆的修整等基本的几大步骤。在本篇里面我们将以作业顺序为主线，以作业内容为模块，将完整的汽车修补涂装工艺流程分成不同的学习任务来组织学习。

学习任务一 表面的清洁与除油

学习目标

完成本学习任务后,你应当能:
1. 明确汽车涂装的作用;
2. 了解汽车涂装的特点和分类方法;
3. 了解汽车涂装中的危害及如何进行安全防护;
4. 正确使用相关的工具和设备;
5. 安全规范地进行工件表面的清洁与除油工作。

建议完成本学习任务的时间为 **10 课时**。

学习任务描述

一扇车门中间位置由于碰撞出现了变形,经钣金校正后,虽然基本上恢复了表面形状,但是油漆涂层已出现了严重的损伤,板件表面也有轻微的凹凸不平。现在需要你对车门进行修理,让车门上的油漆涂层恢复到完好的状态。

在进行维修之前,通过检查,发现车门上积有大量的灰尘、油脂、车蜡等污染物(图1-1),所以需要你先对车门进行正确的清洁处理(图1-2),再进行后续的维修工作。

图1-1 表面清洁与除油前的效果

图1-2 表面清洁与除油后的效果

学习内容

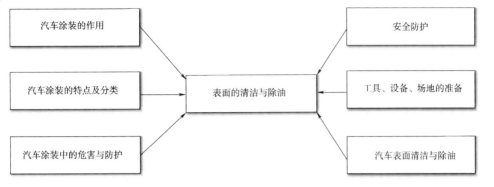

一、资 料 收 集

引导问题 1 什么是涂装？汽车涂装的作用是什么？

1 涂装的概念

涂装是指将涂料涂覆于经过处理的物体表面上，再经过干燥成膜的工艺过程，如图1-3所示。

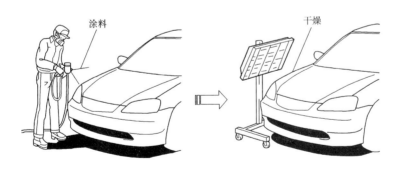

图 1-3 汽车涂装

已经固化了的涂料膜称为涂膜，由两层或两层以上的涂膜组成的复合层称为涂层。汽车表面涂装就是典型的多涂层涂装。

2 涂装的作用

汽车经过涂装后，可以起到以下作用：

学习任务一　表面的清洁与除油

❶ 保护作用

汽车用途非常广泛,活动范围宽广,使用环境复杂,经常会受到雨水、微生物、紫外线和其他酸碱气体、液体等的侵蚀,有时还会出现碰撞、刮擦而造成损伤,如果在它的表面涂上涂料,就能保护汽车免受侵害,延长其使用寿命,如图1-4所示。

❷ 装饰作用

现代汽车不但是实用的交通运输工具,而且更是一种工业美术品,具有艺术性,如图1-5所示。绚丽的色彩与优美的线形融为一体,构成了汽车的艺术造型,协调的色彩烘托了汽车的外观,使汽车更具有美感,从而提升了车辆的使用及商业价值。

图1-4　涂料的保护作用

图1-5　涂料的装饰作用

❸ 特殊作用

有些涂装可以通过涂料的颜色及涂料的某些性能来起到特殊的作用。如可以通过不同颜色起到标识作用(图1-6);通过不同的颜色和图案配合以便区别不同用途的汽车(图1-7);应用涂料的特殊性能,使汽车具有特殊功用来完成特种作业或适应特定的使用条件(图1-8)等。

图1-6　消防车

图1-7　救护车

图1-8　化学物品储运车

想一想

我参与过和看过的涂装有:

> **引导问题2** 汽车涂装有什么特点？汽车修补涂装又有什么特点？

1 汽车涂装的特点

汽车涂装与其他类型的涂装（如家具涂装、船舶涂装、建筑涂装等）有相同的地方，同时根据汽车运行和使用的特点、要求，其涂装又有自己的特点。

❶ 汽车涂装属于高级保护性涂装

由于汽车使用环境复杂，因而要求汽车涂层能够耐沥青、油污、酸碱、鸟粪等物质的侵蚀作用，以及要求汽车涂层能适应寒冷地区、工业地区、沙漠戈壁、湿热带和沿海等各种环境条件。所以对汽车涂装的保护作用要求很高。

❷ 汽车涂装又属于中、高级装饰性涂装

汽车的车身，尤其是轿车的车身必须进行精心的涂装设计，在具有良好的涂装设备条件和环境下，才能使涂层具有优良的装饰性。汽车的装饰性除车型设计外，主要靠涂装。因此，汽车涂层的装饰性直接影响汽车的商品价值。

❸ 汽车涂装是最典型的工业涂装

汽车工业是资金密集、技术密集、人才密集、综合性强、经济效益高的产业，汽车生产一般都是流水线作业（图1-9）。汽车制造涂装的质量要求极高，是工艺最现代化的工业涂装的典型代表之一。很多涂装新工艺、新技术都是由汽车工业带头开发的，很多涂料新品种的探索及开发是由汽车工业促进的。

❹ 汽车涂装一般为多涂层涂装

汽车车身涂层如果是单涂层，漆面会显得不够饱满、色彩干涩，从而降低其装饰性，此外单涂层厚度较薄，抗冲击能力差，保护性能也差，所以，汽车涂层多由多涂层组成（图1-10），如轿车车身的涂层一般是由底涂层、中间涂层和面涂层组成。

图1-9 汽车涂装生产线

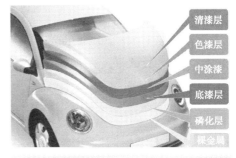

图1-10 汽车涂层

2 汽车修补涂装的特点

汽车修补涂装相对于汽车制造涂装，又具有以下特点。

学习任务一 表面的清洁与除油

1 汽车修补涂装属于恢复性涂装

汽车修补涂装的目的是为了对出现损坏的汽车涂层进行合理的施工,恢复涂层的保护和装饰作用,使新涂层与原厂涂层达到一致。

2 汽车修补涂装比较复杂

在实际工作中,每次维修车辆的类型、颜色、损坏部位及损坏程度等都是不尽相同的,汽车修补涂装必须要针对具体的车辆进行施工,这对我们在计划安排和组织生产上带来了一定的困难。

3 汽车修补涂装质量要求高

在进行汽车修补涂装时由于技术人员水平、施工条件等因素的影响,修补涂层是很难达到与原车涂层完全一致的,但是客户的要求是非常苛刻的,我们要尽量的做到无痕迹修补。所以,从事汽车修补涂装的个人和企业,必须不断提高修补质量、精心施工、严格管理,最大限度地满足客户的要求。

4 汽车修补涂装以手工操作为主

因为汽车修补涂装的复杂性,所以只能采用适应性强的手工操作方法进行施工。现在为了改善手工操作的作业环境,减轻劳动强度,提高涂层质量,修补涂装行业多采用了机械打磨、专业的喷涂室、电脑配色等。

想一想

汽车维修厂能否采用汽车制造厂的涂装设备及施工工艺:＿＿＿＿＿＿＿＿＿＿＿＿＿

＿＿＿

＿＿。

引导问题3　汽车涂装如何进行分类?

不同的汽车和汽车上不同的部位,它们涂装的目的和要求是不同的[参考国家行业标准《汽车油漆涂层》(QC/T 484—1999)],所以采用的涂料和涂装工艺也不尽相同。汽车涂装按涂装对象分类,大体可以分为新车制造涂装和汽车修补涂装两大类。

汽车涂装根据涂装部位的不同可以分为以下几种。

1 车身外表涂装

车身外表涂装是汽车制造涂装的重点,以达到高装饰性和防腐蚀的目的,并且与汽车用途相适应,具有优良的耐久性。

2 车厢内部涂装

车厢内部涂装指客车车厢内部表面和载货汽车、特种汽车的驾驶室内表面的涂装。主要应满足装饰性和居住性的要求,给人以舒适、赏心悦目的感觉。

3 车身骨架涂装

车身骨架是指支撑汽车覆盖件且构成汽车形体的承力结构件总成。车身骨架的结构强度决定了汽车的使用寿命,因此对其涂装的要求主要是抗腐蚀,保护基本材料。对于车架以下的部分则还应耐水、耐油和抗冲击。对于汽车车身要做好隔声、隔热和密封处理。

4 底盘部件涂装

汽车底盘部件都在汽车的下部,要求涂膜具有良好的耐水、耐油、抗冲击和耐久性,尤其是底漆应有良好的附着力。

5 发动机部件涂装

发动机的温度较高,经常接触水、油等,因此要求涂膜应耐热、耐水和耐油。

6 电气设备涂装

电气设备部分涂装主要要求防水、防腐蚀和绝缘,对于蓄电池附近的构件则要求耐酸。

汽车修补涂装主要指的是车身部位的涂装,根据修补部位和修补面积的大小又可以分为全车涂装、局部修补涂装和板块修补涂装。

引导问题4 汽车涂装作业中的危害有哪些?如何进行防护?

汽车涂装作业中的主要危害及防护方法如下。

1 对环境的危害及处理方法

汽车在涂装作业过程中,会形成"三废"(即废水、废气和废渣)。

废水主要是涂装表面处理(如磷化处理)、水打磨和水清洁时产生的;废气主要指喷涂过程中形成的漆雾、有机溶剂形成的挥发性气体、打磨过程中形成的粉尘等;废渣主要是来自涂装过程中产生的漆雾颗粒、打磨后的粉尘颗粒、使用过的废纸、废布或废涂料等。

三废里面含有大量的酸碱物质、重金属物质、有机化学物质等,如果不经处理,直接排放或丢弃,会严重的污染我们的生存环境,影响人体健康。

现在各国都制定了严格的环境保护法,我国对于涂装作业中三废的处理也有相应的规定。涂装作业中的"三废"处理方法如下。

1 废水的处理

我国对于工业废水处理标准分为三个等级,等级数越大处理力度越大,见表1-1。

学习任务一　表面的清洁与除油

工业废水的处理方法　　　　　　　　　　　　　表1-1

处理等级	处理方法
一级处理	用机械的方法或者简单的化学方法进行预处理,使废水中的悬浮物或者胶状物沉淀分离,中和溶液的酸碱度
二级处理	主要是解决可以分解或者可以氧化的有机物或者部分固体悬浮物的污染。常常采用生物化学分解废水中的有机物,或者添加凝聚剂使悬浮固体物凝聚分离。经过二级处理后水质明显改善,大部分可以达到排放标准
三级处理	是深度处理,主要处理难分解的有机物。处理方法有活性炭吸附、离子交换、电渗析、反渗透和化学氧化等。通过三级处理,废水达到地面水、工业用水或生活用水的水质标准

❷ 废气的处理

废气的处理方法有活性炭吸附法、催化燃烧法、液体吸附法和直接燃烧法等,见表1-2。

废气的处理方法　　　　　　　　　　　　　　表1-2

处理方法	原　　理
活性炭吸附法	利用活性炭作为物理吸附剂,将有机物吸附在其表面,使废气净化。具有吸附能力的物质还有氧化硅、氧化铝等,其中以活性炭应用最广泛
催化剂燃烧法	利用催化剂使废气中可燃物质在较低温度下氧化分解成二氧化碳和水,使废气净化
液体吸附法	利用吸收液吸收废气中的有机溶剂使废气净化
直接燃烧法	将含有有机溶剂气体的混合气直接燃烧生成水和二氧化碳,放出的热量还可用于涂膜干燥,是一种经济简便的废气处理方法

❸ 废渣的处理

对于涂装工作中产生的废渣应该经分类及循环使用后,无法再使用的采用直接燃烧法在专用的焚烧炉中集中烧掉,或按有关标准在适当的场所进行掩埋处理。

2 对人体的危害及预防保护方法

涂装作业中对人体有危害的物质主要分三类:挥发性有机气体、粉尘颗粒、异氰酸酯。

挥发性气体主要指有机溶剂挥发形成的气体;粉尘颗粒主要指打磨时的粉尘或喷涂时形成的漆雾(里面含有大量重金属);异氰酸酯是某些聚氨酯固化剂中的一种物质,它们对人体的危害如图1-11所示。

涂装作业中如果长期不注意防护,很容易导致身体不适,严重的还会危及生命。但是如果施工人员能正确规范的进行防护,以上危害是可以避免的。

汽车修补涂装作业中常用的劳动保护用品见表1-3。

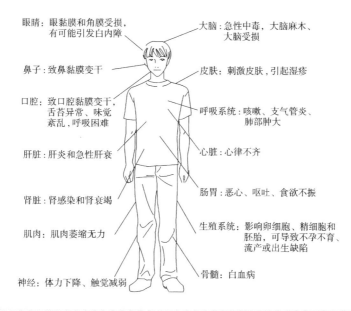

图1-11 涂装作业对人体各部位的危害

汽车涂装作业中的劳动保护用品　　　　　　　　　　　　　　　　　表1-3

防护用品种类		作用及用途
工作服	棉质工作服	保护操作人员免受粉尘、漆雾的侵害,防止擦伤、磨伤等。在除喷漆之外的一般工作时选用
	防静电喷漆服	专业喷漆服,可以有效减少漆雾对人体的侵害,避免吸附灰尘,避免因为静电导致的安全问题,专门用于喷涂作业时使用
护目镜		保护眼睛,防止打磨时产生的粉尘或喷漆时的漆雾及溶剂对眼睛的伤害。在整个施工过程中都要求佩戴
安全鞋		在鞋尖上有一块金属板,鞋后跟很厚,在工作过程中可以有效保护双脚。在整个施工过程中都要求穿戴。 对于经常出入溶剂挥发气体含量较高的场所,还应该选择具有防静电功能的安全鞋

9

学习任务一 表面的清洁与除油

续上表

防护用品种类		作用及用途
呼吸保护器	防尘面罩	是一种罩在鼻子和嘴上的纸质或纤维质地的过滤器,能够阻挡通过空气传播的微粒,避免有害的粉尘粒子进入施工人员的鼻腔、咽喉和肺。 在打磨、清洁以及会产生微粒和粉尘的工作时选用
	防毒面罩 过滤式面罩	能够过滤掉防尘面罩所不能阻挡的细微粒子、烟雾以及有机溶剂挥发气体,可以隔绝单组分油漆以及其他非异氰酸酯类材料的蒸气和喷雾。 在除油、洗枪、涂料调色、刮灰和喷涂不含异氰酸酯类涂料时可以选用。对于施工环境中氧气含量低于19.5%时绝对不可使用
	防毒面罩 供气式面罩	供气式面罩首先能有效的隔绝周围受过污染的空气,再通过有效过滤压缩空气,给施工人员提供清洁、新鲜的空气,达到保护操作人员的目的,是目前最为安全的保护方式。建议在喷涂所有类型的底漆、密封材料和涂料时都采用这种面罩。特别是喷涂含有异氰酸酯类材料的涂料时必须佩戴供气式面罩
手套	线手套	能够保护施工人员的手部,防止划伤、磨损及污染。在打磨、清洁、移动工件或使用工具时选用
	橡胶手套	能够防止有机溶剂通过皮肤吸入人体内,在与溶剂、涂料接触时,需要佩戴。一般有薄型和厚型两种,与溶剂或涂料直接接触时应选用厚型的耐溶剂橡胶手套,如除油、洗枪等作业;如果是在操作中可能会间接接触到溶剂或涂料时,可以选用薄型的乳胶橡胶手套,如调漆、喷漆作业等
耳塞		保护听力。在打磨或喷涂等噪声较大的操作中佩戴

在涂装作业中劳动保护用品的选择见表1-4。

汽车涂装作业中劳动保护用品的选择 表1-4

工 序	可能存在的危险	棉质工作服	防静电喷漆服	安全鞋	护目镜	供气式面罩	过滤式面罩	防尘面罩	线手套	耐溶剂手套	乳胶手套	耳塞	工作帽
清洗	打湿身体	☺		☺	☺						☺		☺
除油	吸入有机气体,眼睛、皮肤接触化学品	☺		☺	☺		☺			☺			☺

续上表

工　序	可能存在的危险	棉质工作服	防静电喷漆服	安全鞋	护目镜	供气式面罩	过滤式面罩	防尘面罩	线手套	耐溶剂手套	乳胶手套	耳塞	工作帽
化学方法除漆、除锈	吸入有机气体,眼睛、皮肤接触化学品	☺		☺	☺		☺			☺			☺
物理方法除漆、除锈	可能吸入打磨粉尘	☺		☺	☺			☺	☺	☺			☺
腻子混合及刮涂	吸入有机气体,眼睛、皮肤接触化学品	☺		☺	☺		☺				☺		☺
干打磨	吸入化合物及粉尘	☺						☺	☺			☺	☺
调色	吸入有机气体,眼睛、皮肤接触化学品	☺	☺	☺	☺		☺			☺			☺
混合或搅拌油漆	吸入有机气体,眼睛、皮肤接触化学品	☺	☺	☺	☺					☺			☺
工件准备	磨损、划伤皮肤	☺		☺				☺					☺
喷涂油漆	吸入有机气体,眼睛、皮肤接触化学品		☺	☺	☺	☺							☺
贴护	一般防护	☺		☺									☺
清洗喷枪	吸入有机气体,眼睛、皮肤接触化学品			☺	☺					☺			☺
强制干燥	烫伤	☺							☺				☺
抛光打蜡	吸入有机气体,眼睛、皮肤接触化学品			☺	☺		☺	☺		☺			☺
清洁	吸入有机气体,眼睛、皮肤接触化学品			☺	☺		☺		☺	☺			☺

注:表中"☺"标志为选择项。

学习任务一　表面的清洁与除油

除了进行必要的劳动保护用品正确使用外,涂装施工人员在作业时还应注意以下几点:

(1)施工场地应该有良好的通风或排风设备,使空气流通,加速有毒、有害物质的散发。

(2)施工时如果感到头痛、眩晕、心悸、恶心等身体不适时,应该立即停止工作,到室外空气新鲜的地方休息,严重时应该及时治疗。

(3)长期接触飞漆和有机溶剂气体的人,有可能发生慢性中毒,所以涂装施工人员要定期检查身体,发现有中毒迹象,应该调离原工作岗位。

(4)有机溶剂蒸气可以通过皮肤渗入人体,因此在喷涂完毕后,要用肥皂洗脸和洗手,条件允许时,喷涂完毕后应该淋浴。为了保护皮肤,施工前暴露在外的皮肤要涂抹防护油膏,施工后洗干净,再涂抹润肤霜以保护皮肤。在施工场地,必须安装紧急淋浴器,当溶剂或化学药品大量溅在人体上时,立即冲洗身体。

(5)有些含铅质颜料(如红丹)是毒性很大的涂料,不可以喷涂,只宜刷涂。一些含重金属(如铬、镉)的底漆,打磨时一定要注意防尘。

(6)施工时溶剂溅入眼睛内,应立即用清水冲洗,然后送医院治疗。

(7)喷涂完毕后要多喝开水,以湿润气管,增强排毒能力。平时多喝牛奶,多吃水果,也有利于排毒。

3　防火防爆措施

由于涂料绝大多数是易挥发、易燃烧的材料,涂料本身遇火会发生火灾。而施工时挥发的溶剂蒸气与空气混合达到一定浓度时,一旦遇到明火即会发生爆炸,造成重大损失。为了消除隐患,安全生产,施工时应该做好以下安全防火防爆工作:

(1)所有相关工作人员上岗之前都要进行必要的防火安全知识培训,确保一旦遇到事故能正确的做出反应。

(2)施工场地要配备足够的消防灭火器材(如灭火器、黄沙、消防栓等)。对消防器材要严格按照规定进行定期检查及处理,防止在使用时失灵或失效。

(3)对施工中所用涂料应及时整理,禁止敞口、随意存放。对用过的浸有涂料、溶剂的棉纱和碎布及遮蔽纸等易燃物,应该集中存放在金属桶内,并用清水浸没,防止材料因堆放过热而自燃。

(4)涂装车间严禁一切明火或会产生火花的作业,如吸烟、焊接、金属打磨、金属切割等。禁止携带火种进入涂装区和涂料库房,消除发生火灾的隐患。

(5)施工现场的电气设备必须有防爆装置,接地装置,避免产生电气火花而引发危险。

(6)涂装车间必须做到整齐有序,通风良好,减少空气中有机溶剂气体的含量。

表1-5介绍了一些常见的火灾类型及其选用的灭火方法。

涂装作业中的安全文明生产和个人保护是防止发生火灾、伤亡事故、职业病,保护操作人员身体健康的一个重要措施,作为一个涂装工作人员一定要严格遵守。

常见火灾类型及灭火方法　　　　　　　表1-5

序号	火灾类别	典型的燃料	适用的灭火器材类型
1	A类火灾 指固体物质火灾。固体物质往往具有有机物性质,一般在燃烧时产生灼热的余烬	如木材、纸张、棉纱、碎布、橡胶、塑料、可燃材料等	如黄沙、清水、泡沫灭火器、多用途干粉灭火器、卤代烷1211灭火器等
2	B类火灾 指液体火灾或可熔化的固体物质火灾	如汽油、机油、润滑油、各类溶剂、油漆、石蜡等	如干粉灭火器、卤代烷1211灭火器、二氧化碳灭火器等
3	C类火灾 指气体火灾	如煤气、天然气、甲烷、乙烷、丙烷、氢气等	如干粉灭火器、卤代烷1211灭火器、二氧化碳灭火器等
4	D类火灾 指金属火灾	如钾、钠、镁、铝镁合金	以氯化钠、氯化钾、氯化钡、碳酸钠等为基料的干粉灭火器或各类轻金属专用的灭火剂
5	E类火灾 带电火灾。物体带电燃烧的火灾	如空气压缩机、输漆泵、静电设备、仪器仪表电动机等	如卤代烷1211灭火器、1301灭火器、干粉灭火器、二氧化碳灭火器等

引导问题5　表面的清洁与除油的工艺流程是怎样的?

准备涂装的车门如果不清洁干净就可能影响后续涂层的附着力及外观,所以在涂装作业之前必须按照表面的清洁与除油的工艺流程(图1-12)先对车门进行适当处理。

图1-12　表面的清洁与除油工艺流程

学习任务一　表面的清洁与除油

二、任务实施

引导问题6 ▶ 作业前的准备工作有哪些?

① 工具、设备的准备

❶ 喷壶

喷壶用来喷涂清洁剂、除油剂等,可以提高工作效率,使施工更加方便,如图1-13所示。喷涂溶剂的喷壶应该选用耐溶剂型喷壶,如果使用普通喷壶,会出现溶剂泡涨之后喷头堵塞,影响使用。

❷ 风枪

风枪(图1-14)是利用压缩空气来吹干净工件上的水及浮尘的工具。通过风枪上的扳机可以控制出风。

图1-13　喷壶

图1-14　风枪

❸ 汽车清洗机

汽车清洗机有很多种,在选用时可以根据规模和业务量的大小来决定。洗车量较小时,可以选择移动式清洗机(图1-15),如果是专业的洗车美容店,可以选择固定式清洗机(图1-16)。

图1-15　移动式清洗机

图1-16　固定式清洗机

④ 泡沫清洗机

泡沫清洗机的主要作用是利用压缩空气在设备内部产生一定压力,通过设备配置系统,将设备内调配好的清洗液以泡沫状喷射到需要清洗的汽车或工件上,以达到减少操作人员劳动量,提高工作效率的目的,如图1-17所示。

⑤ 吸尘器

吸尘器的作用是将汽车或工件内的灰尘、脏物及碎屑清除干净,如图1-18所示。

图1-17 泡沫清洗机

图1-18 吸尘器

2 主要材料的准备

① 清洗剂

汽车清洗时应该使用专用的汽车清洗剂,这有助于保护车漆,提高工作效率,同时也能达到节能环保的目的。

由于汽车污垢的多样性,为了能有针对性的清除污垢,目前市场上的汽车清洗剂的品种也是非常繁多,使用时应根据其特性及功能等因素合理选择,见表1-6。

常见汽车清洗剂的种类　　　　　　　　　　　　　　　　表1-6

类　别	特点及适用范围
水性清洗剂	主要清除水性污垢,具有较强的浸润和溶解能力,不含有碱性,对汽车漆面的光泽有较好的保护作用
有机清洗剂	主要用于去除车身表面的油脂和沥青等不溶于水的污垢。使用时应避免有机清洗剂与塑料、橡胶等制品接触,以防腐蚀。使用中应避免接触明火,并注意通风
油脂清洗剂	又称去油剂,具有极强的去油功能,主要用于清洗发动机、制动系统、轮毂等油污较重的部位
溶解清洗剂	是一种溶解功能很强的清洗剂,能清除车身上的焦油、沥青、鸟粪、树胶等水不溶性污垢
多功能清洗剂	具有多种功能的清洗剂,如二合一清洗剂,即有清洗功能,又有上蜡功效

学习任务一 表面的清洁与除油

想一想

由于本次施工的车门上既有灰尘、油污,又有残蜡,所以我会选用＿＿＿＿＿＿类型的清洁剂。

② 除油剂

除油剂主要是涂装工作前,用来清除表面的油脂、蜡脂及硅酮等污染物的。除油剂种类很多,一般根据其用途可以分为通用型除油剂和塑料件专用除油剂。

通用型除油剂在一般底材上都可适用,根据施工时的环境温度变化,可以选择快干型或慢干型产品。

塑料件专用除油剂属于弱溶剂型清洁剂,能有效清除塑料表面的脱模剂。有的产品还含有防静电功能,主要用于塑料工件表面。

③ 毛巾

毛巾是在清洗和清洁工作中必不可少的物品,根据擦拭部位的不同及作业的先后顺序,应该准备大小规格不等的多条毛巾。

现在市场上有一种麂皮或仿麂皮制品,具有柔软、耐磨、防静电、不掉纤维、能迅速吸干水分等特点,应用较为普遍,如图1-19所示。

④ 擦拭布

汽车涂装工作中使用的擦拭布(又称无纺布)具有卓越的吸水、吸油能力,擦拭后不留纤维,不掉色,手感极佳等特点。在清洁、除油、抛光、打蜡工作中使用较多,如图1-20所示。

⑤ 海绵

海绵具有柔软、弹性好、吸水性强和较好的藏土能力等特点,所以在清洁工件或洗车工作中使用较多,如图1-21所示。

图1-19 麂皮

图1-20 擦拭布

图1-21 海绵

3 劳动保护措施

在本次作业中你需要用到的劳动保护用品有(请根据前面学习的劳动保护用品知识,完

成表1-7的内容,在相关的操作中需要用到的劳动保护用品在栏里打"√"):

清洁与除油作业中的劳动保护用品　　　　　　　表1-7

工序	推荐的涂装工劳动保护用品							
清洁								
除油								

引导问题7　　怎样对车门表面进行清洗?

车门表面清洗一般分为以下五个步骤。

1 冲淋

接到工作任务后,首先将工件移至合适的清洗工位,然后用高压水冲去工件表面的浮尘及污物(图1-22)。冲洗时应该由一个方向向另一边的斜下方冲洗,这样可以最有效地将工件上的泥沙冲洗干净。对于工件上泥沙较多位置可以多冲洗几遍,避免因为泥沙没有冲洗干净,在下一步的擦洗时划伤漆面。

2 擦洗

将配制好的清洁液均匀涂抹或喷洒在工件表面(图1-23),然后用海绵按照从上到下的顺序将整个工件擦拭一遍(图1-24)。擦洗时注意每个角落都要擦洗到,对于擦拭不掉的附着物,不可用力猛擦,以免损坏漆面。对于不同的顽固污渍,应选用专用溶剂来清洗。

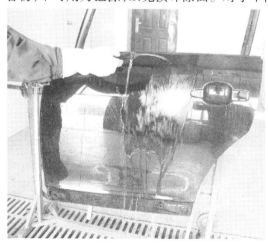

图1-22　冲淋

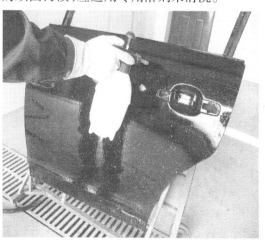

图1-23　喷清洁液

3 冲洗

擦洗完毕之后,按照第一步的冲淋顺序,将刚才擦洗下来的污物及清洁液泡沫冲洗干净,如图1-25所示。

图1-24 擦洗

图1-25 冲洗

4 擦干

用干净的干毛巾或麂皮将工件表面的水珠擦拭干净,如图1-26所示。

5 吹干

对于工件上一些缝隙或不好擦拭的地方用风枪将水分吹干(图1-27),避免在涂装作业时有水渗出。

图1-26 擦干

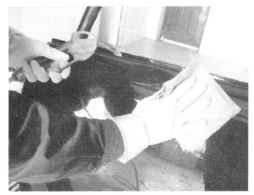

图1-27 吹干

引导问题8 怎样对车门表面进行除油?

在工件清洗时,工件表面上的一些顽固的油脂、润滑油、污垢、石蜡、硅酮抛光剂以及手印等是很难彻底清除干净的,如果不及时去除,可能会影响后续涂膜的附着力以及涂膜表面的质量等。所以一般在进行清洗之后,还需要对要修补的部位进行除油工作。

除油剂的使用操作手法有以下两种。

1 擦拭法

(1)穿戴好合适的劳动保护用品。

(2)涂抹除油剂。

准备两块干净的擦拭布,用其中一块蘸上除油剂(图1-28),并把除油剂擦拭到工件表面(图1-29)。擦拭时可以按照横行重叠的顺序依次进行擦拭,注意中间不能有漏擦。为了避免除油剂挥发过快,一次最好只擦一个来回。如果面积过大或施工温度较高,可以选用慢干型除油剂。

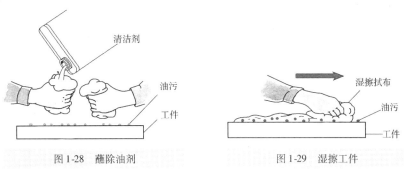

图1-28　蘸除油剂　　　　　　　图1-29　湿擦工件

(3)擦干除油剂。

用另外一块干的干净擦拭布将之前涂抹的除油剂擦拭干净(图1-30)。在此步操作时,注意一定要趁除油剂没有干燥之前把它擦干,否则等除油剂干燥之后,刚刚浸润的油脂、车蜡等又会牢固的附着在工件表面,再用干布去擦拭达不到清除的效果。

(4)重复步骤(2)~(3)的动作,直至清除干净整个工件表面(图1-31)。在擦拭的过程中应该经常更换干净的擦拭布,防止重复污染。对已经除油的表面禁止触摸。

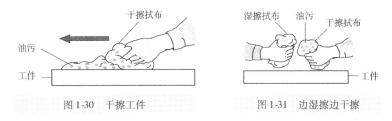

图1-30　干擦工件　　　　　　　图1-31　边湿擦边干擦

2 喷擦结合法

(1)穿戴好合适的劳动保护用品。

(2)将除油剂装入耐溶剂喷壶内。

(3)反复按压喷液壶操纵手柄,直到感觉有足够的反弹力。

(4)手持喷壶,对准需除油表面,保持20cm左右的距离,按压喷液开关,将除油剂均匀地喷涂到工件表面,如图1-32所示。如果需要除油的面积较小,建议一次喷涂完整个表面;

如果面积较大,建议分块进行喷涂,原则是要保证在下一步擦拭之前除油剂不能干燥。

(5)用干净的擦拭布,将喷涂的除油剂按顺序擦拭干净(图1-33)。擦拭时也应该经常更换干净的擦拭布,防止重复污染。

图1-32　喷涂除油剂

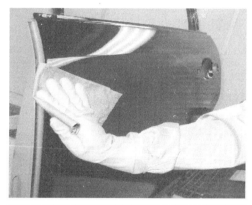
图1-33　擦干净除油剂

三、知识与能力拓展

1. 查阅资料,掌握常用灭火设备的使用方法。

2. 查阅资料,了解一下全自动电脑洗车的原理与流程。

四、评价与反馈

1. 对本学习任务进行评价,见表1-8。

表面的清洁与除油操作考核评价表　　　　　　表1-8

考核项目	评分标准	分　数	学生自评	小组评价	教师评价	备　注
团队意识	是否能互相协助 是否能顾全大局	10				
工作态度	是否积极、认真、负责	10				

续上表

考核项目	评分标准	分　数	学生自评	小组评价	教师评价	备　注
现场5S	是否在整个工作过程中贯穿5S	10				
方案设计	是否能结合具体的条件、环境，进行合理的设计	10				
操作过程	工具、设备、材料的准备 工件清洗 工件除油	35				
操作结果	质量是否符合要求	5				
安全规范	有无违规或危险的操作	10				
知识与能力拓展	是否具有自学与发展能力	10				
总　　分		100				
教师签名：			年　　月　　日		得分	

2. 在实施作业时，你还存在哪些方面的问题？如何才能提高？

3. 请说说汽车在维修之前进行清洁与除油的目的是什么。

学习任务二

表面的前处理

学习目标

完成本学习任务后,你应当能:
1. 明确表面的前处理的含义和必要性;
2. 了解汽车上常用金属材料的特点及前处理方法;
3. 掌握汽车油漆涂层的知识;
4. 规范正确地使用相关工具、设备及材料;
5. 根据具体情况进行合适的表面前处理工作。

 建议完成本学习任务的时间为 **12** 课时。

 学习任务描述

经过清洁与除油处理的车门,表面非常干净,我们可以清楚地看到钣金校正和涂层损伤的区域,如图2-1圆圈内所示。现在请你先对车门损伤部位进行检查,确定损伤程度,然后根据工艺流程进行规范的表面前处理,如图2-2所示。

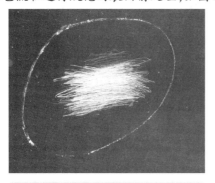

图2-1 表面前处理前的效果

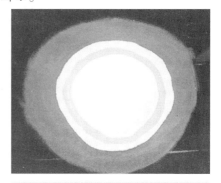

图2-2 表面前处理后的效果

学习内容

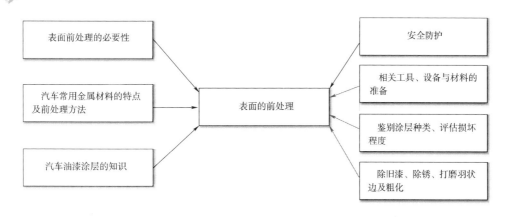

一、资料收集

引导问题1 什么是表面的前处理？涂装前为什么要进行表面的前处理？

表面的前处理指的是在进行涂装前(包括腻子的涂装)对底材表面的相关处理工作。一般包括清洁、除油、除锈、除旧漆、粗化、打磨羽状边等工序。

表面的前处理是涂装工艺的重要一步，表面前处理质量的好坏将直接影响整个涂层质量的好坏。

汽车在使用的过程当中，其涂层表面会出现不同程度的老化、损伤或因为碰撞出现的损坏，涂层失去了部分或全部的保护和装饰作用，如果不及时彻底的进行处理，不仅会加速涂层的老化，严重的还会影响车辆的使用寿命和使用安全。所以在进行新涂层涂装前，需要对旧涂层及表面做相应的处理，使工件表面达到无油、无锈、无旧漆、无其他污物，并具有一定的粗糙度，使后续的涂层涂料能牢固的附着在其表面上。

涂装前进行表面前处理的主要目的是：

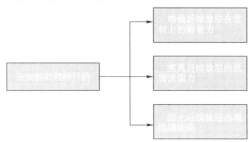

学习任务二　表面的前处理

 想一想

通过观察周围生锈的金属工件,我分析它们生锈的原因有:_____
_____。

引导问题2　汽车车身常用金属材料的特点及前处理方法有哪些?

汽车车身主要是以钢材为主,随着现代汽车工业的发展,其他金属材料和非金属材料也越来越多地被使用,如铝及铝镁合金、镀锌板及锌合金、镀铬板、各种塑料等。由于不同底材各有其特性,要充分发挥涂料的保护作用,就必须了解其特性及相应的涂装表面前处理方法。

1　钢板底材

汽车车身一般由钢板制成,钢又称黑色金属。钢板产生锈蚀的主要原因是钢材本身不稳定容易氧化。车身表面会由于涂层老化、开裂、脱落、碰撞使钢板暴露在空气中,空气中的水分、氧气、工业污染物等就会使钢板表面产生锈蚀。另外,涂层一般都有渗水、渗氧、渗离子的弱点,水、氧和离子等到达金属基层,会在涂层和基材之间形成亲水层,导致涂层的附着力下降,甚至起泡,锈蚀也随即形成。

为了增强黑色金属的耐腐蚀能力,底材可以采用酸性金属处理液进行处理,形成化学处理涂层(如磷化、钝化等),以提高耐腐蚀能力。

2　镀锌金属底材

镀锌钢板的结构是在钢板表面镀了一层锌。镀锌层在钢板上形成了一道隔离层,可以将钢板和空气、水分隔开,锌与空气接触会在其表面形成一层氧化锌,氧化锌能与锌层牢牢地附着在一起,由于氧化锌的稳定性,在锌与空气、水分之间形成一层极好的保护膜。为了提高汽车车身的耐腐蚀性,镀锌板在车身上的使用率越来越高。但是若直接在镀锌钢板上刮涂聚酯腻子或喷涂普通底漆,锌就会与涂料的基料反应生成金属盐,金属盐会导致锌表面与涂层的附着力变差,时间长了还会生锈。因此,镀锌钢板在涂装前要进行必要前处理。

对于镀锌金属表面有以下处理方法:
(1)黄膜铬酸盐处理。将锌材在含铬的酸性溶液上处理1min左右,以便生成一层无机铬酸盐膜。
(2)磷酸盐膜处理。对镀锌底材进行磷化处理,表面会生成一层磷酸盐膜。

3　铝及铝合金的底材

铝是一种比较活泼的金属,银白色具有光泽,纯铝的机械强度较低。若加入少量的其他金属元素,如 Mg、Cu、Zn 等,则可制成各种类型的铝合金,机械强度会大大提高。随着车身轻量化的要求,许多车身上用铝材代替钢材制作车身覆盖件,甚至还出现了全铝车身,铝及铝合金的底材在车身上应用越来越普及。

纯铝在常温、干燥空气中比较稳定,这是因为铝在空气中与氧发生反应,在铝表面生成一层薄而致密的氧化膜,可以起到很好的保护作用。在铝中加入 Mg、Cu、Zn 等虽然机械强度提高了,但耐蚀性却下降了,这就需要根据使用环境的要求,经过一定的表面处理,再涂装所需的涂料加以保护。

铝及铝合金板材比钢板表面光滑,涂膜附着力差,在进行化学处理前,与其他金属板材一样,先要进行清洗,去掉油污和杂物。清洗时应注意铝制品不像钢材能耐强碱的侵蚀,不能使用强碱的清洗液清洗,一般采用有机溶剂脱脂法、表面活性脱脂法,或由磷酸钠、硅酸钠等配制的碱性液清洗。

铝及铝合金板材在打磨过程中会产生铝粉尘,当其浓度达到一定程度时,遇到明火或火花容易导致爆炸,所以对于铝及铝合金底材的打磨应建立专用的铝材打磨车间,使用专用的铝干磨设备。

引导问题3　汽车涂层一般有几层?各涂层的作用是什么?

汽车油漆涂层层数随着车辆要求的不同而异,作为保护性和装饰性要求最高的轿车涂层一般有以下几种形式的涂层结构。

1 原厂涂层

汽车原厂涂层一般包括底漆层、中间涂层和面漆层三层结构,如图 2-3 所示。

2 修补涂层

汽车修补涂层若采用标准的工艺,其涂层结构如图 2-4 所示。如果采用简化的工艺,其涂层结构如图 2-5 所示。

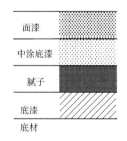
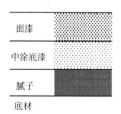

图 2-3　原厂汽车涂层　　图 2-4　标准汽车修补涂层　　图 2-5　简化汽车修补涂层

各涂层的主要作用见表 2-1:

学习任务二　表面的前处理

汽车涂层的类型及主要作用　　　　　　　　　　表2-1

涂层类型		主要作用
底漆层		保护底材,防止锈蚀,提高附着力
中涂层	腻子层	填补凹陷,恢复或塑造表面形状
	中涂底漆层	填补细小缺陷,封闭底层,提高丰满度
面漆层		提供颜色、亮度、机械性能、保护性能

引导问题4　表面的前处理的工艺流程是怎样的?

表面的前处理的工艺流程如图2-6所示。

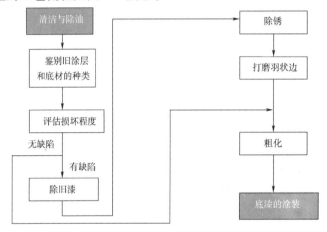

图2-6　表面的前处理工艺流程

二、任务实施

引导问题5　作业前的准备工作有哪些?

1　工具、设备的准备

① 手工清除工具

手工清除工具主要有尖嘴锤、铲刀、刮刀、刮铲、钢锉及钢丝刷等(图2-7),通过铲、刮、刷、锉等方式清除掉金属表面的旧涂层、铁锈以及焊渣等。手工工具结构简单,容易操作,适应性强。但是,使用手工工具操作时劳动强度大、工作效率低,所以在表面的前处理作业中,一般将手工工具作为一种辅助工具使用,在机械工具清除不到或机械工具不好操作的地方使用。

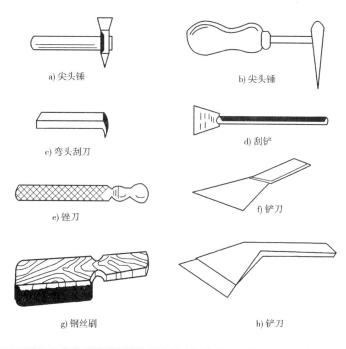

图2-7 手工清除工具

❷ 机械清除工具

机械清除工具主要指的是打磨机。打磨机工作时以电力或压缩空气作为动力源,驱动打磨头旋转或移动,与钢丝刷、砂布、砂纸、砂轮等磨具配合使用,实现对表面旧涂层或铁锈的清除。

打磨机的种类很多,按打磨机的驱动方式可以分为电动打磨机与气动打磨机两种。由于气动打磨机具有结构简单、操作轻便、使用安全等特点,目前在维修行业使用较多。

打磨机常用的分类方法是按照它的运动方式来划分,它可以分为单作用式、轨道式和双作用式三种,它们有不同的特点及适用范围(表2-2),在作业中应根据各类打磨机的特点合理选用,达到最佳的打磨效果。

图2-8所示为一台典型的带吸尘装置的干打磨系统,它由以下几部分组成:

(1)打磨设备:可以配备不同运动方式、不同形状及不同大小的打磨机以适应不同的打磨部位及工序。

(2)吸尘设备:收集打磨时产生的粉尘。根据吸尘方式的不同,吸尘设备可分为主动式吸尘(图2-8)与被动式吸尘(图2-9)两种。

主动式吸尘设备是自带有吸尘器的设备。工作时,靠吸尘器的吸力将打磨产生的粉尘吸收干净。主动式吸尘设备又可以分为中央式多工位吸尘(图2-10)与分离式单工位吸尘(图2-11)两种:中央式多工位吸尘使用大型吸尘器,吸尘效果好,设备使用寿命长,维护方便,适合维修量多、工作量大的企业使用;分离式单工位吸尘是使用移动式吸尘器,吸尘效果好,使用方便,适合经常需要移动工位或维修业务量不是很多的企业使用。

汽车涂装作业常用的打磨机特点及适用范围　　　　　表2-2

类型	单作用打磨机	轨道式打磨机	双作用打磨机
运动方式			
特点	圆周运动,转矩大,作用力强,打磨速度快 打磨时不平稳,容易产生划痕	砂垫呈矩形,工作时整个砂垫以小圆圈方式振动,振动力小,容易控制,划痕少,研磨平整光滑,适合磨平	打磨垫本身以小圆圈振动,同时又绕自己的中心转动,所以兼有单作用和轨道式打磨机的特点
适用工序	可以用来除旧漆、除锈等粗磨工作,也可以换上抛光垫之后用来抛光。如砂轮机、抛光机等都是单作用打磨机	适合用来进行平面原子灰的整平打磨	适用于整个涂装打磨工序。一般根据打磨精度要求又制成不同振动幅度,常见的有7mm、5mm和3mm三种规格。振动幅度越大,打磨越快,但打磨痕迹越粗糙;振动幅度越小,打磨越慢,但磨痕越精细

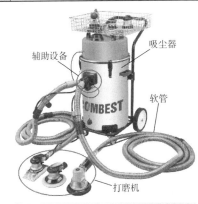

图2-8　干磨系统

图2-9　被动简易袋式吸尘打磨机

图2-10　中央式多工位式吸尘

图2-11　分离式单工位吸尘

被动式吸尘设备本身不带吸尘器,它靠打磨机在工作时里面的叶片轮旋转产生吸力,将灰尘吸干净。所以其吸尘功率受打磨机转速影响,吸尘袋容量也有限,仅适用于工作量不大、粉尘不多的打磨作业。

(3)供气与吸尘软管:用来连接打磨机与吸尘设备的管道。

(4)辅助设备:辅助设备包括可以同时连接多根吸尘软管的三通管,过滤油水及调压的油水分离器,不同形状及软硬程度的磨垫等。

干磨系统的使用及维护注意事项:

(1)操作前和操作后应检查干磨系统各部分是否完好,特别是电源线、磨垫等部分。

(2)气动工具进气压力控制在0.6MPa以下,防止气压太高造成损坏。

(3)气动工具使用的压缩空气应无水分,防止水汽造成机械内部生锈损坏。

(4)必须使用与磨盘或衬垫尺寸相符合的砂纸。

(5)打磨机连续使用时间超过30min应适当休息,防止连续工作时间太长出现损坏。

(6)操作过程中如果出现异常声音或不正常振动,应关机检查。

(7)打磨结束后,一定要等打磨机完全停止转动再放下。

(8)打磨机使用时应轻拿轻放,防止砂轮或磨垫出现破裂,影响安全。

(9)打磨结束后应取下砂纸,同时用风枪吹干净整个打磨设备。

(10)每天工作完毕,往打磨机里面注入少许润滑油,并让打磨机低速运转一下进行润滑维护。

2 主要材料的准备

1 打磨材料

打磨材料的种类很多,常用的打磨材料分类方法如下。

(1)按磨料的种类分类,见表2-3。

打磨材料的种类　　　　　　　　　表2-3

分类方法	类　型	特点及用途
按磨料的种类分类	氧化铝磨料	非常坚韧,硬度高,耐久性好,能很好的防止破裂和钝化。可制成不同规格的磨料用于除锈、除旧漆、打磨腻子、打磨新旧涂层等,是目前使用最多的一类磨料
	碳化硅磨料	又称金刚砂,是一种非常锐利、穿透力极高的磨料,呈黑色,常用于旧漆面的打磨,以及抛光前对涂面的砂磨
	锆铝磨料	锆铝磨料具有独特的自磨刃特性,在打磨过程中能不断提供新的刃口,始终保持较好的打磨性能。在打磨过程中产生的热量少,能有效避免打磨下来的材料变软堵塞磨料间隙,影响打磨效果。正因为打磨效率高、使用寿命长,所以应用越来越广泛

(2)按打磨材料的形状分类,见表2-4。

学习任务二　表面的前处理

打磨材料的种类　　　　　　　表2-4

分类方法	按打磨材料的形状分类		
类型	方形	圆形	异形
特点及用途	主要用于手工操作，以及轨道式打磨机上	主要用于单作用或双作用打磨机上	用于一些特别的机械或特别打磨工序中

（3）按打磨材料的背衬材料分类，见表2-5。

打磨材料的种类　　　　　　　表2-5

分类方法	按打磨材料的背衬材料分类		
类型	砂纸	砂布	三维打磨材料
特点及用途	背衬为纸质材料，主要用来制作水磨砂纸，使用前可以先用水浸泡一下，防止砂纸脆裂，可以根据需要裁剪成不同大小	背衬为布纤维材料，主要用来制作干磨砂布，打磨机上使用的砂布一般采用快速搭扣式，使用方便	衬里为合成纤维制成的三维材料，磨料附着在三维纤维上，有极好的柔韧性，适合打磨外形复杂或特殊材料的表面

（4）按砂纸上磨料颗粒的大小分类，见表2-6。

打磨材料的种类　　　　　　　表2-6

砂纸编号	颗粒大小（μm）	适用范围	
		干打磨	湿打磨
P24	1200	粗磨工作，如打磨焊缝、焊渣、清除严重锈蚀部位等	不允许使用湿打磨方法除旧漆、除锈
P40	600	大面积的除旧漆、除锈	
P60	400		粗磨原子灰（规范操作里面不允许水磨腻子）
P80	300	除旧漆、除锈、打磨羽状边、粗磨腻子等	
P120	170		
P150	150	中等程度的打磨腻子	中等程度的打磨腻子
P180	120		

续上表

砂纸编号	颗粒大小（μm）	适用范围	
		干打磨	湿打磨
P240	80	精磨腻子	精磨腻子
P280	65		
P320	55	中涂底漆喷涂之前的打磨	
P360	45		
P400	40	单工序面漆喷涂之前的打磨	中涂层喷涂之前的打磨
P500	35	双工序面漆喷涂之前的打磨	单工序面漆喷涂之前的打磨
P600	25		
P800~P1000	15~20	修整面漆上的颗粒、流痕、橘皮等缺陷	双工序面漆喷涂之前的打磨
P1200~P1500	10以下	抛光之前的精细打磨	抛光之前的精细打磨

注：砂纸编号中的"P"，表示欧洲使用的砂纸分级方法，目前在我国广泛采用。

2 脱漆剂

汽车修补涂装中使用的脱漆剂又称洗涤剂、去漆剂等。它是利用成分中的强性溶剂，将涂层或旧漆溶胀以达到脱漆目的的液体或乳状物。

根据脱漆对象的不同，大致可以分为两大类：一类是以酮、苯、酯类有机溶剂和挥发阻缓剂石蜡配制而成的，主要用于清除油基、醇酸、硝基漆的旧涂膜；另一类是以二氯甲烷、石蜡、纤维素醚、醋酸为主要成分配制而成的，主要用于清除环氧沥青、聚氨酯、环氧聚酰胺或氨基醇酸树脂等旧涂膜。为了保证脱漆效果，一定要根据旧涂层的类型选用合适的脱漆剂。

3 除锈水

化学除锈的方法很多，在汽车修补涂装行业，使用最多的是酸洗方法。金属的腐蚀产物主要是金属氧化物，酸洗就是利用酸溶液与这些金属氧化物反应，从而除掉金属表面的锈蚀产物。常用的酸性溶液有硫酸、盐酸、硝酸等。在汽车涂装行业使用的除锈水一般是经过配制好的酸溶液。

3 劳动保护措施

在本次作业中你需要用到的劳动保护用品有（请根据前面学习的劳动保护用品知识，完成表2-7的内容，在相关的操作中需要用到的劳动保护用品在栏里打"√"）：

表面前处理作业中的劳动保护用品　　　　表2-7

工序	推荐的涂装工劳动保护用品							
鉴别涂层种类								

学习任务二 表面的前处理

续上表

工序	推荐的涂装工劳动保护用品							
评估损坏程度								
打磨法除旧漆								
化学法除旧漆								
打磨法除锈								
化学法除锈								
打磨羽状边								
粗化								

引导问题6　如何鉴别旧涂层和底材的种类？

鉴别待涂表面的涂料类别和底材类型在重涂工艺中是非常重要的。如果旧涂膜或底材没有正确的鉴别，盲目地进行施工，那么很容易出现新旧涂层或新涂层与底材间的不配套，导致整个涂装作业的返工。

1 鉴别旧涂层

汽车涂装修理中常用的鉴别旧涂层的方法有以下三种。

① 涂抹溶剂法

(1) 穿戴好合适的劳动保护用品。
(2) 用棉纱浸硝基稀释剂（图2-12）。
(3) 用棉纱在待涂表面的旧涂膜上或车身隐蔽部位轻轻擦拭（图2-13）。
(4) 观察棉纱和涂层表面状况，确定涂层类型。

①如果棉纱上粘有车身颜色或涂层出现溶解，则说明旧涂层使用的是溶剂挥发型涂料，如图2-14所示。此种涂层在修补时要充分考虑新涂层中的溶剂成分是否会溶解原涂层，造成咬底、起皱等涂膜缺陷。

②如果摩擦不掉色或涂层没有出现溶解的，则说明旧涂层使用的是烘烤聚合型或双组

分型涂料。此种涂层在修补时一般能经受新喷涂层中的溶剂的溶解,施工时稍加注意可避免出现涂膜缺陷。

③如果原涂膜膨胀或收缩,则为未完全硬固的烘烤聚合型或双组分型涂料。此种涂层在修补时也要考虑到新喷涂层中的溶剂是否会溶解原涂层,造成各种涂膜缺陷。

 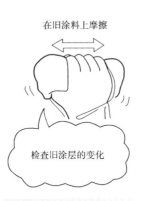 

图 2-12　蘸硝基稀释剂　　　　图 2-13　摩擦　　　　图 2-14　检查棉纱上是否掉色

虽然聚氨酯型和烘烤型涂料通常不受溶剂影响,但是如果涂层固化不足或涂层变质,它们在受到摩擦时,也会有些掉色或褪色,但掉色程度会很轻。表 2-8 列出了几种类型涂料与硝基稀释剂反应的情况。

不同涂料与硝基稀释剂的反应　　　　表 2-8

涂料类型	对硝基稀释剂的反应	涂料类型	对硝基稀释剂的反应
热固性氨基酸醇酸	不溶解	CAB 丙烯酸清漆	溶解
热固性丙聚氨酯	不溶解	NC 丙烯酸清漆	溶解
丙酸聚氨酯	不溶解		

2 打磨法

①穿戴好劳动保护用品。

②用棉纱蘸少许粗蜡或用砂纸打磨漆面(图 2-15)。

③观察棉纱或砂纸表面,若表面沾有有颜色的涂料,则说明漆面是单层式面漆(图 2-16);若没有沾上有颜色的涂料,则说明漆面是双层(色漆 + 清漆)式面漆。若漆面表层结构粗糙,经摩擦后产生一种类似抛光的效果,则说明涂敷的是一种抛光型漆;假设用砂纸打磨漆面,漆层有弹性且砂纸黏滞,则说明是未完全固化的烤漆。

3 检测硬度法

由于各种面漆干燥后涂膜的硬度不同,可以通过简单的使用指压或用指甲划的方法来检测。一般没有指纹印或指甲印的是固化较好的原厂漆或双组分型漆,有印痕的是自干漆或固化不好的双组分型涂料。

对于不耐溶剂、打磨掉色或硬度不高的旧涂层在重涂时最容易出现涂层不配套的问题,

学习任务二 表面的前处理

一般要经过封闭处理,但是最彻底的处理方法还是清除掉整个旧涂层。

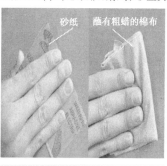

图2-15 打磨漆面

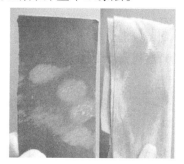

图2-16 打磨后的效果

2 常用底材的鉴别方法

汽车涂装修理中常见的底材的鉴别方法如下。

❶ 钢材的判断

钢板机械强度较高,表面比较粗糙,未经加工的表面一般呈现灰黑色,有些部位会有铁锈存在。钢板表面经粗砂纸打磨后会显露出白亮的金属光泽,但从侧面观察,颜色有些变暗;钢板耐强碱侵蚀的能力较强,使用强碱对经过打磨后的表面进行浸润或涂抹一般不会有太大的反应。

❷ 镀锌板的判断

未经加工的镀锌板表面常有银色的光芒,有些镀锌板表面有鱼鳞状花纹。使用中的镀锌板表面没有锈溃,裸露处常显现灰白色,经过砂纸打磨的地方比钢材表面更加白亮且侧光时变暗的程度也要轻一些;镀锌板不像钢板耐强碱的侵蚀,使用强碱浸润或涂抹时多会留下发黑的痕迹。

❸ 铝及铝合金的判断

铝的机械强度较低,汽车上一般使用铝合金板材。铝合金板材的机械强度较好,但质量较轻,板材表面比钢板和镀锌板都要光滑,不耐强碱,经处理后表面形成氧化膜,打磨后可显露白亮的内层金属。通过打磨后涂抹强碱的方法,可以比较准确的加以区分。

对于不同底材,其表面的前处理方法是不一样的(见本学习任务的引导问题2),其后续涂层涂料的选用也有所不同,所以一定要认真对待。

引导问题7 如何评估涂层损坏程度?

正确地评估损坏程度,是确定维修成本、保证涂装质量的关键因素之一。只有对损坏程度进行正确的评估后,才能确定修补范围,确定各道处理工序的范围,确定过渡区域、需遮盖保护的部位、需拆卸的零件等,为后续工序的正确实施及保证满意的修补质量奠定基础。评估涂层损坏程度的方法有三种,一般在工作时需要综合起来使用。

1 目测评估法

(1)将工件移至光线充足的地方。
(2)根据光照射工件表面的反射情况,以评估损坏的程度及受影响的面积的大小,如图2-17所示。
(3)改变观察的角度,从不同方向检查变形。
(4)用记号笔将变形范围画出来。
此方法适合工件表面亮度较高的情况,对于无光泽或光泽不好的工件不易评估。

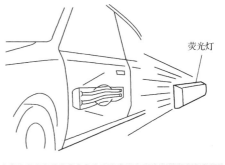

图2-17 目测评估损坏程度

2 触摸评估法

(1)戴上手套(最好为棉质)。
(2)将手轻轻的平放在受损的区域外,再慢慢的向受损区域内移动(图2-18),感觉工件的平整度。如果手在移动时不够平滑或跟其他没有问题的工件表面形状不同的,即表示有变形。
(3)从不同的方向按照步骤(2)的方法触摸受损区域(图2-19),确定变形的范围及变形量的大小。
触摸时注意手的移动范围要比受损区域大一点。
(4)用记号笔将变形范围画出来。
此法能较好的利用手上的感觉判断凹陷变形的程度。但对于初学者或手感较差的人在判断轻微的变形时可能较难。

图2-18 触摸评估损坏程度　　图2-19 从不同方向触摸评估损坏程度

3 直尺评估法

(1)将一把直尺放在车身没有被损坏的区域上(损坏区域的对称部位),检查车身和直尺间的间隙,如图2-20右侧所示没有变形的车身部位。
(2)将直尺放在被损坏的车身钣金件上,评估被损坏的和未被损坏的车身钣金件之间的间隙相差多少,并据此判断损伤的情况,如图2-20左侧所示变形的车身部位。

如果在用直尺评估时,损坏件有凸出部分高出工件的基准面,将影响评估操作及后续涂层的施工,所以此时应用冲子或尖嘴锤将凸出部分敲平或稍稍低于基准面,如图2-21所示。

此法能较好的判断出微小变形量。

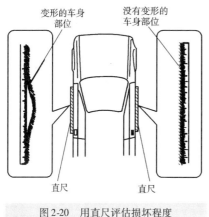

图2-20 用直尺评估损坏程度

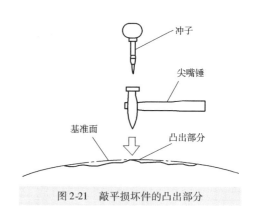

图2-21 敲平损坏件的凸出部分

引导问题8 如何清除旧涂层?

变形区域内的旧涂层,就算表面油漆状况再好,其涂层与底材的附着力已经受到了不同程度的影响,为了保证涂装质量,应该在涂新涂层之前对所有变形区域内的旧涂层进行彻底的清除。但是对于没有受过影响的旧涂层或只是表面轻微氧化的涂层,为了简化涂装工艺,可以不用彻底地清除旧涂层,只需要打磨掉表面氧化变差的涂层即可。在汽车维修行业采用的清除旧涂层的方法主要有以下两种。

1 打磨法

打磨法就是利用打磨机和砂纸以及一些手工工具等磨掉旧涂层。

(1)穿戴好劳动保护用品。

(2)选择合适的打磨机类型及砂纸型号,将砂纸孔对孔粘在打磨机的磨垫上,如图2-22所示。

除旧涂层时一般建议使用单作用打磨机配合P60~P80号砂纸进行打磨。如果旧涂层较薄,也可以使用7mm双作用打磨机配合P80~P120号砂纸进行打磨。如果旧涂层特别厚,为了提高工作效率,也可以先使用单作用砂轮机进行粗磨,等旧涂层打磨较薄时,再换用单作用或双作用的打磨机配合适当型号的砂纸进行打磨。

(3)连接吸尘管、气管(图2-23),连接气源、电源,打开吸尘器(图2-24)和打磨机,确定设备运转正常。

(4)调节好打磨机的转速(图2-25)。打磨机转速不宜太快,也不宜太慢,太慢影响打磨效率,太快不好控制,在打磨时可以根据情况进行适当调整。

图2-22 粘贴砂纸

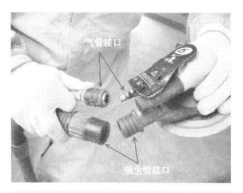

图2-23 连接吸尘管及气管

图2-24 吸尘器开关

图2-25 调节转速的开关

(5)握紧打磨机,以磨盘与工件表面5°~20°夹角移向加工表面(图2-26)。如果凹陷较深可适当的加大角度,如图2-27所示。

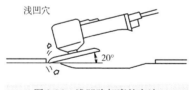

图2-26 浅凹陷打磨的方法

图2-27 深凹陷打磨的方法

(6)按照图2-28所示方法从左往右移动打磨机进行打磨。

(7)按照图2-29所示方法从右往左移动打磨机进行打磨。

(8)通过从左至右、从右至左往复打磨的方法清除干净受损区域的旧涂层。为了防止板材过热和变形,打磨机不要在同一个地方停留时间过长。

(9)检查受损区域内旧涂层打磨情况。如果还残留有旧涂层的(图2-30),应该继续使用打磨机进行清除,对于不好使用打磨机的地方应该结合手工工具(如铲刀、钢丝刷、锉刀和砂布等)将损伤部位的旧涂层全部清除干净,如图2-31所示。

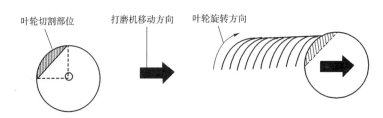

图 2-28　打磨机向右移动的方法

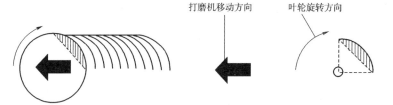

图 2-29　打磨机向左移动的方法

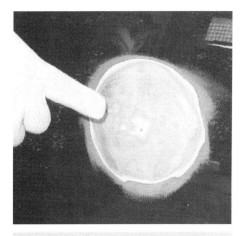

图 2-30　打磨机打磨表面之后的效果

图 2-31　最后除旧涂层效果

2　化学法

大面积的旧涂层需要清除时，采用打磨法即浪费时间，又有可能会引起板材的变形，此时采用化学法较为合适。化学法清除旧涂层的具体工艺如下：

（1）穿戴好劳动保护用品，保证施工工位的良好通风。

（2）在施工工件下面垫上合适的地垫，防止脱落下来的旧涂层污染地面。

（3）将需要保护起来的部位用遮蔽胶带或遮蔽纸保护好（图2-32），如工件上一些不好拆卸的装饰件、缝隙、相邻部位等。

（4）用P60或P80号较粗型号的砂纸打磨需脱漆表面（图2-33），以便脱漆剂能很好的渗入涂层里面。

（5）将脱漆剂按照产品使用说明调配好，倒在合适的容器里。

(6)用合适宽度的刷子蘸脱漆剂均匀地刷到待处理旧涂层表面上(图2-34),同时尽快用刷子把脱漆剂刷展开。

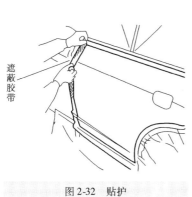
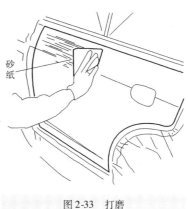

图2-32 贴护　　　　　图2-33 打磨

注意

一定不要让脱漆剂滴到不需要脱漆的部位。

想一想

为什么特别强调不能让脱漆剂滴到不需要脱漆的部位：_____
_____。

(7)按照产品说明的要求,放置一段时间,让涂膜充分溶胀。

(8)待涂膜溶胀鼓起后,用铲刀轻轻地将旧涂层铲除,如图2-35所示。

有时涂膜较厚或硬度较高时,不能一次将旧涂膜彻底溶胀,所以需要按照(5)~(8)的步骤重复几次,直至彻底地清除干净整个旧涂层。

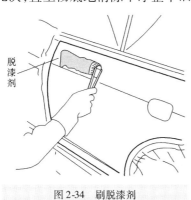
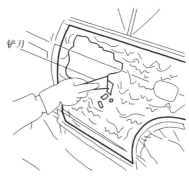

图2-34 刷脱漆剂　　　　　图2-35 铲旧漆

(9)旧涂层完全脱掉以后,用除油剂彻底清洁工件表面。为了防止脱漆剂残留在工件表面,影响后续施工,应该用除油剂多清理几遍,同时也要仔细地检查边角、缝隙等地方。

学习任务二 表面的前处理

(10)清理地垫,撕掉车身上的遮蔽胶带。

引导问题9 如何进行除锈?

工件在使用过程中,表面由于涂膜损坏、碰撞损坏、不合理的维修过程或除旧涂层之后没有及时的处理等,会造成金属与空气中的氧气或水产生化学反应,生成金属氧化物,即生锈,因此在涂装前必须进行除锈,以保证金属表面获得良好的附着力。在汽车维修行业采用的除锈方法主要有以下两种。

1 打磨法

打磨法除锈,也是利用打磨机、砂纸、手工工具等清除干净工件表面的锈蚀。对于轻微的锈蚀可以使用单作用或双作用打磨机配合 P60~P80 号砂纸打磨处理,对于严重的锈蚀可以先使用砂轮机、电动钢丝刷等工具粗磨一遍,再使用双作用或单作用打磨机配合砂纸细磨一遍。打磨法除锈的方法与打磨法除旧涂层的方法基本一致,具体步骤参考本学习任务引导问题8中的内容。一般在作业时将除旧涂层与除锈工序整合起来操作,在除掉工件表面的旧涂层的同时也除掉表面的锈蚀。

2 化学法

在汽车维修行业化学除锈一般采用酸洗的方法,根据不同的产品,其使用方法有所不同,如某品牌的 P800-127 除锈水施工工艺见表2-9。

除锈水使用说明 表2-9

	P800-127 除锈水施工工艺
适用底材	裸钢材和裸铝材表面,不能用于任何镀锌板材上
	P800-127 1份 水 2份 用聚乙烯或橡胶器皿盛装
	用长柄刷子均匀刷涂在金属表面,在坑洼的金属表面用铁丝球或菜瓜布蘸少许混合溶液进行打磨 在铝材表面只能用菜瓜布蘸混合溶液进行打磨 不能让除锈溶液自行干燥,用洁净水清洗金属表面,并立即擦净
重涂	尽快喷涂防腐底漆,针对铝材表面,请先涂饰耐用侵蚀底漆

引导问题10 如何打磨羽状边?

旧涂膜的边缘是很厚的,特别是重新喷涂过和刮过腻子的涂层,为了产生一个宽的、平滑的边缘,使施涂的各涂层平滑过渡,需要对涂膜的边缘进行打磨,这道工序称为磨缘,又称打磨羽状边。

打磨羽状边的具体工艺如下：

(1) 穿戴好劳动保护用品。

(2) 将 P120 号的干磨砂纸正确粘贴在振幅为 7mm 的双作用打磨机上，并调节好转速。

(3) 将打磨机平放在工件上，让砂纸一半的面积正好压在旧涂层边缘，另一半放在损伤区域内。

(4) 起动打磨机，按照打磨机旋转的方向沿旧涂层边沿移动（图 2-36），将旧涂层边沿磨出合适宽度的坡口，如图 2-37 所示。

对于原厂漆一般要求坡口宽度不小于 30mm，修补过的涂层因为要比原厂漆涂层厚，所以修补涂层坡口的宽度每个涂层至少不小于 10mm，以手触摸坡口，没有明显的台阶和较陡的坡度为原则。

图 2-36 打磨机的移动方向

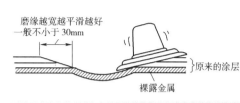

图 2-37 磨缘的宽度

在打磨过程中如果按照图 2-38 和图 2-39 所示的方法打磨，将会导致裸金属区域范围越磨越大，而不会产生较宽的羽状边。

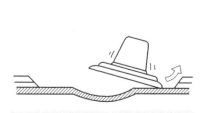

图 2-38 不正确的打磨角度

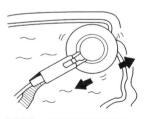

图 2-39 不正确的移动方向

(5) 检查打磨效果。确保所有边缘没有明显台阶，涂层边缘圆滑，如图 2-40 所示。

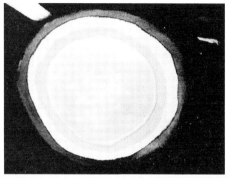

图 2-40 打磨好的羽状边效果图

学习任务二　表面的前处理

想一想

通过试验的方法,我发现如果羽状边宽度打磨过窄,喷涂底漆或刮涂原子灰之后会出现_____现象。

引导问题11　如何进行羽状边周围区域的粗化?

在喷涂底漆或刮涂腻子过程中不可避免地会扩大范围至羽状边外,如果对于外围不进行打磨粗化,底漆或腻子涂装上去之后会产生附着力不好的情况,所以在羽状边打磨完后,一定要对周围区域进行合理的粗化。周围区域打磨范围的大小应根据后续工序确定,如果是直接刮涂腻子或刷涂底漆可以减小打磨面积,一般打磨至羽状边边缘 30~50mm 的区域即可。如果是喷涂底漆,为了避免贴护范围太小,产生严重的喷漆台阶,应该打磨至羽状边边缘 100~150mm 的区域。

羽状边周围粗化的工艺是:

(1)穿戴好劳动保护用品。

(2)将合适型号的干磨砂纸正确粘贴在振幅为 7mm 的双作用打磨机上,并调节好转速。

干磨砂纸的选用应根据后续涂层来决定。如果是直接刮涂腻子的,可以在打磨完羽状边之后,利用 P120 号干磨砂纸和 7mm 双作用打磨机进行打磨;如果是喷涂底漆的应该选用 P180~P240 号砂纸配合双作用打磨机进行打磨。

(3)将打磨机平放在需打磨的位置,起动打磨机,将周围的旧涂层磨至完全没有光泽即可,不可过度打磨,形成新的不平,如图 2-41 所示。

(4)用风枪和擦拭布清洁干净工件表面,完成表面前处理工作,如图 2-42 所示。

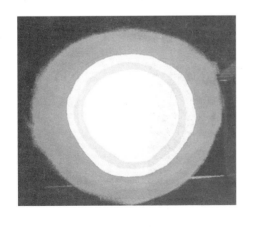
图 2-41　羽状边周围区域打磨之后的效果

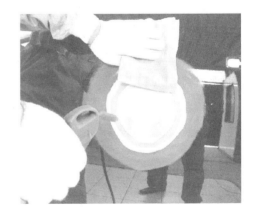
图 2-42　清洁工件

三、知识与能力拓展

1. 查阅资料,说明汽车制造涂装前需要做哪些表面前处理工作。

2. 查阅资料,说明国家对汽车涂层的质量要求是怎样规定的。

四、评价与反馈

1. 对本学习任务进行评价,见表2-10。

表面的前处理操作考核评价表　　　　　　表2-10

考核项目	评分标准	分　数	学生自评	小组评价	教师评价	备　注
团队意识	是否能互相协助 是否能顾全大局	10				
工作态度	是否积极、认真、负责	10				
现场5S	是否在整个工作过程中贯穿5S	10				
方案设计	是否能结合具体的条件、环境,进行合理的设计	10				
操作过程	工具、设备、材料的准备 鉴别旧涂层和底材的种类 评估损坏程度 除旧涂层 除锈 打磨羽状边 粗化	35				
操作结果	质量是否符合要求	5				
安全规范	有无违规或危险的操作	10				
知识与能力拓展	是否具有自学与发展能力	10				
总　　分		100				
教师签名:			年　月　日		得分	

2. 在实施作业时,你还存在哪些方面的问题?如何才能提高?

3. 请分析一下,汽车修补涂层采用简化工艺与采用标准工艺的质量哪个更高些?为什么?在什么情况下可以采用简化工艺?

学习任务三

底漆的涂装

学习目标

完成本学习任务后,你应当能:
1. 明确涂料的组成及其作用;
2. 了解涂料的分类及命名方法;
3. 了解涂料的干燥方法;
4. 了解底漆的作用及汽车用底漆需要具备的性能;
5. 掌握常用汽车修补底漆的种类与特点;
6. 正确地使用和维护相关的工具和设备;
7. 根据不同材质选用合适的底漆进行规范的涂装。

 建议完成本学习任务的时间为 **12** 课时。

 学习任务描述

经过表面除旧漆、除锈处理后的车门,已经露出了金属底材(图 3-1),如果直接刮涂腻子层,则有可能防锈能力或附着力达不到要求。现在需要你对裸露底材部位进行适当处理(图 3-2),以达到和满足后续涂层涂装的要求。

图 3-1 底漆涂装前的效果

图 3-2 底漆涂装后的效果

学习任务三　底漆的涂装

学习内容

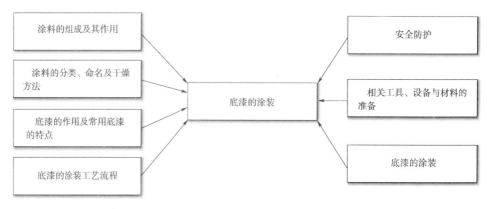

一、资料收集

引导问题1　什么是涂料？它是由哪些物质组成的？它们在涂料中的作用是什么？

所谓涂料,是指涂布于物体的表面能够形成具有保护、装饰或其他特殊性能的连续固态涂膜的一类液体或固体材料的总称。

涂料是由不同物质混合而成的(表3-1),根据各组成物质的性质不同,大致可以分为成膜物质、颜料、溶剂及辅助材料四种。它们在涂料中的作用见表3-2。

涂料的组成　　　　　表3-1

序号	基本组成			内　容
1	主要成膜物质	油料	动物油	鲨鱼肝油、带鱼油、牛油等
			植物油 干性油	桐油、亚麻油、梓油、苏子油等
			植物油 半干性油	豆油、向日葵油、棉籽油等
			植物油 不干性油	蓖麻油、椰子油、花生油等
		树脂	天然树脂	松香、虫胶、沥青等
			人造树脂	松香衍生物、纤维衍生物、橡胶
			合成树脂	酚醛、聚氨酯、丙烯酸、环氧、醇酸等

续上表

序号	基本组成	内容		
2	颜料	体质颜料		硫酸钡、碳酸钙、硫酸镁、石英粉、氧化镁等
		着色颜料	无机	钛白、炭黑、铅铬黄、铁红、铁蓝、铬绿等
			有机	苯胺黑、甲苯胺红、酞菁蓝、孔雀石绿等
		防锈颜料		锌粉、红丹、磷酸锌、氧化铁红、含铅氧化锌等
3	溶剂	水、松节油、烃类溶剂、醇类溶剂、酯类溶剂、酮类溶剂、醚类溶剂等		
4	辅助材料	固化剂、催干剂、增塑剂、哑光剂、流平剂等		

涂料的组成及其各组成作用　　　　　　　　　　　表3-2

涂料基本组成成分	主要作用
成膜物质	它是涂料的基础,它能使涂料牢固地附着于被涂工件表面形成连续的固态涂膜,是涂料组成中不可缺少的物质,涂料的基本性能是由所选用的成膜物质自身的特性所决定的,如涂料的光泽、硬度、弹性、耐久性、附着力等,它起到涂料保护和装饰的主要作用
颜料	它在涂料中能赋予涂料一定的色彩和耐久性,起美观装饰作用,同时也可以使涂料具有一定的遮盖力,改变涂料光泽,改善涂料的流动性和某些涂装性能。有的颜料还有防锈作用等
溶剂	它是涂料的重要组成部分,起着辅助成膜的作用,它能溶解或稀释成膜物质,改善或改变涂料的某些性能,满足涂料在制造、施工过程中的某些要求,具有挥发性,在涂装和成膜过程中会挥发掉,留下不挥发成分形成坚硬的涂膜
辅助材料	它又称添加剂或助剂,根据所起的作用不同,有很多种类,它们在涂料中一般用量很少,但所起的作用很大,能使涂料的某些性能起显著变化,在涂料制造、贮存、施工中起着重要的作用

 想一想

我们平常所说的油漆与涂料的区别是：_____

_____

引导问题2 涂料是如何进行分类和命名的?

对于涂料的分类和命名,各个国家都有自己的规定,在我国由于外国涂料品牌比较多,而它们一般采用国外或企业内部的分类和命名方法,所以更加繁杂,在这里我们简单介绍一些常见和常用的涂料分类和命名方法。

1 涂料的分类

涂料产品的种类很多,分类方法也很多。常见的分类方法如下:

(1)按涂料中的主要成膜物质来分。我国国家标准 GB/T 2705—2003 中规定,涂料产品的分类是以涂料中主要成膜物质为基础的,而成膜物质分为 17 类,相应地涂料产品也分为 17 大类,见表 3-3。

涂料类别及其成膜物质　　表 3-3

序号	代号	涂料类别	主要成膜物质
1	Y	油脂涂料	天然动植物油、合成干性油等
2	T	天然树脂涂料	松香及其衍生物、虫胶、大漆及其衍生物
3	F	酚醛树脂涂料	酚醛树脂、改性酚醛树脂、二甲苯树脂
4	L	沥青树脂涂料	天然沥青、煤焦沥青、石油沥青
5	C	醇酸树脂涂料	甘油醇酸树脂、改性醇酸树脂及其他的醇酸树脂
6	A	氨基树脂涂料	脲醛树脂、三聚氰胺甲醛树脂
7	Q	硝基树脂涂料	硝基纤维素和改性硝基纤维素
8	M	纤维素树脂涂料	醋酸纤维、苄基纤维、醋丁纤维等
9	G	过氯乙烯树脂涂料	过氯乙烯树脂及其改性过氯乙烯树脂
10	X	乙烯树脂涂料	聚二乙烯基乙烯树脂、聚苯乙烯树脂、石油树脂等
11	B	丙烯酸树脂涂料	丙烯酸树脂、丙烯酸共聚物
12	Z	聚酯树脂涂料	饱和聚酯和不饱和聚酯
13	H	环氧树脂涂料	环氧树脂、改性环氧树脂
14	S	聚氨酯树脂涂料	聚氨基甲酸酯
15	V	元素有机聚合物涂料	有机硅、有机钛、有机铝等
16	J	橡胶涂料	天然橡胶及其衍生物、合成橡胶及其衍生物
17	E	其他涂料	以上 16 类不能包括的成膜物质,如无极高聚物

(2)按涂料的固化成膜的机理来分。涂料从液态涂膜到固态涂膜它们的变化过程、变化条件不尽相同,按照它们的成膜原理大致可以分为溶剂挥发性、氧化聚合型、烘烤聚合型、双组分聚合型。它们的成膜原理及分子变化见表 3-4。

(3)其他的分类方法。

①按涂料组成中有无颜料来分:有颜料的称为色漆;没有颜料且呈透明状的称为清漆。

②按溶剂的构成情况来分:以有机溶剂作为稀释剂的称为溶剂型漆;以水作为稀释剂的称为水性漆;涂料组成中没有挥发性稀释剂的称为无溶剂漆;无溶剂而又呈粉末状的称为粉末涂料。

③按涂料所在涂层位置分:位于所有涂层最下面、直接附着在工件表面的称为底漆;位于所有涂层最上面、最表面直接可见的称为面漆;介于底漆和面漆之间的涂料称为中间涂料。

④按施工方法分:刷漆、喷漆、烤漆、电泳漆等。
⑤按涂料的使用效果分:绝缘漆、防锈漆、耐热漆等。

涂料成膜机理及示意图　　　　　表3-4

分类	成膜原理及性能特点	典型涂料代表	涂料分子变化	
			干燥前	干燥后
溶剂挥发型	此类涂料依靠溶剂的挥发而干燥成膜,树脂分子只是从松散的结构到稍紧密的结构变化,没有交联反应,所形成的涂层一般较薄、硬度不高、耐溶剂性、耐候性较差	硝基树脂漆、过氯乙烯树脂漆、热塑性丙烯酸树脂漆等		
氧化聚合型	此类涂料的干燥是在溶剂挥发的同时,树脂吸收空气中的氧发生氧化聚合反应,树脂分子发生交联,但是交联反应有限,而且需要较长时间,所形成的涂膜质量较溶剂挥发性涂料要高,但是干燥较慢,耐候性也不是很好	油脂漆、天然树脂漆、酚醛树脂漆、醇酸树脂漆等		
烘烤聚合型	此类涂料的干燥是在高温作用下涂料树脂自身发生交联反应而固化成膜,所形成的涂膜硬度高、耐溶剂性、耐候性等各方面性能都非常好,特别适合涂装流水线作业,主要用于汽车制造涂装	氨基树脂漆、热固性丙烯酸树脂漆等		
双组分聚合型	此类涂料由涂料和与之配套的固化剂两种成分组成,施工时按照一定比例混合之后,树脂和固化剂发生化学反应,分子之间产生紧密地交联而成膜,所形成的涂膜硬度较高、耐候性、耐溶剂性能较好,基本上可以达到汽车原厂漆的质量标准	环氧树脂漆、聚氨酯树脂漆等		

2 涂料的命名

我国的涂料命名一般采用下式表示:

涂料的名称＝颜色或颜料名称＋主要成膜物质名称＋基本名称

涂料的颜色名称位于涂料名称的最前面,如果某种颜料对涂膜的性能起显著作用,则可以用颜料的名称取代颜色的名称,仍置于涂料名称的最前面,如铁红醇酸磁漆中铁红就是颜料的名称。

由于现在的涂料里面一般含有多种类型的树脂,所以在命名时选取起主要作用的成膜物质来命名,如一种红色防锈漆里面既含有环氧树脂,也含有硝基树脂,如果涂料主要反映出来的是环氧树脂的特点就可以称为红环氧防锈漆,如果同时也反映了一部分硝基树脂的特点,也可以把两种成膜物质都列出来,主要成膜物质放在前面,次要成膜物质放在后面,称为红环氧硝基防锈漆。

基本名称表示涂料的基本品种、特性或专业用途,例如清漆、磁漆、防锈漆等。但凡是烘烤干燥的涂料,名称中都必须有"烘干"或"烘"字,如果名称中没有"烘干"或"烘"字,即表明该漆是常温干燥或烘烤干燥均可。

3 涂料及辅助材料的型号

涂料及辅助材料的型号用于区别具体的涂料品种,位于涂料名称之前。

1 涂料的型号

涂料的型号由三部分组成:第一部分由字母表示涂料的类别,是按成膜物质划分的,见表3-3;第二部分是涂料的基本名称,用两位数字表示,见表3-5;第三部分用数字表示涂料产品的序号,见表3-6。第二部分和第三部分之间用短画线"—"隔开。即:

涂料类别代号　基本名称代号—涂料产品序号

例如:

涂料基本名称代号　　　　表3-5

代号	基本名称	代号	基本名称	代号	基本名称
00	清油	22	木器漆	53	防锈漆
01	清漆	23	罐头漆	54	耐油漆
02	厚漆	30	(浸渍)绝缘漆	55	耐水漆
03	调和漆	31	(覆盖)绝缘漆	60	耐火漆
04	磁漆	32	(绝缘)磁漆	61	耐热漆
05	粉末涂料	33	(黏合)绝缘漆	62	示温漆
06	底漆	34	漆包线漆	63	涂布漆
07	腻子	35	硅钢片漆	64	可剥漆
09	大漆	36	电容器漆	66	感光漆
11	电泳漆	37	电阻漆、电位器漆	67	隔热漆
12	乳胶漆	38	半导体漆	80	地板漆
13	其他水溶性漆	40	防污染漆	81	渔网漆
14	透明漆	41	水线漆	82	锅炉漆
15	斑纹漆	42	甲板防锈漆	83	烟囱漆
16	锤纹漆	43	船壳漆	84	黑板漆
17	皱纹漆	44	船底漆	85	调色漆
18	裂纹漆	50	耐酸漆	86	标志漆、马路划线漆
19	晶纹漆	51	耐碱漆	98	胶液
20	铅笔漆	52	防腐漆	99	其他

涂料产品序号代号　　　　　　　表3-6

涂料品种		代　号	
		自　干	烘　干
清漆、底漆、腻子		1~29	30以上
磁漆	有光	1~49	50~59
	半光	60~69	70~79
	无光	80~89	90~99
专业用漆	清漆	1~9	10~29
	有光磁漆	30~49	50~59
	半光磁漆	60~64	65~69
	无光磁漆	70~74	75~79
	底漆	80~89	90~99

❷ 辅助材料的型号

涂料用的辅助材料的型号由两部分组成：第一部分表示辅助材料的类别，由一个字母表示，见表3-7；第二部分是1~2位数字，表示辅助材料的序号，用以区别同一类的不同品种。第一部分和第二部分之间用"—"隔开。即：

　　　　　　　　辅助材料类别代号 — 辅助材料产品序号

例如：

辅助材料的类别代号　　　　　　　表3-7

代　号	辅助材料名称	代　号	辅助材料名称
X	稀释剂	T	脱漆剂
F	防潮剂	H	固化剂
G	催化剂		

引导问题3 涂料的干燥方法有哪些？

涂料的干燥成膜是指涂料施工后，由液态或黏稠状涂膜转变成固态涂膜的化学和物理变化过程。为了达到预期的涂装目的,除了合理地选用涂料,正确地进行表面处理和施工外,充分而适宜的干燥过程也是重要的环节。涂料的干燥方法主要有自然干燥、加速干燥和高温烘烤干燥三种。

1 自然干燥

自然干燥又称空气干燥,它是指涂膜可以在室温条件下干燥。其干燥条件是温度为15~20℃,相对湿度不大于80%。可自然干燥的涂料包括溶剂挥发型、氧化聚合型和双组分聚合型涂料等。自然干燥型涂料由于在自然环境下就可以固化,对促进涂膜固化的设备要求不高或不要求,因此应用广泛。

2 加速干燥

加速干燥是为了缩短涂装施工周期,加快生产速度和提高效率,在自然干燥型涂料中加入适量的催干剂或是采用低温烘烤(50~80℃)的办法来加速涂膜固化的方法。例如醇酸瓷漆在常温下完全干燥需要24h,而在70~80℃时仅仅需要3~4h。适于低温烘烤加速干燥的涂料与一般自然干燥型涂料有一定的区别。由于涂料的主要成膜物质不同,有些树脂具有热塑性,即在常温下是固体性状,而加温到一定程度时会变软,恢复或部分恢复其可塑性。以这类树脂为主要成膜物的涂料,要加速干燥只能用加入催干剂,而不能采用低温烘烤的方法。

3 高温烘烤干燥

有许多涂料在常温下是不能干燥结膜的,一定要在比较高的温度下(120~180℃),涂料中的树脂才会在高温的作用下引起化学反应而交联固化成膜,这一类涂料称为热聚合型涂料。热聚合型涂料经烘烤干燥后的涂层在硬度、附着力、耐久性、耐腐蚀、抗氧化和保光、保色以及涂料的鲜映性等方面都要比自然干燥型和加速干燥型涂料好得多,许多高品质、高装饰性的原厂涂层多用这种涂料。

自然干燥型和加速干燥型涂料由于干燥需要的温度比较低,所以又称低温涂料。在汽车修补涂装中由于车身上许多部件不耐高温的烘烤,所以通常采用低温涂料。而大型的汽车制造厂在新车制造时,为了满足流水线作业形式的要求,通常使用高温烘烤型涂料。

> **引导问题 4** 什么是底漆?底漆的作用是什么?汽车用底漆应具备哪些性能?

底漆即底涂层用漆,它是直接涂于物体表面的涂料。它是被涂物面与涂层之间的黏结层,它可以使其上面的各涂层牢固地结合并覆盖在被涂物体上,同时底漆在钢铁表面形成干膜后,可以隔绝或阻止钢铁表面与空气、水分及其他腐蚀介质的直接接触,起到缓蚀保护作用。

汽车涂装由于既属于高级保护性涂装,又属于中高级装饰性涂装,所以汽车上选用的底漆应该具备如下特点才能满足要求:

(1)底漆对经过表面前处理的底材表面具有良好的附着力,干燥后所形成的涂膜要有良好的机械强度。

(2)底漆本身必须是耐腐蚀的阻化剂,底漆涂层必须具有极好的耐腐蚀性、耐水性和抗化学药品性。

(3)底漆与中间涂层或面漆层配套性良好,不能出现不良反应。

(4)底漆应具有良好的施工性能。汽车制造涂装用的底漆要能适应流水线作业,汽车修补涂装用的底漆要能适应手工修补作业。

引导问题5　常用的汽车修补底漆有哪些?各有什么特点?

底漆种类繁多,现在汽车修补涂装中常用的底漆主要是环氧底漆和侵蚀底漆两种。

1 环氧底漆

环氧底漆是以环氧树脂为主要成膜物质制成的底漆,是物理隔绝防腐底漆的代表,可根据需要制成多种类型的产品,如高温烘烤型、双组分型、单组分型等。

环氧底漆有如下优点:附着力极强,对金属、木材、玻璃、塑料、陶瓷、纺织物等都有很好的附着力和黏结力;涂膜韧性好,耐挠曲,且硬度比较高;耐化学品性优良,尤其是耐碱性更为突出;因为环氧树脂的分子结构内含有醚键,而醚键在化学上是最稳定的,所以对水、溶剂、酸、碱和其他化学品都有良好的抵抗力;良好的电绝缘性,耐久性、耐热性良好。

环氧树脂类涂料也存在一些缺点,比如耐候性差、表面粉化较快,这也是它主要用于底层涂料的原因之一。环氧底漆使用胺类作为固化剂,对人体和皮肤有一定的刺激性,因此在使用时要加以注意。

2 侵蚀底漆

侵蚀底漆是以化学防腐手段来达到防腐目的的,主要代表产品为磷化底漆。磷化底漆是以聚乙烯醇缩丁醛树脂溶于有机溶剂中,并加入防锈颜料(四盐锌铬黄)等制成,使用时与分开包装的磷化液按一定比例调配后喷涂。品牌漆中的磷化底漆一般都已经制成成品,按一定的比例加入活化剂使用即可。

磷化底漆涂布后能将金属表面通过化学反应生成一层不导电、多孔的磷化膜,一般称为转换涂层。磷化膜具有多孔性和不良导电性,使上层涂料能渗入到这些孔隙中,而不良导电性也预防了电化学腐蚀的形成。

磷化底漆能提高底漆对金属表面的附着力、耐蚀能力及热老化性能,可代替磷化处理,适用于各种金属(如钢、铁、铝、铜及铝镁合金等),并能耐一定的温度,可做烘烤面漆的底漆,但由于成膜很薄,一般不能单独作为底漆使用,必须与其他底漆配套使用。

磷化底漆的使用方法以及注意事项如下:

（1）磷化底漆可喷涂也可刷涂，喷涂黏度为 16～18s（涂-4 杯，20℃），涂膜厚度以 10～15μm 为宜，厚了效果反而差。

（2）磷化底漆是双组分涂料，一般分为漆料和活化剂。使用时应将两个组分混合后才可使用，而活化剂是专做磷化底漆配套使用的，不是溶剂，用量不能任意增减。要严格参照供应商要求的混合比例调配。

（3）使用前应将磷化底漆搅拌均匀，然后放入非金属的容器内，边搅拌边慢慢地加入活化剂，调配后一般要放置 20min（20℃）再使用（参照供应商的要求）。调配后的磷化底漆必须在混合寿命内用完。

（4）施工环境要求比较干燥，以防止涂膜发白，影响涂膜附着力和使用效果。磷化底漆喷涂的底材应经过表面预处理，达到无锈、无水、无油、无旧涂层等条件。

（5）喷涂了磷化底漆的底材，一般干燥一定的时间（参照供应商的要求）后即可喷涂其他底漆，无需打磨。

环氧底漆与磷化底漆对底材都具有良好的防腐性，对其上的涂层也都具有良好的黏结能力，一般在汽车修补中常使用环氧底漆做打底用，而在汽车制造厂或大面积钣金操作后对裸金属进行防腐处理时使用磷化底漆。

引导问题 6　底漆涂装的工艺流程是怎样的？

底漆涂装的工艺流程如图 3-3 所示。

图 3-3　底漆涂装的工艺流程

二、任务实施

引导问题7 作业前的准备工作有哪些?

1. 工具、设备的准备

❶ 调漆比例尺

调漆比例尺是在调配涂料时用来测量涂料之间的体积比的,也可用来搅拌涂料,如图3-4所示。调漆比例尺上面已经将常用的一些体积比计算好,添加时只要按比例上显示的比例来添加就可以了。

❷ 遮蔽纸切纸机

遮蔽纸切纸机是方便遮蔽纸、遮蔽薄膜的储存及切取的工具。架上装有小轮,可装纸胶带,与遮蔽纸一起拉出并切除,如图3-5所示。

图3-4 调漆比例尺

❸ 黏度计

黏度计是用来测量涂料稀稠黏度的工具。只有将涂料调到合适的黏度,才能保证最好的涂装效果。现在常用的涂-4黏度计和美国福特4号杯黏度计(图3-6)的使用方法如下:

图3-5 遮蔽纸切纸机

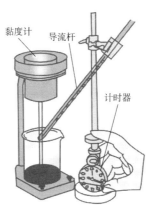

图3-6 福特4号杯黏度计

(1)将黏度计装置于合适高度的水平位置上。

(2)将涂料搅拌均匀,将环境温度控制在(25 ± 1)℃,然后静置2min以上,使试样中的空气逸出。

(3)用手指堵住漏嘴孔,将涂料试样倒满黏度计。

学习任务三 底漆的涂装

(4)松开手指,使试样漏出,并同时开动秒表,当试样漏出中断时,停止秒表。试样从黏度计流出的全部时间(s)即为试样的黏度。

(5)用同样方法再测试一次,两次测定值之差不应大于平均值的3%即为测试结果。

❹ 喷枪

涂装的方法很多,如刷涂法、浸涂法、空气喷涂法、静电喷涂法、粉末涂装法、电泳涂装法以及高压无气喷涂法等。汽车维修涂装主要采用空气喷涂法进行涂装。空气喷涂法就是以压缩空气的气流为动力,以喷枪为工具,使涂料从喷枪的喷嘴中喷出呈漆雾状而涂布到工件表面的一种施工方法。

 想一想

汽车维修涂装选用空气喷涂法是因为：＿＿＿＿＿＿＿＿＿＿＿＿＿＿＿＿＿＿＿＿＿＿＿

＿＿。

喷枪是空气喷涂的关键设备,其质量好坏及操作人员对喷枪的熟练掌握程度对涂装修补的质量影响很大。我们将从以下几个方面来了解喷枪。

(1)喷枪的类型。现在常用的空气喷涂喷枪种类很多,根据不同特点可以分为：

①按用途来分：底漆喷枪、面漆喷枪、小修补喷枪,见表3-8。

三种不同类型喷枪的特点及用途　　　　　　　　表3-8

类　型	特　点	用　途
底漆喷枪	喷嘴口径一般在1.6~1.9mm之间,雾化均匀,喷幅中心区宽大、喷幅集中,能很好的满足底漆涂装时的填充及遮盖要求	主要用于底漆、中间涂料的喷涂
面漆喷枪	喷嘴口径一般在1.3~1.5mm之间,雾化精细,喷幅雾化区宽大、喷幅分散,能很好的满足面漆着色和装饰的要求,达到颜色均匀、涂层饱满的效果	主要用于色漆、清漆等面漆涂层的喷涂
小修补喷枪	喷嘴口径较小(0.3~1.4mm之间),只需要较小的喷涂气压,一般为0.7~2.0bar(1bar=10^5Pa),可以喷出较薄的涂层,减少漆雾反弹,有效控制喷涂区域,提高修补质量,减少涂料消耗	适合喷绘图案、小面积涂装、局部修补或过渡喷涂

底漆喷枪与面漆喷枪的喷幅比较如图3-7所示。

②按涂料的供给方式分:吸力式喷枪、重力式喷枪和压力式喷枪,见表3-9。

三种不同类型喷枪的喷涂原理及特点　　　　　　　　表3-9

喷枪类型	喷涂原理	优　点	缺　点
重力式	涂料罐位于喷嘴上方,涂料由于重力作用流向喷嘴,与喷枪前端的压缩空气混合后,被吹散雾化喷出	涂料黏度的变化对喷出量影响小,节省涂料,适合较小面漆的喷涂	涂料罐在喷嘴上方,影响喷枪的稳定性;涂料罐容量小(一般在500mL左右),不适合喷涂较大面积
吸力式	涂料罐位于喷嘴下方,压缩空气经过喷嘴时形成低压区,杯中涂料通过大气压的作用向上进入喷嘴,与喷枪前端的压缩空气混合后,被吹散雾化喷出	喷涂操作稳定性好,便于向涂料罐中添加涂料或变换颜色,涂料罐容量比重力式喷枪要大,适合一般喷涂作业	喷涂水平表面困难;涂料黏度变化对喷漆量影响较大,涂料罐容量比重力式大(一般在1000mL左右),因而操作人员易疲劳
压力式	涂料罐与枪体分离,靠软管连接,通过向涂料罐加压让涂料流入枪体,与喷枪前端的压缩空气混合后,被吹散雾化喷出	涂料罐容积大,喷涂大型表面时不必停下来向涂料罐中添加涂料;也可使用高黏度涂料。适合大面积或连续作业	变换颜色及清洗喷枪需要较多时间,所以不适合小面积喷涂

③按雾化技术分:高气压喷枪、低流量中气压喷枪和高流量低气压喷枪。

此三种喷枪在外形上没有多大区别,只是在内部结构上会有所不同,高气压喷枪即为传统喷枪,其雾化气压较高,耗气量大,涂料有效利用率低。高流量低气压喷枪又称HVLP喷枪,其雾化气压低,上漆率高。低流量中气压喷枪又称RP喷枪,它的各项性能居中。表3-10所示为以上三种喷枪的使用技术参数差异比较。

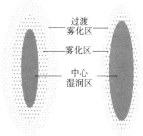

图3-7　面漆与底漆的喷幅比较

(2)喷枪的组成及各部分的作用。

三种喷枪的技术参数差异比较　　　　　　　　表3-10

技术参数 \ 雾化技术	传统(高压)	RP(中压)	HVLP(低压)
	气压雾化	气压、气流雾化	气流雾化
进气压力(MPa)	0.3～0.4	0.25	0.2
雾化压力(MPa)	0.2～0.3	0.13	0.07
耗气量(L/min)	380	295	430

①典型喷枪的结构如图3-8所示,空气帽正面的结构如图3-9所示。

学习任务三　底漆的涂装

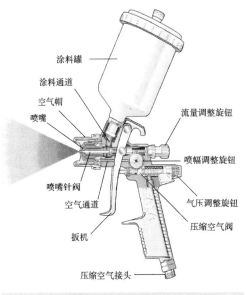

图 3-8　典型喷枪的结构

图 3-9　空气帽的结构

②喷枪主要零件的作用见表3-11。

喷枪主要零件的名称及作用　　　　　　表3-11

序号	零件名称	作　用
1	空气帽(又称风帽)	把压缩空气导入漆流,使漆液雾化,形成雾形
2	空气帽上的中心孔（又称主雾化孔）	形成真空,吸出漆液
3	空气帽上的侧孔（又称扇幅控制孔）	借助空气压力控制雾束形状
4	空气帽上的辅助孔（又称辅助雾化孔）	(1)促进漆液雾化 (2)孔大或多,则雾化能力强,能以较快的速度喷涂大型工件 (3)孔小或少,则需要的空气少,雾形小,喷涂量小,便于小工件的喷涂或低速喷涂
5	雾形控制阀	(1)控制阀关上,雾束呈圆形 (2)控制阀打开,雾束呈椭圆形
6	顶针	控制液体涂料喷离喷嘴的流量。喷涂时,通过扳机的动作来控制。连接顶针的尾部有一个螺母,用以调节顶针的伸缩幅度,这是喷枪调整的最基本的操作
7	顶针弹簧	当扳机放开时,将顶针压进喷嘴,封闭喷嘴,控制液体涂料的流动
8	喷嘴	导出涂料以及让压缩空气在喷嘴前端形成环形气流,喷嘴口径大小决定涂料喷出量的大小
9	漆流控制阀	当扳动扳机时,控制液体涂料的流量。当其全关时,即使扣死扳机也没有液体涂料流出。当其全开时,液体涂料的流量最大。这是调节喷枪的最为重要的元件之一
10	空气阀	空气阀的开关由扳机控制。打开空气阀所需的扳机行程可由一个螺钉控制。扳机扳到一半时空气阀打开,再扳扳机,喷漆嘴打开
11	扳机	扳机用来控制空气和液体涂料的流量。扣动扳机时,最先起动的仅仅是空气,然后才带动顶针运动,开启漆流控制阀,使液体涂料喷出

(3)喷枪的基本操作方法。对喷涂作业而言,要想获得良好的效果,正确的喷涂方法是非常重要的。在喷涂时必须要注意以下几个方面:

①喷枪与待喷工件表面的距离。正确的喷涂距离应与喷枪的种类、喷涂的气压、喷幅大小以及涂料种类相配合,一般的喷涂距离为15～25cm。如果喷涂距离过短,则涂料会堆积,形成流挂;如果距离过长,稀释剂挥发太多,会使飞漆增多,漆雾不能在物体表面成膜或涂膜粗糙无光,如图3-10所示。

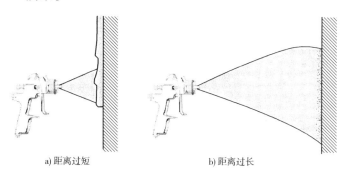

a) 距离过短　　　　　　b) 距离过长

图3-10　喷涂的距离

②喷枪与喷涂工件表面的角度(图3-11)。喷枪无论是在竖直方向还是在水平方向移动时与喷涂表面必须始终垂直。施工人员双脚分开,比肩稍宽,一般右手持枪,左手抓住空气软管,喷涂过程中左右移动整个身体,不能跨步,也不允许由手腕或肘部做弧形的摆动。

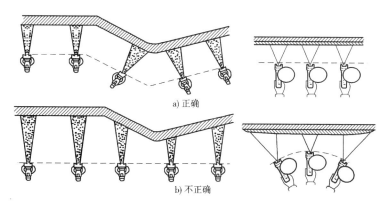

a) 正确

b) 不正确

图3-11　喷涂的角度

③喷枪的移动速度。喷枪的移动速度与涂料的干燥速度、涂料黏度以及环境温度有关,一般以30～60cm/s的速度匀速移动。具体操作时要以喷涂出来的涂层效果决定喷枪的移动速度。如果喷枪的速度过快,会导致涂层过薄,粗糙无光;如果速度过慢,会导致涂层过厚出现流挂。而如果速度不均匀,忽快忽慢,会导致涂层厚薄不均匀。

④喷枪的喷涂压力。正确的喷涂压力与涂料的种类、稀释剂的种类、稀释后的黏度和喷枪的类型等有关,喷涂时应参照涂料生产厂商提供的说明而定,或进行试喷确定。压力过低

学习任务三　底漆的涂装

将造成雾化不好,会使稀释剂挥发过慢,涂层易出现"流泪"、"针孔"、"气泡"等缺陷;压力过高会使稀释剂过分蒸发,严重时形成干喷现象。

⑤喷涂方法、路线及重叠幅度。喷涂方法有纵行重叠法、横行重叠法、纵横交替重叠法。喷涂线路应从高到低、从左到右、从上到下、先里后外的顺序进行。在行程终点关闭喷枪,喷枪下一次单向移动的行程与上一次相反,喷嘴与上一次行程的边缘平齐,本次雾形的上半部与上一次雾形的下半部重叠,重叠幅度为喷雾图形的1/2~2/3,如图3-12所示。

⑥喷枪扳机的控制。喷枪是靠扳机来控制的,扳机扣得越紧,液体流速越大。为避免每次走枪行程结束时所喷出的涂料堆积,一般要放松扳机,以减小供漆量。

扣扳机的正确操作一般分四步:先从遮蔽纸上或工件外面开始走枪,扣下扳机一半,仅放出空气;当走枪到喷涂表面边缘时,完全扣下扳机,喷出涂料;当走至另一边缘时,松开扳机一半,涂料停止流出;反向喷涂前再向前移动几厘米,然后重复上述操作,如图3-13所示。

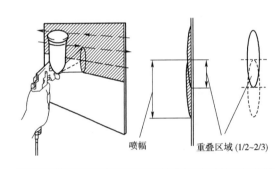

图3-12　喷涂方法及重叠幅度　　　　图3-13　喷枪扳机的控制

❺ 其他工具及设备

还需要用到的其他工具有风枪、洗枪毛刷等。

2 主要材料的准备

❶ 遮蔽胶带

遮蔽胶带是用来直接粘贴在工件上保护工件的,在打磨或喷涂过程中经常使用。遮蔽胶带种类繁多(图3-14),汽车维修涂装工作中使用的胶带必须具有一定的耐热性、抗溶剂性,不容易脱胶,不易断裂,有合适的黏性(既不能太黏使剥离困难,又不能太弱使粘贴不牢)。如果胶带质量不好,会给我们的涂装工作造成很大的困扰。

汽车涂装中常用的胶带有:

(1)按耐热性能来分有:用于常温工作的普通胶带;用于低温烘烤或高温烘烤的耐热胶带。

(2)按胶带的背衬材料来分:用于一般用途的纸质胶带;用于双色施涂及圆边界的塑料胶带;用于缝隙部位的聚氨酯胶带。

❷ 遮蔽纸

遮蔽纸是在工件需要大面积遮盖时使用的,汽车涂装中用的遮蔽材料一般要求干净,不易掉毛,有一定的耐溶剂性,能防止溶剂及涂料渗透,价格便宜,容易施工即可。根据所用材料的材质不同可以分为纸质遮蔽纸、乙烯遮蔽膜、特别的遮蔽覆盖罩三种。其中以纸质遮蔽纸使用较多,应用较普遍;乙烯薄膜主要用于遮蔽纸周围大面积的覆盖;遮蔽覆盖罩主要用于像轮胎等部件的遮盖。它们一般制成不同规格大小,以满足不同施工需要,如图3-15所示。

图3-14 遮蔽胶带

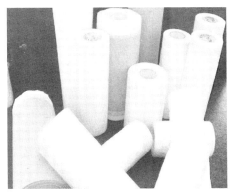
图3-15 遮蔽纸

想一想

是否可以使用报纸代替遮蔽纸_____
_____。

❸ **底漆及配套固化剂、稀释剂**

在选择具体底漆产品时,要根据工件的材质、损伤部位的情况以及所用的底漆性能特点进行综合考虑,在考虑成本、施工方便性的同时,也要考虑其防锈性能、附着力以及与后续涂层的配套性。

想一想

根据前面所学的底漆知识,结合工件的材质、工件的表面情况,我会选用_____
_____类型的底漆。

❹ **其他材料**

还需要使用到的其他材料包括除油剂、洗枪稀释剂、擦拭布等。

❸ **劳动保护措施**

在本次作业中你需要用到的劳动保护用品有(请根据前面学习的劳动保护用品知识,完成表3-12的内容,在相关的操作中需要用到的劳动保护用品在栏里打"√"):

底漆涂装作业中的劳动保护用品　　　　表3-12

工序									
清洁									
遮蔽									
除油									
准备涂料									
喷涂涂料									
清洗喷枪									

引导问题8　如何进行遮蔽及清洁工作？

遮蔽工作是在喷涂之前所进行的重要工作,即用遮盖材料将所有不需要涂装的部位或部件保护起来,防止喷涂过程中的漆雾污染。遮蔽的一般操作方法如下：

(1)将工件清洁干净,必要时使用除油剂。工件不干净不仅会影响后续涂层的质量,也会影响胶带的粘贴牢固程度。

(2)确定贴护范围及贴护部位。贴护范围可以按照需要喷涂的涂料类型及面积来确定。

①喷涂底漆及中涂底漆时的遮蔽：由于底漆及中涂底漆喷涂时使用的气压较小,漆雾扩散的范围也较小,所以一般可以采用在损伤部位周围进行反向遮蔽(反向遮蔽指遮蔽纸在敷贴时里面朝外),这种方法可以将贴护控制在较小范围内,并减少喷涂台阶,如图3-16所示。

②整块部件喷涂时的遮蔽：大面积部件整个喷涂时(如翼子板、车门、发动机罩等),必须将部件当中(图3-17)及部件周围(图3-18)不需要喷涂的所有面积遮蔽起来,以防止漆雾进入。在对没有边界的部件进行整块喷涂时,先将部件周围遮蔽贴护好,再在过渡处采用反向遮蔽,如图3-19所示。

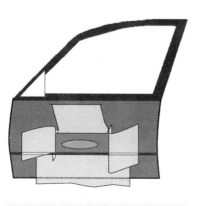

图3-16　喷涂底漆及中涂底漆时的遮蔽

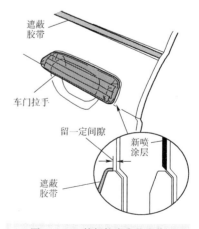

图3-17　工件部件当中的遮蔽

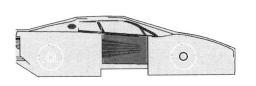

图 3-18 整块部件喷涂时的遮蔽

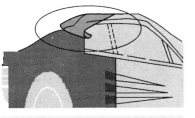

图 3-19 工件过渡处的遮蔽

（3）取合适长度的胶带与遮蔽纸，并粘贴好。一般胶带贴在遮蔽纸上时只贴一半宽度即可，另一半用来粘贴部件。

（4）按步骤（2）确定的贴护范围及贴护部位进行贴护。确保喷涂区域内需要保护的部位已经粘贴好，确保喷漆漆雾不会飞溅到喷涂部位周围的区域。

 想一想

根据本次操作的工件情况，我会采用步骤（2）中的图 _____ 所示的贴护方法进行遮蔽。

（5）对需要喷涂部位进行除油。在贴护过程中可能会再次污染工件表面，所以在贴护完成后应该重新进行清洁与除油。

引导问题9 怎样调配底漆？

底漆品种很多，不同性质的底漆，不同厂家的产品，同一厂家的不同型号的产品，它的调配方法都不一样。下面我们以常用的双组分环氧底漆（以某品牌的 P565-895 超快干无铬环氧底漆为例）进行说明。

（1）查看产品技术说明，确定调配及施工方法。某品牌的 P565-895 超快干无铬环氧底漆的技术说明见表 3-13。

环氧底漆的使用说明 表 3-13

P565-895 超快干无铬环氧底漆施工工艺	
适用底材	裸钢材、镀锌板材、铝材、玻璃钢、聚氨酯原子灰、预涂底漆和状态良好的旧涂膜
	P565-895　　　　　　　　　　　　　　4份 P210-938/939/842/8430　　　　　　　1份 P850-1491/1492/1493/1494　　　　　1份
	按体积比混合， 无须预反应时间
	20℃时： DIN4 杯　24～26s BSB4 杯　32～35s

续上表

P565-895 超快干无铬环氧底漆施工工艺	
	喷嘴口径：　　　　　　　喷涂压力：3.0~3.5bar 重力式：1.3~1.5mm 吸上式：1.5~1.7mm
	喷涂一层后，干膜厚度达到 15~20μm
	喷涂中涂底漆前需要 5~10min 闪干 低气温下，闪干时间可以更长 喷涂中涂底漆前的停留时间不得超过 8h
	通常不要求打磨表面 若有需要，请在喷涂 30min 后使用 P1200 砂纸去除尘点

表中 P210-938/939/842/8430 为某品牌的不同型号的固化剂的代号；P850-1491/1492/1493/1494 为某品牌的不同型号的稀释剂的代号。它们的使用说明见表 3-14。

固化剂及稀释剂的使用说明　　　　　　　　　　　　　　　表 3-14

固化剂的选择

不同固化剂是用于满足各种修补类型和不同条件下的干燥速度和品质要求的

P210-842 快干高固固化剂：适用于 P565-895、P565-777、P565-510/511 系列底漆，P420 系列纯色漆，P190-6850 清漆等，适用于气温 25℃ 以下

P210-8430 标准高固固化剂：适用于 P565-895、P565-777、P565-510/511 系列底漆，P420 系列纯色漆，P190-6850 清漆等，适用于气温 20~25℃ 以下

P210-790 超快干固化剂：针对小面积的修补提供干燥速度最快的工艺（60℃ 金属温度时只需烘烤 20min），适用于温度较冷的情况（22℃ 以下）。

推荐稀释剂：P850-1491/1492

P210-938 标准固化剂：适用于中型和大型面积修补，理想温度范围是 15~25℃。

推荐稀释剂：P850-1491/1492/1493/1494

P210-939 慢干固化剂：适用于中型和大型板块修补，理想温度范围为 25℃ 以上。

推荐稀释剂：P850-1492/1493/1494

稀释剂的选择

稀释剂的选择应考虑施工温度、空气流通和修补面积大小等因素。以下推荐仅供参考：

稀释剂类型	适用温度范围
P850-1491 低气温稀释剂	15℃ 以下
P850-1492 标准气温稀释剂	15~25℃
P850-1493 高气温稀释剂	25~35℃
P850-1494 极炎热气温稀释剂	35℃ 以上

在空气流通速度快的喷房以及大面积修补时，一般使用较慢干的稀释剂和 HVLP 喷枪。在空气流通速度慢和小面积修补时，则使用较快干的稀释剂

（2）穿戴好劳动保护用品。

（3）用调漆尺或搅拌杆将底漆彻底搅拌均匀。放置过的涂料都会出现不同程度的沉淀，所以我们一定要养成每次使用之前都彻底搅拌的习惯。

（4）按照喷涂的面积所需要的量，将底漆倒入合适的容器或量杯当中。每次调漆时必须按照用多少调多少的原则进行，避免不必要的浪费。

（5）按照产品技术说明上所给的比例用调漆比例尺添加适量的固化剂、稀释剂（表3-13）。P565-895 超快干无铬环氧底漆与所有固化剂、稀释剂的比例都是 4∶1∶1，但是根据施工时的环境温度和喷涂面积不同，应该选用合适型号的固化剂及稀释剂。

（6）用搅拌尺对添加好的涂料进行彻底搅拌。

（7）根据涂料特点和产品技术说明，选择合适口径的底漆喷枪。喷枪的选择主要是看喷涂涂料的类型特点，双组分环氧底漆中体质颜料较多、膜厚较厚，应该选用口径较大的底漆喷枪进行喷涂，如图 3-20 圆圈部分所示。

（8）用过滤网将调配好的涂料过滤到喷枪里，如图 3-21 所示。

图 3-20　喷枪喷嘴要求　　　　图 3-21　涂料过滤

如果需要检测及调整黏度，还应做好涂料的黏度调整工作（涂料黏度的测试方法参考本学习任务引导问题 6 中的黏度计知识）。一般严格按照配方调配的涂料，其黏度可以达到较好的喷涂效果。

想一想

以本节介绍的某品牌产品为例，如果在调配涂料时环境温度为 24℃，我会选择_____型号的固化剂和稀释剂。

引导问题 10 ▶ **怎样调节喷枪？**

涂料喷涂出来的成膜效果好坏，涂料的雾化是关键因素之一，而涂料的雾化效果又是靠喷枪喷涂出来的,所以如何调节好喷枪关系到涂装的质量。这也是每个涂装工必须掌握的基本技能之一。喷枪的一般调节方法如下。

1 检查喷枪

(1)检查涂料罐上的气孔,确保无污垢堵塞,保持畅通。
(2)检查喷枪上的密封圈、连接部位等,确保无涂料渗漏。

2 调节喷枪

❶ 压力的调节

(1)按照涂料产品说明书所提供的施工参数确定底漆的喷涂压力,如图3-22圆圈内所示。对于任何涂料系统而言,最适当的喷涂空气压力只有一个,就是能使涂料获得最好雾化效果的最低空气压力。最佳的喷涂压力也是指获得适当雾化、挥发率和喷雾扇形宽度所需的最低喷涂压力。

喷涂压力太高会因飞漆而浪费大量涂料,抵达工件表面前溶剂挥发快导致流动性差,容易产生橘皮等缺陷;喷涂压力太低会因溶剂保留的多而造成干燥性能差,涂膜容易起泡和流挂。不同涂料喷涂时所需的空气压力都是不同的。

(2)通过调节喷枪上的气压控制阀,将枪尾进气压力调节到规定的数值。枪尾压力可以通过气压表或内置的数字显示屏进行显示,如图3-23所示。

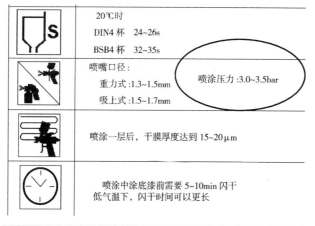

图3-22 喷涂压力参数

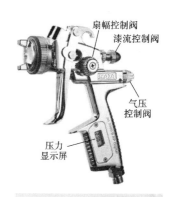

图3-23 压力的调节

❷ 扇幅雾束大小、方向调节

(1)扇幅雾束大小的调节。把扇幅控制阀全拧进去可得到最小的圆形雾束,把旋钮全拧出来得到的雾形最大,如图3-24所示。喷涂时扇幅的大小应根据喷涂面积和工件的形状来决定,面积较小部位的喷涂可以将喷幅调小一点,节约涂料;如果面积较大的部位可以将扇幅调宽一点,提高工作效率。

(2)扇幅方向的调节。调节空气帽的方向可改变雾束的方向。将空气帽的犄角调节成与地面平行,喷出的雾束呈平面且垂直地面,称为垂直雾束,这种方式用得最多;如果空气帽的犄角与地面垂直,喷出的雾束呈平面且平行于地面,称为水平雾束,这种方式在施工中少见,在大面积施工进行垂直扫枪时用。

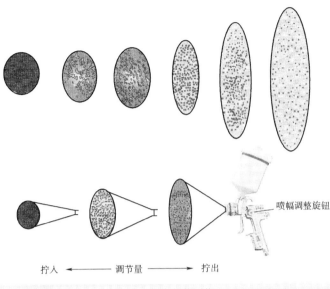

图 3-24　扇幅的调节

❸ 漆流量调节

用漆流控制阀按选定雾形调节漆流量,将控制阀拧出时漆流量增大,控制阀拧进时漆流量减少,如图 3-25 所示。

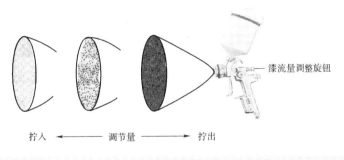

图 3-25　漆流量的调节

❹ 涂料分布测试

喷枪调整是否合适,应该通过试喷来检验,也就是涂料雾形测试。雾形测试分为垂直测试和水平测试两种。

(1)垂直测试主要检测喷枪的扇幅形状是否合理。图 3-26 所示为喷涂出来的常见形状及产生的原因。

(2)水平测试是检测喷枪的喷涂压力、出漆量、扇幅大小三个方面的调节是否正确。水平雾形测试的方法如下:

学习任务三　底漆的涂装

①先松开空气帽定位环并旋转空气帽,使喇叭口处于竖直位置,如图3-27所示。
②在一张垂直的遮蔽纸或试板上进行试喷,此时喷出的图案将是水平的,如图3-28所示。

a) 雾化较好

b) 风帽/喷嘴堵塞

c) 出漆量小/气压大

d) 风帽/喷嘴堵塞

e) 气压小/出漆量大

f) 堵塞/涂料不足喷嘴没有拧紧

图3-26　垂直测试喷幅效果

图3-27　旋转风帽

图3-28　水平方向喷涂

③按住扳机持续喷涂直到涂料开始往下流淌为止。
④检查涂料流挂情况并调整喷枪。一般流挂的图形会接近图3-29所示的形状中的一种。

a) 合适的喷涂图形

b) 分离的喷涂图形

c) 中间过重的喷涂图形

图3-29　水平测试喷幅效果

a. 如果各段流挂的长度近似相等,则表明涂料雾化较好,喷枪各项调节正确。

b. 如果流挂呈开的形状,一般是由于喷束太宽或气压太低造成。调节时可以把雾形控制阀拧紧半圈,或把气压提高一些,交替进行这两项调节直到流挂长度均匀。

c. 如果流挂中间长两边短,则是因为喷出的漆太多,应把漆流量控制阀拧进,直到流挂长度均匀。

引导问题11　怎样喷涂底漆?

由于底漆的主要作用是防锈和提高附着力,不需要很好的填充性能,在底漆上面还要刮

涂原子灰等中间涂层,所以底漆不用喷涂过厚,一般薄喷两层盖住裸金属即可。底漆的一般喷涂方法如下:

(1)按照喷涂操作要领里面所示的方法调节好喷枪与工件的距离及角度。

(2)按照横行重叠法,从上往下将裸金属部位薄喷一遍,如图3-30所示。

第一遍喷涂时为了避免喷涂过厚,涂料里面的溶剂溶胀旧涂层,发生咬底、起皱等缺陷,一般建议不要喷涂太湿,厚度以隐隐约约能看见下面的底材即可。

喷涂范围最好控制在羽状边范围里,特别注意不要喷到遮蔽纸边缘,避免产生明显的台阶。在一行程的起枪和收枪时,可适当摆动手腕,进行收边。

(3)根据涂料产品技术说明,第一遍喷涂之后静置几分钟时间,让涂料里面的溶剂挥发,直至涂层没有光泽为止,此过程又称闪干。

如果不留一定的时间进行闪干或闪干时间不足就喷涂第二遍的话,容易发生咬底、起皱、发花、流挂等缺陷,要处理这些缺陷所用的时间可能比需要闪干的时间要长得多,而且也浪费材料,所以一定要按照产品说明进行施工。

(4)待涂层没有光泽之后喷涂第二遍,如图3-31所示。

第二遍的喷涂方法基本与第一遍一样,所不同的是涂层厚度要比第一遍稍厚,要保证第二遍喷涂完之后,不仅要盖住底材,而且要形成平滑均匀的涂层,以利于后续涂层施工;第二遍喷涂的范围要比第一遍稍大,这样可以避免形成过多的涂层边缘。

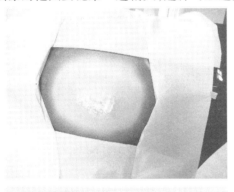
图3-30 第一遍喷涂效果

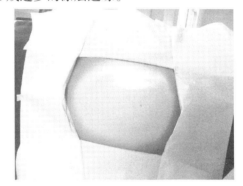
图3-31 第二遍喷涂效果

(5)检查喷涂效果,如果没有达到要求可以进行适当修补,达到要求之后等涂层闪干,撕掉遮蔽纸及遮蔽胶带,完成底漆的涂装。

引导问题12 怎样清洗及维护喷枪?

每次喷涂完成后,一定要及时清洗喷枪,特别是双组分涂料,如果不及时清洗喷枪,涂料会固化在涂料罐以及喷枪里面的涂料通道里,从而影响下次的喷涂。喷枪的手工清洗及维护方法如下:

(1)将涂料罐里面的多余涂料倒到废漆存放桶里,扣动扳机,将枪体涂料通道里的油漆喷涂干净。

废漆料不允许随便弃置,具体要求请查询国家相关政策法规。

(2)在涂料罐里面倒入清洗喷枪的稀释剂,将喷枪上的所有阀门调到最大,并扣动扳机,将涂料通道冲洗干净,如图3-32所示。

(3)用一块擦拭布将喷嘴堵住,扣动扳机,利用压缩空气逆向冲洗喷枪,如图3-33所示。

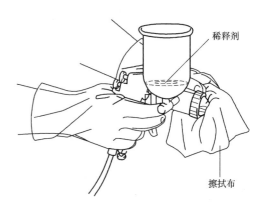

图3-32 冲洗　　　　　　　　　图3-33 逆向冲洗

此步操作时应将身体侧向一边,避免稀释剂溅到身上造成伤害。

(4)用洗喷枪用的毛刷清洗涂料罐,如图3-34所示。

(5)重复步骤(2)、(3)、(4),直至喷出的稀释剂中不含有任何涂料。然后用毛刷清洁喷枪,如图3-35所示。

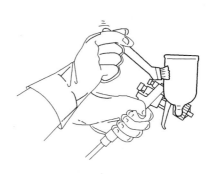

图3-34 清洗涂料罐　　　　　　　图3-35 清洗喷枪

(6)摘掉空气帽,用毛刷清洁涂料喷嘴,如图3-36所示。

(7)用毛刷清洁空气帽,如图3-37所示。

由于空气帽上的气孔很大程度上影响到喷涂图形的形状,因此需注意在清洁中不要损坏空气帽。避免使用针、钢丝或钢丝刷等。如果有干的涂料不容易清除,可将空气帽浸入稀释剂内一段时间,待其溶胀后,再来清洁。最后用一块干净的擦拭布,擦干净空气帽上残留的稀释剂,并及时装回喷枪上。

(8)在涂料杯中倒入少量清洁稀释剂,以避免涂料通道堵塞。

图 3-36 清洗喷嘴

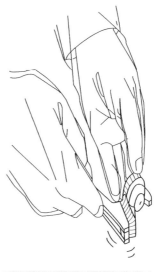
图 3-37 清洗空气帽

三、知识与能力拓展

1. 查阅资料,说明涂料产品技术说明或手册上的图示是什么意思。

2. 查阅资料,说明汽车制造涂装所用的底漆主要有哪些,其涂装工艺是怎样的。

3. 查阅资料,说明喷枪自动清洗机如何操作。

四、评价与反馈

1. 对本学习任务进行评价,见表 3-15。

学习任务三　底漆的涂装

底漆的涂装操作考核评价表　　　　　　　　　　　　表 3-15

考核项目	评分标准	分　数	学生自评	小组评价	教师评价	备　注
团队意识	是否能互相协助 是否能顾全大局	10				
工作态度	是否积极、认真、负责	10				
现场5S	是否在整个工作过程中贯穿5S	10				
方案设计	是否能结合具体的条件、环境，进行合理的设计	10				
操作过程	工具、设备、材料的准备 表面的清洁除油 喷涂部位的遮蔽 底漆的调配 底漆的喷涂 喷枪的调整 喷枪的清洗	35				
操作结果	质量是否符合要求	5				
安全规范	有无违规或危险的操作	10				
知识与能力拓展	是否具有自学与发展能力	10				
总　　　分		100				
教师签名：			年　　月　　日		得分	

2. 在实施作业时，你还存在哪些方面的问题？如何才能提高？

3. 在选择何种底漆时需要考虑哪些方面的因素？

学习任务四

腻子的刮涂及打磨

完成本学习任务后，你应当能：
1. 明确腻子的作用及汽车涂装用腻子的要求；
2. 了解常用腻子的种类与用途；
3. 正确地使用和维护相关的工具和设备；
4. 根据腻子施涂工艺进行腻子的刮涂及打磨作业。

建议完成本学习任务的时间为 10 课时。

学习任务描述

经过底漆处理的车门（图4-1），如果表面非常平整，后面就可以进行中涂底漆或面漆的喷涂了；如果不平整，就需要我们对底材进行合适的整平工作——也就是通过刮涂腻子来恢复工件表面的形状（图4-2）。

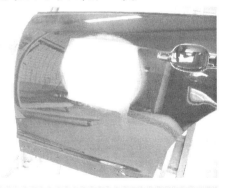

图 4-1 腻子刮涂打磨前的效果

图 4-2 腻子刮涂打磨后的效果

学习任务四　腻子的刮涂及打磨

学习内容

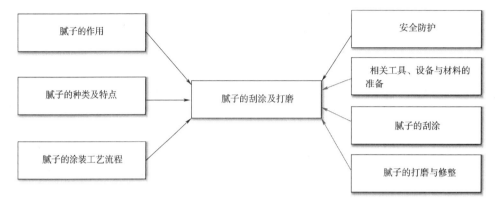

一、资料收集

引导问题1　什么是腻子？腻子起什么作用？汽车上使用的腻子必须具备哪些性能？

腻子是一类含有大量体质颜料的膏状或厚浆状的涂料，它也是由树脂、颜料（主要是体质颜料）、溶剂、助剂等物质组成，如图4-3所示。

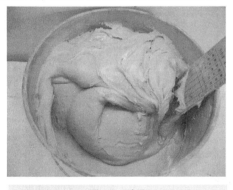

图4-3　腻子

腻子主要是用来填平底材上的凹坑、缝隙、孔眼、焊疤、刮痕以及加工过程中所造成的物面缺陷等问题，达到恢复或塑造工件表面形状的目的。

由于汽车涂装要求的高级保护性及装饰性，在汽车上使用的腻子必须要具备以下性能：

（1）与底漆、中涂底漆及面漆有良好配套性，不发生咬底、起皱、开裂、脱落等现象，有较强的层间黏合力。

（2）具有良好的刮涂性能，垂直面涂装性能良好，无流淌现象，有一定韧性，附着力好，刮涂时腻子不反转，薄涂时腻子层均匀光滑。

（3）打磨性良好，腻子层干燥后软硬适中，易打磨，不粘砂，能适应干磨或湿磨。打磨后腻子层边缘平整光滑且无接口痕迹。

（4）干燥性能良好，能在规定时间内干燥、打磨。

（5）形成的腻子层要有一定韧性和硬度，以防汽车行驶中的振动引起原腻子层开裂，轻微碰撞引起低凹或划痕。

(6)具有较好的耐溶剂和耐潮湿性,否则会引起涂层起泡。

想一想

涂料组成中各部分物质的作用是_____。

引导问题2 现在常用的腻子有哪些？各有什么用途？

腻子的品种很多,根据现在常用的汽车修补涂装用腻子的用途来分有如下几种(表4-1):

常用腻子的特点及适用范围　　　　　　　　表4-1

品种	主要特点	适用范围
普通腻子	多为聚酯树脂型,膏体细腻,附着力强,可常温固化,干燥速度快,有一定硬度,收缩性小、不容易开裂等,容易施工,容易打磨,填充能力强	适用于旧涂层、裸钢板等大多数底材表面。不适用于镀锌板、不锈钢板、铝板,以及经磷化处理的裸金属表面等
合金腻子	除具有普通腻子的一切性能外,比普通腻子拥有更好的附着力、防腐性及力学性能等	除可用于普通腻子所用的一切场合,还可以直接用于镀锌板、不锈钢板和铝板等裸金属而不必首先施涂隔绝底漆,但不适用于经磷化处理的裸金属表面
纤维腻子	填充材料中含有纤维物质,干燥后质量轻,附着能力和硬度很高,可以厚涂,但表面呈现多孔状,打磨后需要用普通腻子进行填平	可以直接填充直径小于50mm的孔洞或锈蚀而无须钣金修复,对孔洞的隔绝防腐能力也很强。用于有比较深的金属凹陷部位的填补效果非常好
塑料腻子	调和后呈膏状,可以刮涂也可以搽涂,干燥后像软塑料一样,与底材附着良好。干燥后质地柔软,打磨性良好	塑料腻子适用于一般塑料制品的填补
幼滑腻子（又称填眼灰）	以单组分产品较为常见。其膏体细腻,填补能力较差,不耐溶剂,不能大面积刮涂使用。干燥时间很短,干燥后较软易于打磨,适合填补小针孔或划痕	一般在打磨完中涂层后,喷涂面漆之前使用,主要用途是填补极其微小的小坑、小眼、小砂纸痕等,提高面漆的装饰性

引导问题3 腻子涂装的工艺流程是怎样的？

刮涂及打磨腻子的工艺流程如图4-4所示。

学习任务四　腻子的刮涂及打磨

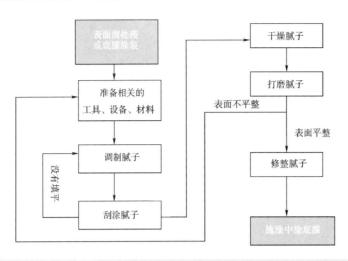

图 4-4　刮涂及打磨腻子工艺流程

二、任务实施

引导问题 4　作业前的准备工作有哪些？

1 工具、设备的准备

① 刮刀与调灰盘

刮刀是用来将腻子刮涂到工件上的手工工具（图 4-5），根据其制作材料的不同，可以分为橡胶刮板、塑料刮板、金属刮板等；根据其软硬程度可分为硬刮板和软刮板。

硬刮板由于有一定的硬度，易刮涂平整及填充缺陷，所以适用于刮涂大的凹坑及平面部位。

软刮板由于有一定的柔韧性，所以适用于刮涂非平面部位。

金属材料由于可以根据需要制成不同规格，不同软硬程度的刮板，加工方便，通用性强，所以目前金属刮板使用较多。

刮刀的一般握法如图 4-6 所示。

使用刮刀时要注意以下几点：

（1）刮刀的刮口要保持平直，在使用或清洗时不能使刀口出现齿形、缺口、弧形、弓形等。如果出现变形，在刮涂时则很难将腻子刮平、刮好。

（2）刮刀每次使用完毕之后，应先用刮刀相互铲除干净，再用毛刷蘸溶剂清洗掉残留的腻子。一定要避免腻子固化在刮刀上，否则很难清除干净，影响下次使用，还有可能会导致刮刀变形。

调灰盘的主要作用是用来盛放原子灰的(图4-7),根据其制作材料的不同,可以分为钢板类、塑料板类、木板类等。根据需要也可以制成不同的规格、形状。

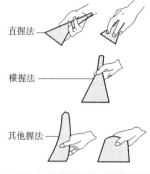

图4-5 刮刀　　　　　　　　　　图4-6 刮刀的几种握法

❷ 电子秤

电子秤主要是用来称重的(图4-8)。在腻子的刮涂及打磨工序中使用电子秤主要是为了确定腻子与固化剂的比例。

❸ 红外线烤灯

红外线烤灯的主要作用是用来加速涂层干燥,提高工作效率的。由于汽车维修行业的特殊性,要求加热装置具有移动性、可变性,因此红外线烤灯一般做成独立开关控制,可不同方向、部位调节,可以调节烘烤温度及烘烤时间,可以分别控制预热、加热过程的形式,如图4-9所示。

图4-7 调灰盘　　　　　图4-8 电子秤　　　　　图4-9 红外线烤灯

红外线烤灯根据其红外线波长不同,可以分为近红外线烤灯和远红外线烤灯两种,远红外线烤灯比近红外线烤灯的烘烤速度更快,烘烤质量更高。

❹ 碳粉指示剂

碳粉指示剂的主要作用是用来显示涂层缺陷的,如图4-10所示。使用时,用海绵将黑色的碳粉均匀的涂抹到原子灰上,打磨之后,原子灰高的部位的碳粉会被打磨掉,残留有碳粉的部位,说明有气孔或凹陷。

❺ 手工打磨块

手工打磨块主要是用来手工打磨及修整涂层的,图4-11所示为各种类型的打磨块。根据其制作材料的不同,可以分为橡胶类的打磨块、塑料类的打磨块、海绵类的打磨块及木制打磨块。根据其软硬程度不同,又可以分为硬打磨块、中等弹性的打磨块及软打磨块。

硬打磨块一般用来打磨平面或作整平作业时使用。

中等弹性打磨块利用它的柔韧性可以用来打磨棱角和非平面部位。

软打磨块一般用来作为精细打磨时使用,如抛光漆面前打磨细小的颗粒和橘皮等,不易对漆面造成大的伤害。

各种类型的打磨块可以根据需要做成不同大小、形状的形式,以利于操作。在做手工干打磨时,为了避免粉尘过多,最好使用带吸尘功能的打磨块。

图4-10 碳粉指示剂

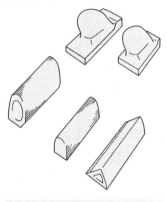

图4-11 各种类型的手工打磨块

❻ 干磨系统

干磨系统的相关知识参见学习任务二表面的前处理的相关内容。在打磨腻子时主要使用的干磨设备有轨道式干磨机(图4-12),双作用干磨机(图4-13)及吸尘设备(图4-14)等。

图4-12 轨道式干磨机

图4-13 双作用干磨机

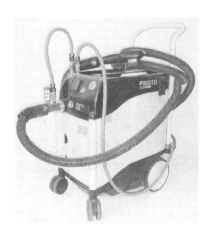

图4-14 吸尘设备

想一想

干磨系统在使用之后进行维护需注意＿＿＿＿＿＿＿＿＿＿＿＿＿＿＿＿＿＿＿＿＿＿＿
＿＿＿＿＿＿＿＿＿＿＿＿＿＿＿＿＿＿＿＿＿＿＿＿＿＿＿＿＿＿＿＿＿＿＿＿＿＿＿。

❼ 其他工具及设备

还需要用到的其他工具有风枪、毛刷等。

❷ **主要材料的准备**

❶ 腻子

 想一想

根据前面所学知识，结合工件的材质、工件的表面情况，在填补凹陷时我会选用＿＿＿＿＿
＿＿＿＿＿型腻子；在填补细微针孔、划痕时我会选用＿＿＿＿＿＿＿＿＿＿＿腻子。

❷ 砂纸

根据在打磨腻子过程中需要用到的打磨块、打磨机类型准备好各种规格、型号的砂纸，如图4-15所示。

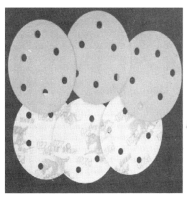

图4-15　各种型号、规格的砂纸

 想一想

根据学习任务二表面的前处理的相关内容，我觉得在打磨腻子时需要用到这些型号的砂纸：＿＿
＿＿＿＿＿＿＿＿＿＿＿＿＿＿＿＿＿＿＿＿＿＿＿＿＿＿＿＿＿＿＿＿＿＿＿＿＿＿＿。

学习任务四 腻子的刮涂及打磨

3 其他材料

还需要使用到的其他材料包括除油剂、稀释剂、抹布、擦拭布等。

3 劳动保护措施

在本次作业中你需要用到的劳动保护用品有(请根据前面学习的劳动保护用品知识,完成表 4-2 的内容,在相关的操作中需要用到的劳动保护用品在栏里打"√"):

腻子的刮涂及打磨作业中的劳动保护用品　　　　表 4-2

工序	推荐的涂装工劳动保护用品							
搅拌								
调制								
刮涂								
干燥								
打磨								
修整								
清洁								
除油								

引导问题5　怎样调制腻子?

(1)穿戴好合适的劳动保护用品。
(2)根据底材材质及表面状况选择合适的腻子类型。

本次作业的工件底材为镀锌板,在裸露金属上面已经施涂过防锈底漆(环氧底漆),所以我们可以选择普通型聚酯腻子来进行刮涂(图 4-16 所示为某品牌的普通聚酯腻子);如果没有施涂防锈底漆,在裸露金属面积较小的情况下,也可以直接刮涂合金腻子(图 4-17 所示为某品牌的万能合金腻子)。

图 4-16　普通聚酯腻子

图 4-17　合金腻子

(3)根据选用的具体产品,查阅相关资料或技术说明,确定混合比。

混合比有质量比和体积比两种形式,使用时要注意区分。如本次使用的某品牌P551-1050普通型腻子为质量比,其混合比见表4-3。

P551-1050普通型腻子使用说明　　　　　　　　　　　　表4-3

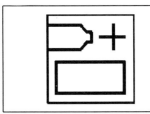

环 境 温 度	固化剂用量
当环境温度小于10℃时	固化剂约加入原子灰质量的3%
当环境温度在10～20℃之间时	固化剂约加入原子灰质量的2%
当环境温度大于20℃时	固化剂约加入原子灰质量的1%

 想一想

请通过试验的方法,测试一下如果腻子中的固化剂添加:

过多会导致　　　　　　　　　　　　　　　　　　　　　　　　　　　　；

过少会导致　　　　　　　　　　　　　　　　　　　　　　　　　　　　。

(4)检查需要覆盖的面积及变形程度,确定腻子的用量。注意检查时不能用手去触摸,避免手或手套上的油污、汗渍污染了待施工表面。

(5)用钢直尺或搅拌杆将腻子搅拌均匀(图4-18),对于装在软管中的固化剂可以采用挤压的方法挤出固化剂,如图4-19所示。

　　图4-18　搅拌腻子　　　　　　　　图4-19　挤压固化剂

(6)打开电子秤,将调灰盘平放在电子秤的托盘上,然后将电子秤清零,如图4-20所示。

(7)根据估计的量用刮刀挑出腻子,置于调灰盘上,按产品说明上的混合比加入适量的固化剂,如图4-21所示。

(8)调和腻子。

①用刮刀的尖端将固化剂挑到腻子里面,如图4-22所示。

②用刮刀的尖端,将固化剂按图4-23所示的方法搅合到腻子里面。

学习任务四　腻子的刮涂及打磨

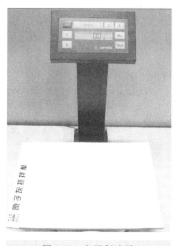

图4-20　电子秤清零

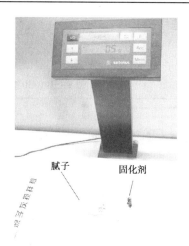

图4-21　根据混合比称重腻子及固化剂

图4-22　挑起固化剂

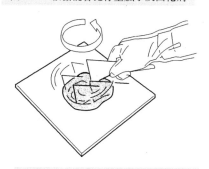

图4-23　混合腻子

③用刮刀铲起左侧1/3的腻子（图4-24），以刮刀右前端为支点，翻转至其余腻子上，如图4-25所示。

图4-24　从左侧铲起腻子

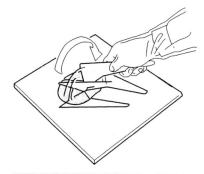

图4-25　往右侧翻转腻子

④将刮刀与混合板呈小角度往回收，同时向下压制腻子（图4-26）。回收至末端时将刮刀上面的腻子在调灰盘上刮干净。

⑤将刮刀插入腻子下面，将右侧1/2的腻子铲起（图4-27）。

⑥以刮刀左前端为支点将腻子翻转（图4-28）。

⑦按照步骤④的方法将刮刀与混合板呈小角度往回收，并将它向下压（图4-29）。

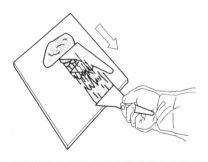

图4-26 压制腻子

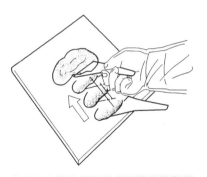

图4-27 从右侧铲起腻子

图4-28 往左侧翻转腻子

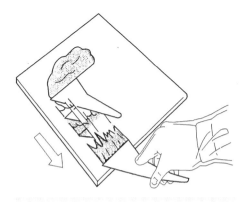

图4-29 压制腻子

⑧重复步骤③~⑦,直至将腻子拌和均匀。

检查腻子是否调和均匀的方法就是看腻子的颜色是否达到一致,如果颜色不一致表示还有没有混合均匀的。

想一想

请通过试验的方法,测试一下如果腻子没有调和均匀刮涂干燥之后的情况:

颜色较深的腻子 ＿＿＿＿＿＿＿＿＿＿＿＿＿＿＿＿＿＿＿＿＿＿＿＿＿＿＿＿＿；

颜色较浅的腻子 ＿＿＿＿＿＿＿＿＿＿＿＿＿＿＿＿＿＿＿＿＿＿＿＿＿＿＿＿＿；

混合不均匀的腻子会产生 ＿＿＿＿＿＿＿＿＿＿＿＿＿＿＿＿＿＿＿＿＿等缺陷。

小提示

调和腻子时动作一定要快。因为腻子添加了固化剂之后,一般使用寿命只有几分钟,而且环境温度越高,使用寿命会越短,在调和时花费的时间越长,可刮涂的时间会越短,甚至有时还没调和好就已经干燥。

学习任务四 腻子的刮涂及打磨

引导问题6 怎样刮涂腻子?

腻子的刮涂方法要根据刮涂部位的形状来确定,我们以常见的平面部位和有棱角线部位的刮涂来介绍腻子的刮涂方法。

1 平面部位的刮涂方法

❶ 第一层刮涂

此层刮涂的目的是为了让腻子与底层充分的结合。其具体步骤如下:

(1)用刮刀挑出少许混合好的腻子填充在变形区域,如图4-30所示。

(2)用力将腻子按顺序压实薄刮到变形区域(图4-31)。如果变形区域有小凹坑或缝隙等,应先用刮刀尖将腻子填充进出,再满刮。

在刮涂第一层时必须做到压紧和薄刮。如果刮涂较轻,没有压紧,就有可能会出现腻子与底材表面没有充分结合的情况,影响附着力;如果刮涂太厚,腻子中残留的空气会形成气孔,造成涂膜缺陷。

(3)将刮涂的腻子边缘部位收薄,形成平滑的边缘。

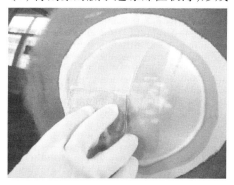

图4-30 第一层填充腻子

图4-31 第一层压实薄刮层

❷ 第二层刮涂

此层刮涂的目的是为了填平变形部位。其具体步骤如下:

(1)用刮刀挑出适量的腻子填补在整个变形区域(图4-32)。

为了能有效的填平变形部位,腻子填补的高度应略高于原涂层基准面。但是,如果变形严重,凹陷较深,应该分几次来刮涂,这样可以避免一次刮涂过厚形成气孔。

(2)按图4-33和图4-34所示顺序及方法依次收平腻子。

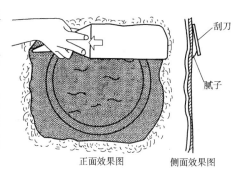

图4-32 第二层填充腻子

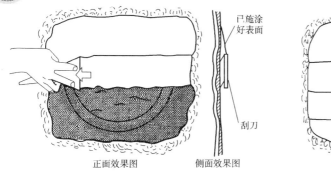

图 4-33 第二层刮涂方法　　　　　图 4-34 第二层最终刮涂效果

收平时一般靠近边缘的部位刮刀要压紧,如刮刀起刀和收刀的部位,这样可以形成较平滑的台阶。在移动至中间部位时为了把腻子留在变形区域,可以适当的减轻手上的力度。

(3) 收薄腻子边缘,并清理干净工件上遗留的腻子。

(4) 待腻子表干之后检查腻子是否已经刮涂平整,如果整个腻子表面有比基准面低的部位,就需要再次调配腻子及刮涂腻子,直至将整个变形区域填平。

❸ 第三层刮涂

此层刮涂的目的是为了收光腻子表面,填充砂孔及刮痕。腻子刮涂较厚时,表面针孔及刮痕会比较多,表面比较粗糙,收光之后不仅可以得到更细腻的腻子表面,而且更容易打磨。收光的具体步骤如下:

(1) 先取少量腻子用力填充进砂孔及刮痕缝隙部位。

(2) 再按顺序压实薄刮一层,形成光滑平整的表面(图 4-35)。

(3) 收光边缘。

(4) 清理刮刀及调灰盘,完成刮涂。

经过多层腻子的刮涂,变形区域基本上会恢复原来的形状和平面度。另外,在刮涂腻子时,要注意如下几点:

(1) 腻子刮涂的方向要根据损伤部位的形状及工件的形状来决定,图 4-36 所示为常见

图 4-35 第三层收光表面效果

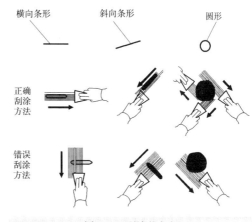

图 4-36 刮涂的方向

的刮涂部位的形状及正确的刮涂方法。

(2)如果刮刀在各道施涂中,仅向一个方向移动,腻子高点的中心就有所移动(图4-37)。这种情况很难打磨,所以刮刀在最后一道刮涂中必须反向移动,以便将腻子高点移回中央(图4-38)。

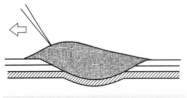

图4-37　腻子只向一个方向刮涂的效果

图4-38　腻子反向刮涂之后的效果

(3)刮完的腻子必须比原来的表面高(图4-39),但是最好只能略微高一点,因为如果太高了,在打磨过程中,就要花费许多时间和力气来清除多余腻子。

刮涂后的表面不能形成周围高、中间低的形状(图4-40),这样更难打磨,而且中间部位有可能没刮起来。

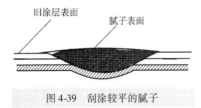

图4-39　刮涂较平的腻子

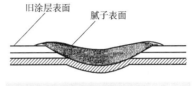

图4-40　周围高中间低的腻子

(4)腻子施涂在工件表面上的范围,必须控制在磨毛区范围里面(图4-41)。如果刮涂超出这个范围,腻子就粘不牢,日后可能剥落,或在打磨时很难形成平滑的腻子边缘。

(5)施涂腻子要快,必须在混合以后大约3min以内施涂完。如果花费时间太长,腻子就可能在该道施涂完成前固化,影响施涂。

(6)腻子在固化过程中会产生热。如果将混合后的多余腻子立即放在垃圾筒里,腻子产生的热可能引燃易燃物品。因此,一定要确认腻子已经凉透了,才能将之弃置(或丢弃在盛放有清水的垃圾桶里)。

(7)腻子刮涂时一般建议采用薄刮多层的做法,这样可以有效避免由于厚涂产生气泡等缺陷。腻子多层刮涂时必须后一层刮涂的范围要比前一层大,也就是后一层刮涂时必须完全覆盖住前一层,这样可以避免最后刮完后形成多级台阶状,增加打磨的难度(图4-42)。

2　棱角线部位的刮涂

棱角线部位就是刮涂的面上有线条的部位,在刮涂时要同时将线条刮平直。它的刮涂方法如下:

(1)先沿棱角线贴上遮蔽胶带,盖住一侧。

(2)按照平面部位刮涂的方法对另一侧施涂腻子(图4-43)。

(3)待施涂的腻子半干时,揭去遮蔽胶带(图4-44)。

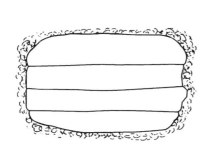

图 4-41　腻子刮涂的范围　　　　图 4-42　薄刮多层

图 4-43　刮涂一侧腻子　　　　图 4-44　揭去胶带

(4) 沿施涂过腻子的棱角线贴上遮蔽胶带(图 4-45)。
(5) 对剩下的一侧施涂腻子(图 4-46)。
(6) 待施涂的腻子半干时,揭去遮蔽胶带。

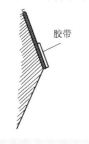
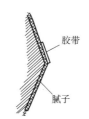

图 4-45　贴胶带　　　　图 4-46　刮涂另一侧腻子

引导问题 7　　腻子怎样干燥?

腻子的干燥方法有两种:

1 自然干燥

自然干燥就是将刮好的工件放在室温条件下自行干燥,它的干燥时间随着环境温度的变化而变化。温度越高,干燥越快;温度越低,干燥越慢。不同产品的干燥时间都不尽相同,如某品牌的 P551-1050 普通型腻子在室温 20℃时 15~30min 可以干燥。

一般采用自然干燥时,环境温度不宜低于 15℃,否则建议采用加速干燥的方法。

2 烘烤干燥

烘烤干燥是利用加热设备对刮涂部位进行烘烤,它可有效缩短干燥时间。在烘烤腻子时常采用的加热设备是红外线烤灯(图 4-47)。

红外线烤灯的一般使用方法如下:

(1)调整角度。通过调节升降装置、旋转烤灯方向、移动工件等方法,让其灯管正好对着需要烘烤的部位。

(2)调整距离。为了避免距离过近,温度过高,导致腻子涂层起泡、开裂,一般要求烤灯管与工件的距离不小于 50cm。

(3)连接好电线,打开烤灯上的电源开关。

(4)调节温度(图 4-48)。一般建议烘烤腻子涂层时烘烤温度不要超过 50℃。

图 4-47 烘烤

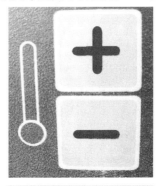
图 4-48 温度控制按钮

(5)调节时间(图 4-49)。根据腻子产品的特性和刮涂厚度及面积大小等因素调节好烘烤时间。如本次选用的某品牌 P551-1050 普通型腻子用红外线烤灯烘烤时 5~15min 可以干燥。

(6)选择加热模式。加热模式一般有直接加热和预加热两种(图 4-50):图 4-50 中脉冲按钮表示预加热模式;常规按钮表示直接加热模式。一般油漆涂层和腻子涂层在刚开始烘烤时,为了避免温度升温过快,导致涂膜出现针孔或痱子,可以先进行 5~10min 的预热,再直接加热至完全干燥。

检查腻子是否完全干燥有以下两种方法:

(1)用砂纸检查。先用 P80 或 P120 砂纸轻轻打磨腻子边缘较薄的地方,再用毛刷轻轻地刷粘在砂纸表面的颗粒,能刷干净的,表明干燥较好;不能刷干净,还有很多颗粒粘在砂纸上面的,表明干燥不彻底。

(2)用手检查。用指甲轻轻地划过腻子边缘较薄的地方,如果划痕较浅且呈白色则说明腻子已完全干燥,如果划痕较深则说明干燥不彻底。

图4-49 时间控制按钮

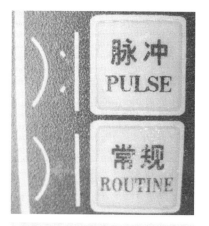
图4-50 加热模式控制按钮

 想一想

检查时为什么强调要检查腻子边缘较薄的地方：_____
_____。

引导问题8　怎样打磨腻子？

由于刮涂完的腻子面比较高，而且表面比较粗糙，所以需要将腻子打磨至与基准面一样高，将表面打磨平整光滑，才能进行后续涂层的涂装。打磨腻子时可以采用机械干磨与手工干磨的方法进行打磨。由于腻子有很强的吸水性，所以绝对禁止采用水磨。一般腻子的打磨方法如下：

(1) 将碳粉均匀涂抹到腻子上（图4-51），将P80号砂纸装到7mm双作用干磨机或轨道式干磨机上，在腻子范围内进行交叉粗磨，一般打磨至平面度的60%~70%即可，如图4-52所示。

图4-51 涂抹碳粉指示层

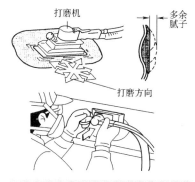
图4-52 粗磨腻子

学习任务四　腻子的刮涂及打磨

小　提　示

选用较粗砂纸型号（如P80、P120）进行打磨时，为了避免腻子周围砂纸痕太粗，一般建议打磨时最好不要超出腻子刮涂的范围。

打磨时应先打磨腻子凸出部位。

(2) 涂抹碳粉指示层(图4-53)，依次按P120、P180号砂纸装到手磨垫块上进行中等程度的打磨，此时打磨至平面度的九成左右即可。打磨过程中一边用手触摸以确认表面状况，一边仔细打磨，防止打磨过度或打磨变形，如图4-54所示。

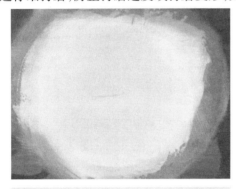
图4-53　涂抹碳粉指示层

图4-54　中磨腻子

(3) 涂抹碳粉，将P240号左右的砂纸装到手磨垫块上，对腻子及腻子边缘的地方进行平整打磨，直至彻底打磨平整。腻子边缘部位要求平滑无阶梯，如图4-55所示。

在打磨腻子时，要注意如下几点：

(1) 在打磨过程中，粉尘会堵塞砂纸缝隙，造成打磨效率降低，所以应及时清除砂纸上的粉尘，如图4-56所示。

图4-55　精磨腻子

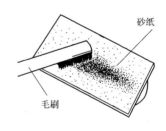
图4-56　用毛刷清除粉尘

(2) 为了避免过度打磨还要随时检查腻子的平面度，如图4-57所示。

(3) 如果检查之后不平整，需要重新施涂腻子，具体操作步骤参见本学习任务引导问题5至引导问题8，直到完全打磨平整才能进入下一步。

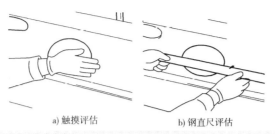

a) 触摸评估　　　　　　　b) 钢直尺评估

图 4-57　检查平面度

重新施涂时腻子的刮涂范围要大于下层的腻子范围,如图 4-58 所示。

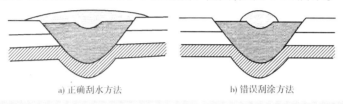

a) 正确刮水方法　　　　　　b) 错误刮涂方法

图 4-58　腻子补刮的范围

(4)选用 P320 号砂纸及 5mm 双作用打磨机,打磨从腻子边缘至周边 15cm 的区域,为喷涂中涂底漆作准备(图 4-59)。难以打磨的位置可以使用海绵砂纸或菜瓜布进行打磨。

(5)使用风枪,吹干净腻子里面及工件表面的灰尘,如图 4-60 所示,再对腻子周围进行除油。

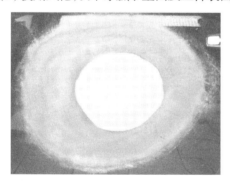
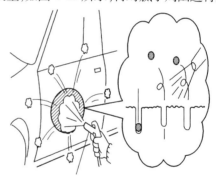

图 4-59　腻子周围打磨的范围　　　　　图 4-60　吹尘

　想一想

为什么不能对腻子上面进行除油：_____

　小　提　示

腻子打磨完后要达到恢复底材形状,边缘平滑无阶梯,表面没有大的气孔、砂纸痕或其他大的缺陷为合格,否则为不合格。

学习任务四 腻子的刮涂及打磨

引导问题9 怎样修整腻子?

腻子在打磨后,一般呈现多孔状态,如果孔较大,则需要重新填补腻子,如果孔较小或是较细的划痕(图4-61),则可以刮涂幼滑腻子(填眼灰)进行填补,具体步骤是:

(1)搅拌均匀幼滑腻子。

(2)取少量幼滑腻子于刮刀上。

(3)按薄刮多层的方法刮涂在有细孔的地方,如图4-62所示。

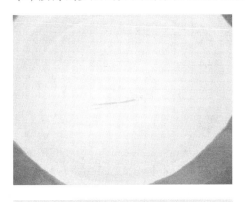

图4-61 腻子上面的小缺陷

图4-62 刮涂幼滑腻子的效果

(4)采用自然干燥或加速干燥的方法进行干燥。

(5)选用P320或P360号砂纸配合手工磨块将幼滑腻子打磨平整。

(6)清洁工件,整理工位及现场。

三、知识与能力拓展

1.查阅资料或向有经验的师傅请教一下,了解在复杂位置的刮涂及打磨方法(如图4-63所示翼子板中间白色部位),并进行实际操作试试。

图4-63 复杂部位的刮涂

2. 查阅资料或向有经验的师傅请教一下,了解在曲面或弧面位置的刮涂及打磨方法,并进行实际操作试试。

3. 查阅资料,了解一下汽车制造涂装涂料和汽车修补涂装涂料的发展过程。

四、评价与反馈

1. 对本学习任务进行评价,见表4-4。

腻子的刮涂及打磨操作考核评价表　　　　表4-4

考核项目	评分标准	分　数	学生自评	小组评价	教师评价	备注
团队意识	是否能互相协助 是否能顾全大局	10				
工作态度	是否积极、认真、负责	10				
现场5S	是否在整个工作过程中贯穿5S	10				
方案设计	是否能结合具体的条件、环境,进行合理的设计	10				
操作过程	工具、设备、材料的准备 腻子的混合 腻子的刮涂 腻子的干燥 腻子的打磨 腻子的修整	35				
操作结果	质量是否符合要求	5				
安全规范	有无违规或危险的操作	10				
知识与能力拓展	是否具有自学与发展能力	10				
总　　分		100				
教师签名:			年　月　日		得分	

2. 在实施作业时,你还存在哪些方面的问题?如何才能提高?

3. 请你到附近的汽车维修厂看看别人是怎样打磨腻子的,你觉得规范合理吗?如果不规范合理,有哪些不合理的现象?你有什么好的建议?

学习任务五

中涂底漆的涂装

学习目标

完成本学习任务后,你应当能:
1. 明确中涂底漆的作用;
2. 掌握常用中涂底漆的种类与用途;
3. 掌握涂料的存放及保管知识;
4. 正确地使用和维护相关的工具和设备;
5. 根据中涂底漆施涂工艺进行中涂底漆的喷涂及打磨工作。

 建议完成本学习任务的时间为 **8** 课时。

 学习任务描述

经过腻子层修复的车门,已经恢复了表面的平面度(图 5-1),但是表面还是存在一定的细小缺陷,如针孔、细划痕等,请在面漆喷涂之前进行适当的处理,以满足面漆涂装的要求(图 5-2)。

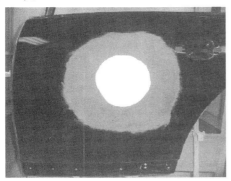

图 5-1 中涂涂装前的效果

图 5-2 中涂涂装后的效果

学习任务五 中涂底漆的涂装

学习内容

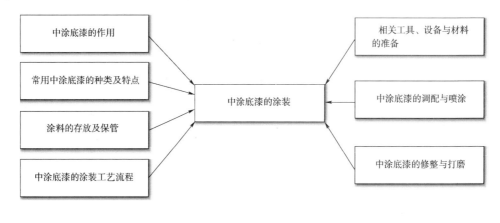

一、资料收集

引导问题1 什么是中涂底漆？中涂底漆的作用是什么？汽车用中涂底漆应具备哪些性能？

中涂底漆是用于底漆涂层与面漆涂层之间的底漆，常常称为"二道底漆"或"二道浆"。它的主要作用是增加面漆涂层与下面涂层的附着力，提高面漆涂层的平整度和丰满度；起到隔绝和封闭下面涂层，防止面漆往下渗透产生涂膜缺陷的作用；同时也有填充针孔、细小划痕、细小缺陷的作用等。

汽车用中涂底漆应具有如下性能：

（1）与底漆层、腻子层、旧涂层及后喷面漆层有良好的配套性，能够同时为底漆层和面漆层提供良好的附着力。

（2）干燥后的中涂漆层硬度适中，有良好的打磨性和耐水性，湿磨后表面平整光滑，无起皱、脱皮等，局部漆层边缘平滑性好，无接口痕迹。

（3）有良好的填充性能，经打磨后能消除底材上的轻微划痕、砂痕、砂孔等。

（4）有良好的隔离性能，能防止底漆层、腻子层、旧涂层中的不良物质向面漆层渗出而污染涂膜表面，破坏面漆层的装饰性。同时能阻止面漆层的溶剂渗透到底漆层、腻子层、旧涂层中。

（5）能提供给面漆层一个吸附性一致的涂面，同时由于其本身具有良好的防渗透性，可以提高面漆的光泽度，因此可以极大地提高面漆的装饰性。

（6）有良好的施工性能，如温度适应性、干燥迅速、施工容易等。

引导问题2 　常用的汽车修补涂装用中涂底漆有哪些？各有什么特点？

中涂底漆的品种很多，分类方法也有很多，根据涂料性质来分有单组分中涂底漆和双组分中涂底漆；根据主要成膜物质来分，汽车修补涂装常用的有环氧中涂底漆、硝基中涂底漆、聚氨酯中涂底漆等。它们的特点及用途见表5-1。

常用中涂底漆的特点及用途　　　　　　　　　　　　表5-1

中涂底漆类型	特　　点	用　　途
硝基中涂底漆	单组分类型涂料，干燥迅速、易于打磨，经打磨后表面平整光滑；但成膜较薄 注意事项： (1)使用时应彻底搅拌均匀，以防颜料沉淀； (2)工作黏度一般为15～20s，其黏度可以用硝基稀释剂调整，一般需要喷3道以上，每层间隔10min左右； (3)可与各种硝基面漆以及双组分丙烯酸聚氨酯面漆配套使用	汽车修补涂装中一般用于要求快干的场合，或装饰性要求不高的汽车部件，或面积较小的非主要装饰面
环氧中涂底漆	一般为双组分类型，防锈性能好、附着力好、填充性好、耐溶剂性好、机械强度好、干燥较慢。即可以作为底漆使用，也可以作为中涂底漆使用，也可作为底漆、中涂漆二合一的底漆使用	主要用于有裸露金属的工件打底使用
聚氨酯中涂底漆	为双组分类型涂料，其附着力、耐水性、耐热性、耐化学性好，填充能力强，干燥较快，打磨性能好，对面漆的保光性都很好，在汽车修补涂装中应用广泛 注意事项： (1)一般以喷涂为主，也可刷涂或滚涂； (2)直接用于金属表面时，材质必须经过处理，保证无水、无油、无酸碱、无灰尘、无机械杂质； (3)严格按照生产厂商的要求配比，搅拌均匀后方可使用，并在使用时效内用完	可用于各种底漆、腻子及旧涂层之上

引导问题3 　涂料存放和保管时要注意什么？

涂料是易燃、有毒的物质，并有一定的保存期。存放时应该考虑到上述三个方面的因素，采取一定的措施，做到安全，防毒，保证涂料质量，防止出现安全隐患或超过保存期而造成损失。涂料存放和保管时一般要注意以下几点：

(1)涂料库房要专用，不得与其他物品(特别是棉纱、遮蔽纸等易燃材料)存放在一起。
(2)涂料库房要保持干燥、隔热，要有通风口。库房室温不得超过28℃，夏季高温时应有降温措施，取料时避开中午高温，在早、晚温度较低时取料。
(3)照明要使用防爆灯，开关应安装在库房外面，防止开或关时产生电火花而引起火灾。
(4)库房必须远离火源，配置足够的灭火器材。

学习任务五　中涂底漆的涂装

(5) 库房内存放不同性质的涂料,应该分类存放,以免由于错发造成事故。

(6) 库房禁止调配油漆,涂料桶不得发生渗漏,涂料桶必须盖紧。

(7) 库房涂料应先进先出,防止存放过期而造成涂料变质。

(8) 对于用量小或容易变质的涂料应小量进货,防止浪费。

引导问题 4　中涂底漆涂装的工艺流程是怎样的?

中涂底漆涂装的工艺流程如图 5-3 所示。

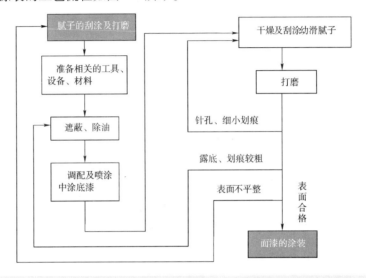

图 5-3　中涂底漆涂装工艺流程

二、任 务 实 施

引导问题 5　作业前的准备工作有哪些?

1 工具、设备的准备

① 空气压缩及分配系统

空气压缩及分配系统主要是用来提供干净的压缩空气的,它由空气压缩机、储气罐、冷干机、油水分离器、气压调节阀、空气分配管道等组成(图 5-4)。

(1) 空气压缩机。空气压缩机主要是用来产生压缩空气的,目前使用的空气压缩机根据机械运动方式的不同分为三种,即活塞式、螺杆式和隔膜式。空气压缩的特点及用途见表 5-2。在工作中要根据本单位的用气情况选择合适的空气压缩机类型。

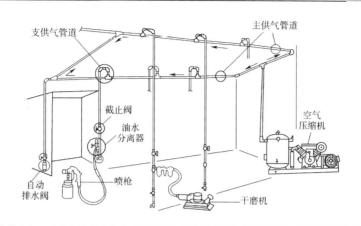

图5-4 压缩空气及分配系统

常用空气压缩机的特点及用途　　　　　　　　表5-2

空气压缩机类型	特　点	用　途
隔膜式	产生的气量很少,压力不高	只适合为小型设备或工具供气
活塞式	气量中等,可提供0.7~1.4MPa的压力,但是供气不稳定,噪声较大	适合大多数设备和工具,能满足一般车间使用
螺杆式	供气量多、压力高,且风压稳定,噪声小,自动化控制	适合所有气动设备和工具,适合耗气量比较大的车间或单位

 想一想

我们实习场所使用的空气压缩机属于＿＿＿＿＿＿＿＿＿＿式空气压缩机,它可以同时向这些设备供气:＿＿＿＿＿＿＿＿＿＿＿＿＿＿＿＿＿＿＿＿＿＿＿＿＿＿。

空气压缩机的维护非常重要,它关系到设备的使用寿命、供气质量以及汽车维修厂的工作效率。在平时工作中应该做到及时放掉储气罐里面的冷却水,及时添加曲轴箱里面的润滑油,保持设备清洁干净,保证空气滤清器及过滤材料的干净,经常检查设备各个部件的正常运作是否良好等。

(2)油水分离器。油水分离器能凝结压缩空气中的油和水分,调节压缩空气的压力和过滤空气的杂质。没有经过有效过滤的压缩空气用于喷涂的话,会使涂膜表面产生水泡、麻点,影响涂膜质量。所以必须在空气压缩机的输送管道上安装油水分离器,平时应严格按照设备使用说明进行维护和更换。常见的油水分离器结构如图5-5所示。

图5-5 油水分离器

(3)空气压缩及分配系统的安装。空气分配系统中各部位的放置有一定的科学性,以便于达到最高使用效率、最佳效果以及保障安全等。

①空气压缩机的安装应遵循的原则:

a. 应安装在通风、清洁、干燥的地方,最好放在室内,以利用清洁的空气。

b. 空气压缩机进口处避免靠近有蒸汽排放或潮湿的场所;墙和其他障碍物应距离空气压缩机30cm以上,以有利于空气流动及有助于散热冷却。

c. 空气压缩机应水平放置,空气压缩机脚下要垫放减振垫片防止振动而损伤空气压缩机。飞轮一边应靠墙,防止伤及人身。

d. 空气压缩机尽可能放置在用气工作点附近,减少压降。

②其他部件的设置注意事项:

a. 主供气管道最好铺设在车间上部,形成环形,以保证各处的压力恒定,主供气管道应逐步向末端倾斜,倾斜度为1/100,以利于管道内的水排放干净。

b. 支供气管道应从主供气管道上方分出,可防止水进入供气管道。

c. 油水分离器应安装在主供气管道与空气压缩机相距8~10m的位置,提高油水分离的效果。

d. 主供气管道最低处应安装自动排水阀,支供气管道末端也要有排气阀。

e. 供喷枪使用的支供气管道应安装气压调节器。

❷ 汽车喷漆烤漆房

汽车喷漆房可以为涂装提供一个干净、安全、照明良好的工作环境,使喷漆过程不受灰尘的干扰,并把挥发性漆雾限制在喷漆间内并及时通过排气系统送出去。而汽车烤漆房可以对原子灰、底漆、中涂及面漆等进行烘烤,加快涂料的干燥与固化,提高工作效率和涂层质量。通常为了减少成本和节约空间,常常将喷漆房、烤漆房设为一体,即汽车喷漆烤漆房,常简称为汽车烤漆房,如图5-6所示。

汽车喷漆房根据喷涂涂料的类型来分主要有溶剂型和水性漆型两种;汽车喷漆烤漆房根据热源来分主要有燃油型和电热型两种。目前传统溶剂型燃油低温烤漆房在国内汽车修理行业中使用较普遍。这类烤漆房有如下特点:

(1)采用高性能钢组件式房体,配合进风过滤系统及正风压,可保证施工环境的洁净。房体采用夹心式隔热棉提供极佳的保温效果。

(2)烤漆房内的照明设备采用无影灯式日光照明灯管,其发出的光谱与太阳光线相似,为涂装工辨别颜色提供了良好的光源。

（3）应用计算机技术全自动操作控制,能自动控制风压、温度、时间(图5-7)。

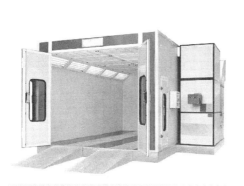

图5-6 汽车喷漆烤漆房

图5-7 汽车喷漆烤漆房控制箱

（4）空气流动好,新鲜空气不断进入,废气及时排出室外。可根据喷涂状态和烘烤状态的需要调节排气管和进气管(图5-8),喷涂时空气流速一般在0.3~0.6m/s。对涂膜进行加温烘烤时空气流速在0.05m/s左右。在喷涂状态时排出废气,废气经过过滤后排放于室外,排放浓度符合环保标准要求。烘烤时空气循环加热,每次大约补充10%的新鲜空气,这样热量利用充分,节约能源。适合于各种轿车和轻型客车在生产和维修过程中的涂层喷涂和烘烤。

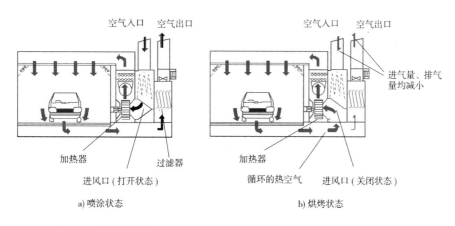

图5-8 喷漆烤漆房工作示意图

（5）室内温度可调节,烘干时最高温度可达80℃,且室内温度均匀。在对汽车涂膜加温烘烤时,烘烤温度要适当控制,汽车修补涂装温度调节一般以被烘烤物体表面温度为60~70℃为宜,若温度达到85℃以上会造成仪表、塑料件变形等,若90℃以上则可能引起燃油起火、爆炸等。

（6）目前使用的烤漆房一般采用气流下行式,即空气从天花板进入,经三级(粗、中、细)过滤后干净、干燥。温度适宜的空气,经过车顶向下从车身两侧的排气地沟排出,减少涂膜缺陷和喷涂操作人员可能吸入的飞漆和溶剂蒸气,有利于涂装工的身体健康。

汽车喷漆烤漆房作为保证涂装质量、保证操作人员身体健康、保护环境的重要设备,所以平时的日常维护非常重要,在平时工作中应做到:

(1)喷漆烤漆房内不能进行任何腻子打磨及其他打磨工作,也不要进行抛光作业。

(2)必须经常检查过滤系统,按照规定时限更换各级过滤网或过滤棉,定期检查排风系统、加热系统、电气系统、控制系统以确保安全、正常运行。照明设备损坏应及时修复。

(3)喷涂工作结束后烤房内的喷涂工具、喷涂材料清理出烤房后,才能加温烘烤。

(4)漆房内工作结束,车辆驶离后应清除一切杂物,如遮蔽纸、残留废弃物,并擦净地板、墙壁及烤漆房内的其他设备。压缩空气输送软管要盘好。

(5)除每天的日常清扫外,定期对烤漆房进行彻底维护。

(6)及时更换因高温而老化的门封条,防止因破裂而使灰尘吸入和热量流失。

想一想

查看实习场所的喷漆房,了解其结构特点,掌握喷漆及烤漆时如何操作:_____
_____
_____。

❸ 其他工具及设备

还需要用到的其他工具有风枪、底漆喷枪、调漆尺、烤灯、碳粉指示剂、洗枪毛刷等。

② 主要材料的准备

❶ 中涂底漆及配套的固化剂和稀释剂

选择中涂底漆时主要要考虑底层的表面状况、面层的要求,再根据不同类型的中涂底漆的特点,综合考虑施工性能、填充性能、封闭性能、打磨性能与面层涂料的配套性能等,选择最佳的产品。

想一想

根据前面所学的中涂底漆知识,结合工件的表面情况、面漆层的要求,我会选用_____
_____类型的中涂底漆。

❷ 其他材料

还需要使用到的其他材料包括幼滑腻子、除油剂、洗枪稀释剂、无纺布、遮蔽纸及遮蔽胶带等。

❸ 劳动保护措施

在本次作业中你需要用到的劳动保护用品有(请根据前面学习的劳动保护用品知识,完成表5-3的内容,在相关的操作中需要用到的劳动保护用品在栏里打"√"):

中涂底漆涂装作业中的劳动保护用品　　　　　　表 5-3

工序								
打磨								
清洁								
除油								
调配涂料								
喷涂涂料								
遮蔽								
刮涂								

引导问题6 怎样进行遮蔽及除油？

由于腻子刮涂的范围不大，周围旧涂膜状况较好，所以不需要对整个车门喷涂中涂底漆。中涂底漆在涂装之前要做好遮蔽及清洁工作：

（1）用风枪及干净的擦拭布将工件清洁干净。

（2）按照反向遮蔽的方法将工件贴护好（图5-9）。

贴护时遮蔽纸的边沿不能太靠近腻子范围，既要避免喷涂时产生台阶，又要确保中涂底漆能将打磨腻子时产生的粗划痕盖住（图5-10）。

（3）对需要喷漆的腻子周围部位进行除油（图5-11）。

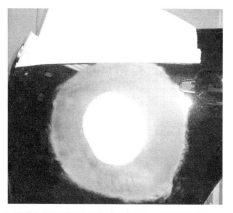

图 5-9　反向遮蔽

图 5-10　贴护的范围

图 5-11　清洁除油

学习任务五 中涂底漆的涂装

引导问题 7 怎样调配及喷涂中涂底漆？

中涂底漆的调配及喷涂方法与底漆的调配及喷涂方法基本相同。根据不同产品的特点及涂装要求略有差别。调配及喷涂中涂底漆的一般方法如下：

（1）查看产品技术说明，确定调配方法。本次选用的中涂底漆为某品牌的 P565-510 高固含量厚膜底漆，它的技术说明见表 5-4。

中涂底漆的使用说明　　　　　　　　　表 5-4

P565-510 高固含量厚膜底漆调配工艺		
适用底材	裸钢材、玻璃钢、聚酯原子灰、预涂底漆和状态良好的旧涂膜	
工艺	中涂（80~120μm）	喷灰（150~200μm）
	P565-510　　　　　　　　5 份 P210-938/-939/-790　　　1 份 P850-2K 稀释剂　　　　　1 份	P565-510　　　　　　　　5 份 P210-938/-939/-790　　　1 份 P850-2K 稀释剂　　　　　0.5 份
	20℃ 时： DIN4 杯　　19~26s（24~35s BSB4） 混合后有效喷涂时间：1h 使用后立即清洗喷枪	20℃ 时： DIN4 杯　　30~35s（41~48s BSB4） 混合后有效喷涂时间：30min 使用后立即清洗喷枪
	建议使用重力式喷枪 喷嘴： 　重力式：1.6~1.9mm 　压力：3.5~4.0bar（52~60psi）	建议使用重力式喷枪 喷嘴： 　重力式：1.7~2.0mm 　压力：3.5~4.0bar（52~60psi）
HVLP	喷嘴： 　重力式：1.6~1.9mm 　压力：0.7bar（风帽处最大值 10psi）	喷嘴： 　重力式：1.7~2.0mm 　压力：0.7bar（风帽处最大值 10psi）

（2）穿戴好劳动保护用品。

（3）用调漆尺或搅拌杆将底漆彻底搅拌均匀（图 5-12）。

（4）按照喷涂的面积所需要的量，将底漆倒入合适的容器或量杯当中（图 5-13）。

（5）按照产品技术说明上所给的比例用调漆比例尺添加适量的固化剂、稀释剂（图 5-14）。P565-510 高固含量厚膜底漆作中涂使用时与固化剂、稀释剂的比例是 5∶1∶1。固化剂及稀释剂的型号要根据施工时的环境温度和喷涂面积来确定。

（6）用搅拌尺对添加好的涂料进行彻底搅拌。

（7）根据涂料特点和产品技术说明，选择合适口径的底漆喷枪。

（8）用过滤网将调配好的涂料过滤到喷枪里（图 5-15）。

图5-12 搅拌涂料

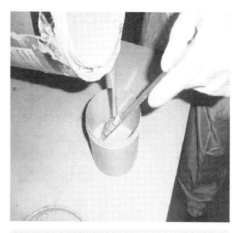
图5-13 倒出涂料

图5-14 添加固化剂及稀释剂

图5-15 过滤涂料

(9)连接气管,调节喷枪,通过雾形测试的方法检查喷枪是否调整好。

(10)按照产品的施工说明进行中涂底漆的喷涂。P565-510高固含量厚膜底漆的施工工艺见表5-5。

中涂底漆施工工艺说明 表5-5

P565-510高固含量厚膜底漆施工工艺		
工艺	中涂工艺	喷灰工艺
	喷涂2~3层 涂膜厚度达到80~120μm 注意:涂膜厚取决于喷嘴型号,如需达到最佳效果,请参照上述建议	喷涂3~4层 涂膜厚度可达到150~200μm 注意:涂膜厚取决于喷嘴型号,如需达到最佳效果请参照上述建议
	涂层间闪干约5min	涂层间闪干5~7min

续上表

工艺	中涂工艺	喷灰工艺
P565-510 高固含量厚膜底漆施工工艺		
	20℃时风干时间： 80～120μm 2h 150μm 3h 金属表面温度为60℃时烘烤20min	20℃时风干时间： 200μm 3～4h 金属表面温度为60℃时烘烤20min
	在红外线干燥前闪干 5min 烤灯与工件的距离： 70～100cm 短波烘烤： 8～12min	在红外线干燥前闪干 5min 烤灯与工件的距离： 70～100cm 短波烘烤： 8～12min
	使用以下型号砂纸机器打磨： P400 或更细：纯色漆/单工序金属漆 P500 或更细：底色漆 注意：推荐在机器干磨前，使用手刨手工打磨底材，此步骤可以增强涂膜平面度，促进下一步机磨的效果，具体工序参照干磨施工流程图	
面漆	P565-510/511 系列底漆上可以直接喷涂 P420 系列 2K 纯色漆、P421 系列 2K 单工序金属漆、P422 2K 底色漆和 P989 Aquabase Plus 底色漆 经打磨后的 P565-510/511 如果存放了超过两天，进一步喷涂面漆前需要重新打磨	

在喷涂时我们一般选择 3 层做法：

①第一层喷涂：为了提高涂层的亲和力，避免产生不良反应，先将腻子与旧涂层结合部位雾喷一层即可，如图 5-16 所示。

 想一想

怎样操作可以达到雾喷效果：_____

②第二层喷涂：待第一层涂料充分闪干，涂层没有出现不良反应之后，将整个腻子及腻子周围的区域薄喷一层，至半光泽状态即可，如图 5-17 所示。

③第三层喷涂：待第二层涂料充分闪干，涂层没有出现不良反应之后，扩大喷涂范围，将整个损伤区域正常湿喷一层，如图 5-18 所示。

三层喷涂完之后，一般情况下可以达到涂层所需要的厚度。如果检查之后感觉厚度不够或上面还有很多细小的针孔及划痕等,还可以在第三层的基础上再湿喷1~2层。确保整个中涂底漆喷涂完之后,涂层饱满光滑、均匀平整,没有大的缺陷,边缘平滑等,如图5-19所示。

(11)清洗维护喷枪。

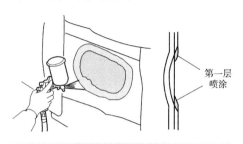

图5-16 第一层中涂底漆喷涂

图5-17 第二层中涂底漆喷涂

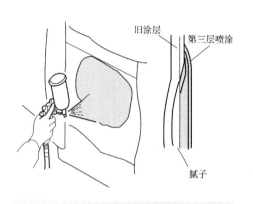

图5-18 第三层中涂底漆喷涂

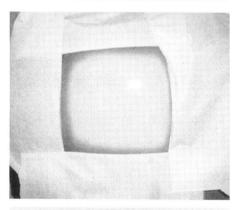

图5-19 中涂底漆喷涂的最终效果

引导问题8　如何干燥中涂底漆及刮涂幼滑腻子?

(1)待中涂底漆闪干之后清除掉工件上的遮蔽纸及遮蔽胶带。
(2)用烤灯对中涂底漆进行强制干燥。

中涂底漆涂层在打磨前如果干燥不充分,不仅打磨时涂料会填满砂纸使打磨作业难以进行,而且喷涂面漆后往往容易出现涂膜缺陷。中涂底漆的干燥可采取自然干燥和低温烘烤干燥,在气温较低时或为了提高维修的效率可采用红外线烤灯进行烘烤干燥。各类中涂底漆涂料的平均干燥时间见表5-6。

各类中涂底漆涂料的平均干燥时间　　　　表5-6

中涂底漆涂料类型	自然干燥(20℃)	低温烘烤干燥(60℃)
硝基类中涂底漆	30min以上	10~15min
聚氨酯类中涂底漆	6h以上	20~30min
环氧类中涂底漆	6h以上	30min以上

学习任务五　中涂底漆的涂装

想一想

烤灯烘烤时离工件表面的距离一般是：_____；
烤灯烘烤时的温度一般是：_____。

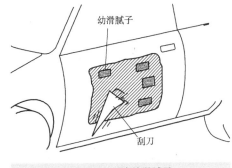

图 5-20　刮涂幼滑腻子

(3) 待中涂底漆完全干燥并冷却之后，检查涂层表面。

① 如果涂层表面没有任何缺陷，则可以直接进入到打磨工序。

② 如果涂层表面有针孔、轻微划痕等，则使用单组分幼滑腻子（填眼灰）进行填补（图 5-20）。

③ 如果有较大的缺陷，单组分幼滑腻子不能填充起来的，则最好使用双组分的幼滑腻子或双组分腻子进行填补。

引导问题9　怎样打磨中涂底漆？

由于中涂底漆一般有较好的封闭性，能防止水分渗透，所以中涂底漆既可干磨，也可湿磨。

1 干磨

中涂底漆干磨的一般方法如下：

(1) 穿戴好劳动保护用品。

(2) 在中涂底漆上面涂碳粉指示层（图 5-21）。

(3) 使用手工打磨块配合 P320 号砂纸将刮涂幼滑腻子的地方打磨平整（图 5-22）。

图 5-21　涂指示层

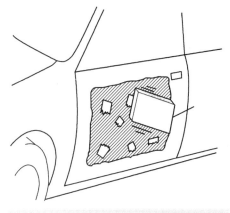

图 5-22　打磨幼滑腻子

(4) 涂指示层，使用手工打磨块配合 P360 号砂纸将中涂底漆不平整的地方打磨平整

(图5-23)。

(5)涂指示层,使用5mm双作用打磨机配合P400号砂纸磨光中涂底漆,并同时将中涂底漆边缘磨薄,如图5-24所示。

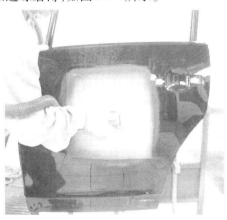

图5-23 手工打磨中涂底漆

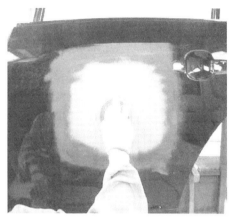

图5-24 机械打磨中涂底漆

注意

尽量不要磨穿中涂底漆,否则就达不到封闭及填充的效果。

(6)使用3mm双作用打磨机配合P400或P500号砂纸打磨中涂底漆及其周围需要喷涂面漆的部位(图5-25)。

周围的旧涂层如果状况较好,一般只需要打磨到没有光泽、没有橘皮、平整光滑即可,尽量不要磨穿旧涂层,否则容易出现咬底、起皱等毛病。对于工件边缘或机械不好打磨的位置,应该采用手工打磨的方法打磨彻底,如图5-26所示。

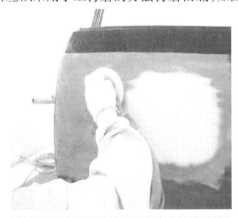

图5-25 机械打磨旧涂层

图5-26 手工打磨凹陷部位

学习任务五 中涂底漆的涂装

想一想

喷涂_____类型的面漆时要选择 P400 号砂纸;喷涂_____类型的面漆时要选择 P500 号砂纸。

（7）清洁工件（图 5-27）。

（8）检查需要喷涂面漆的部位。

①如果表面打磨彻底、光滑平整、纹理一致、没有露底等则可以进入下一道工序。

②如果表面有针孔及轻微划痕或细小缺陷，则需要重新刮涂幼滑腻子并打磨（图 5-28）。

③如果有较大面积的磨穿或露底，则需要重新喷涂中涂底漆。

④如果工件表面不平整，达不到平面度要求，则最好在喷涂面漆之前重新刮涂腻子，进行修整。

图 5-27 清洁工件

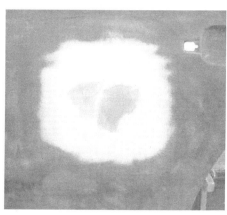

图 5-28 补刮幼滑腻子

2 湿磨

中涂底漆的湿磨方法如下：

（1）在中涂底漆上面薄薄喷涂一层深色单组分的快干涂料作为指示层。

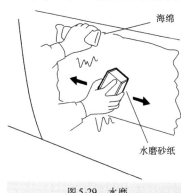

图 5-29 水磨

（2）用海绵蘸水淋湿工件，同时使用手工打磨块配合 P400 号水磨砂纸将幼滑腻子打磨平整（图 5-29）。

（3）用手工打磨块配合 P500 号水磨砂纸蘸水将中涂底漆打磨平整。

（4）用海绵蘸水配合 P600～P1000 号水磨砂纸彻底打磨需要喷涂面漆的部位。

（5）用抹布擦净工件，并用风枪吹干。

（6）检查整个需要喷涂面漆的部位。如果表面有缺陷应进行适当的修补；如果没有问题则可以进入下一道工序。

三、知识与能力拓展

1. 查阅资料，说明铝合金材质的汽车车身部件在面漆涂装之前的施工工艺是怎样的。

2. 查阅资料或向有经验的师傅请教，汽车上其他部位如何进行遮蔽。请实际操作试试。

四、评价与反馈

1. 对本学习任务进行评价，见表5-7。

中涂底漆的涂装操作考核评价表　　　　表5-7

考核项目	评分标准	分数	学生自评	小组评价	教师评价	备注
团队意识	是否能互相协助 是否能顾全大局	10				
工作态度	是否积极、认真、负责	10				
现场5S	是否在整个工作过程中贯穿5S	10				
方案设计	是否能结合具体的条件、环境，进行合理的设计	10				
操作过程	工具、设备、材料的准备 遮蔽 清洁除油 中涂底漆的调配 中涂底漆的喷涂 中涂底漆的修整及打磨	35				
操作结果	质量是否符合要求	5				
安全规范	有无违规或危险的操作	10				
知识与能力拓展	是否具有自学与发展能力	10				
总　　分		100				
教师签名：			年　月　日		得分	

学习任务五　中涂底漆的涂装

2. 在实施作业时,你还存在哪些方面的问题?如何才能提高?

3. 在喷涂中涂底漆之前,底材要达到什么要求?中涂底漆打磨完成后要达到什么要求?

学习任务六

面漆的调色

学习目标

完成本学习任务后,你应当能:
1. 掌握汽车面漆的分类方法;
2. 了解调色的目的及调色方法;
3. 掌握颜色的属性及表示方法;
4. 掌握调色相关设备工具资料的使用方法;
5. 正确规范地进行计量调色和简单的微调。

建议完成本学习任务的时间为 12 课时。

学习任务描述

经过中涂处理好的车门,下一个涂层是面漆层,在进行面漆涂装之前,请你根据车门原来的颜色调好面漆的颜色。

学习内容

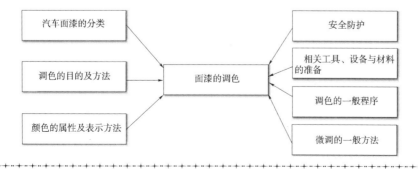

学习任务六　面漆的调色

一、资料收集

引导问题 1　汽车面漆的分类?

汽车面漆的种类很多,常用的汽车修补面漆分类方法如图 6-1 所示。

图 6-1　汽车修补面漆的分类

　想一想

涂料按成膜物质种类可分为_____类。
涂料按涂膜固化的机理可分为_____类。

(1)面漆按涂装工序可分为单工序面漆、双工序面漆和三工序面漆。

单工序面漆是指喷涂同一种涂料即形成完整的面涂层的喷涂系统。采用单工序做法的一般是纯色漆,它可以简化涂装工艺,降低成本。

双工序面漆指喷涂两种不同的涂料才能形成完整的面涂层的喷涂系统,通常是先喷涂色漆,然后再喷涂罩光清漆,两种涂层结合在一起才能形成有质量保证的完整的面涂层。可以采用双工序做法的有纯色漆、金属漆及遮盖力较好的珍珠漆,通过罩光清漆可以增强颜色效果,提高光泽。

三工序则更为复杂,如三工序珍珠漆通常是先喷一层打底色漆,然后再喷一层珍珠漆,最后喷罩光清漆,三个涂层结合才能形成完整的面涂层。一般珍珠漆及遮盖力较差的金属漆应该采用三工序方法施工。

一般单工序面漆的颜色比较单调,但容易调色;而双工序面漆、三工序面漆的颜色效果比较丰富,但施工及修补复杂,调色较难。

(2)面漆按颜色效果可分为纯色漆、金属漆和珍珠漆。

纯色漆又称素色漆,是将各种颜色的颜料研磨得非常细小,均匀地分散在树脂基料中而制成的各种颜色的涂料(图6-2)。纯色漆可以制成单工序或双工序的涂料。

金属漆是以金属粉颗粒和普通着色颜料混合加入到树脂基料中而制成(图6-3)。经过金属漆涂装后的工件表面看起来更加晶莹闪亮,而且在不同的角度下,由于光线的折射,整车外观造型看起来更丰富、更有层次感。目前在汽车面漆上大量应用,特别是在轿车面漆中已占主导地位。一般采用双工序作业,对于遮盖力较差的金属漆也有采用三工序的作业方法的。

珍珠漆是根据天然珍珠的原理,在片状的云母片上加上不同厚度的钛白粉或氧化铁等无机氧化物,做成细薄片状,加入油漆中,当光线照在这些人造珍珠片上时,就可以产生类似珍珠的彩虹效果(图6-4)。珍珠漆一般遮盖力较差,在喷涂之前需要先喷涂一道底色,用来衬托珍珠的颜色效果,所以一般采用三工序的做法。

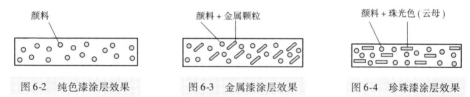

图6-2 纯色漆涂层效果　　图6-3 金属漆涂层效果　　图6-4 珍珠漆涂层效果

在调色之前一定要判断清楚原来面漆的类型,是什么颜色,采用的是几工序的做法,在调色时尽量采用与原漆相同的工艺,这样可以使我们修补出来的效果更接近原漆原色。

引导问题2　为什么要进行调色?常见的调色方法有哪些?

随着汽车工业的不断发展,汽车漆的颜色种类及颜色效果也层出不穷,人们不可能把每一种颜色都做成涂料并储存起来以备随时使用。唯一的解决办法是提高调色人员的配色技能,利用涂料制造商提供的几十种基本色素或色母,按照一定的用量比例及颜色配方,对现有颜色进行调配,以达到我们所期望的理想色彩。

汽车漆调色的方法主要有两种:人工经验调色法和借助仪器进行调色法(如计算机调漆、全自动计算机调漆等)。

1 人工经验调色法

人工经验调色法是依据色漆样板,凭借经验、配色原理来识别其中各单色漆的色种和比例,然后进行试配、调色(图6-5)。经验法调色的关键在于对原车色漆中的主色和几种副色的判断上。在调色过程中,色漆的添加量也是以估计为主。

人工凭借经验调配色漆的方法是在配制色漆的容器中,先加入主色漆(用量大、着色力小的色漆),再以着色力较强的色漆为副色,慢慢地加入,并不断搅拌,随时观察颜色的变化,直至达到要求为止。

人工经验调色法在调配素色漆时较简便易行,但随着金属漆、珍珠漆的大量使用,完全靠人工经验来调色已经越来越难,所以,现在人工经验调色一般是用在仪器调色之后的微调上。

2 仪器调色法

仪器调色法就是以色卡代号或色漆代码为依据,从计算机内找出该色卡的配方,再用电子秤精确量出各组分(色母)的数量,经过混合而得到所需的涂料颜色(图6-6)。

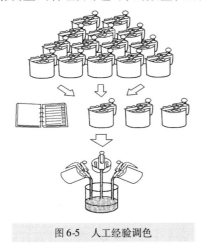

图6-5 人工经验调色

图6-6 仪器调色

汽车涂装使用了20000种以上的颜色,这给修补涂装带来了相当大的困难。采用人工经验法有时很难解决调色问题,于是计算机调色系统应运而生。通常,汽车修补涂料生产厂家生产出几十种,乃至上千种专门用于调色的色母涂料,并都有各自独立的色母排列和调色系统,在产品销售地设立调漆中心,按汽车维修厂的要求调出所需涂料的颜色。借助仪器进行调色,既省时又准确,提高了涂装的质量和效果。目前常用的有利用油漆配方软件调色(常说的计算机调色)和全自动计算机调色两种。

利用油漆配方软件调色是利用颜色代码查配方的一种调漆方法。此法操作简便、成本低,所以目前采用较多。

全自动计算机配色是由可见光分光光度计、数字天平和调色计算机组成的查找配方和配色的最新工具系统。用分光光度计从三个不同的角度来测量颜色,将测量数据输入给调色计算机,用户把所需的色漆量及其他相关信息输入给计算机,计算机就会显示出各色母的添加量。数字式天平与调色计算机连接,如果操作者不小心加多了某种色母时,计算机会重新计算并且调整配方,这样就避免了色母浪费。

用仪器调色法调出来的颜色有时与我们想要的颜色不一致,这时还需要借助人工经验进行调整。在汽车维修厂及小规模的调漆中心经常使用的是利用油漆配方软件调色再结合人工经验调色。

引导问题3　颜色有哪些属性及如何表示？

颜色是光线刺激人的眼睛所产生的一种视感觉。也可以说是，颜色是光线和感觉器官作用后所引起的一种生理感觉。既然是一种感觉，由于每个人生理结构、认知、理解、表达的不同，对颜色感觉描述的结果也会不同，那么在调色时如何统一汽车用户、维修人员、调色人员的感觉呢？这就需要对颜色进行定性、定量的描述。

1 颜色的属性

尽管颜色有很多，但纵观所有颜色，都有三个共同点，即一定的色彩相貌、一定的明亮程度和一定的浓淡程度。我们把颜色的这三个共同点称为颜色的三个属性或特性，分别称为色调、明度和彩度。无论什么颜色，都可以用这三种特性来定性、定量地描述。颜色的这三种特性可以用仪器测定，也可以用目测比较评定。目测比较评定颜色分类和说明颜色变化规律是最简练、最易接受的一种方法。

❶ 色调

色调又称色相或色别，是色彩最显著的特征，是不同色彩之间彼此相互区分最明显的特征，色调表示一定波长的单色光的颜色相貌，是能够比较确切地表示某种颜色类别的名称，如红、橙、黄、绿、青、蓝、紫，每一个名称都代表一类具体的色调，如图6-7（见彩插）所示。紫红、红、红黄等都是红色类中各个不同的色调，这三种颜色之间的差别就属于色调的差别。描述色调时一般用偏什么来表述，如偏红、偏黄、偏蓝等。

❷ 明度

明度又称亮度、深浅度或黑白度等。明度是表示一个物体反射光线多少的颜色属性，是人们所看到的颜色引起的视觉上明暗程度的感觉。同一色调可以有不同的明度，比如图6-8（见彩插）中的颜色色调都为绿色，它们之间的差别主要是明度之间的差别，也就是颜色深浅度之间的差别。不同色调也可以有不同的明度，如在太阳光谱中，紫色明度最低，红色和绿色明度中等，黄色明度最高，所以人们感到黄色最亮。描述明度时一般用偏暗、偏亮或偏深、偏浅来表述。

❸ 彩度

彩度又称纯度或饱和度，是指反射或透射光线接近光谱色的程度。也可以说是表示颜色偏离具有相同明度的灰色的程度（图6-9，见彩插）。彩度可分为0～20档，一般彩度小于0.5时就成为无彩色，彩度接近20时就接近饱和。彩度是颜色在心理上的纯度感觉。在可见光谱中各种单色光是最纯的颜色，为极限纯度。描述彩度时一般用偏鲜艳、偏浑浊来表述。

2 颜色的表示方法

用一个三维空间的立体枣核形可以把颜色的三个属性（色调、明度、彩度）全部表示出

学习任务六 面漆的调色

来,如图 6-10 所示,一般称其为色立体。在色立体中,垂直轴代表黑白系列明度的变化,顶端是白色,下端是黑色,中间是各种灰色;中间最大的圆周代表色调,圆周上的各点代表光谱上各种颜色的色调,如红、橙、黄、绿、青、蓝、紫等(圆心是垂直轴的中心为中灰色,中灰色的明度和圆周上各色调的明度相同);从圆周向圆心过渡表示颜色彩度逐渐降低,颜色色调和彩度的改变不一定伴随明度的变化,颜色在色立体同一平面上变化时,只改变色调和彩度而不改变明度。只要颜色离开周围,它就不是彩度饱和的颜色了。

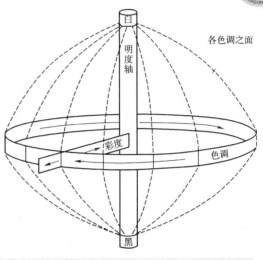

图 6-10 色立体图

色立体是理想化了的示意模型,目的是为了使人们更容易理解颜色三属性的相互关系。在汽车修补漆调色练习中,人们以蒙塞尔颜色系统(图 6-11,见彩插)为理论基础制作出颜色标绘图(图 6-12)。

理论上,要在平面表示一个三维的空间,至少要用两个平面坐标,为了清楚地表达颜色的三个属性,颜色标绘图中用了三个平面坐标。

通常在调色比较两块色板时,并不需要定量地描述这两块颜色的三个参数,只要分析这两块色板或颜色之间的差别就可以。例如比较图 6-13(见彩插)中的两块红色样板,我们经过对比发现:

A 板显得蓝些,B 板显得黄些;A 板显得深些,B 板显得浅些;A 板显得灰暗些,B 板显得鲜艳些。

这样我们可以在平面标绘图上简单、明了地表示两个或两个以上的颜色之间的差别,如图 6-12 所示。只有把颜色的差别明确无误的标绘出来,才能通过正确的调色程序缩小颜色的差别。

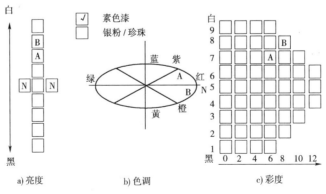

图 6-12 颜色标绘图

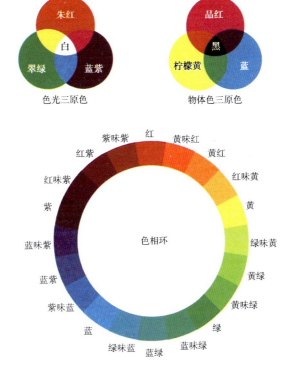

图 6-7 色调

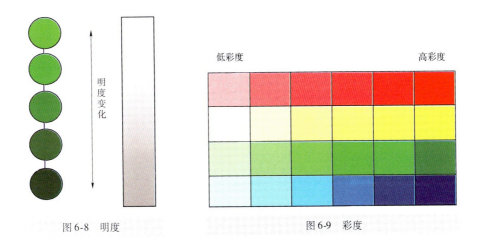

图 6-8 明度　　　　　　　　图 6-9 彩度

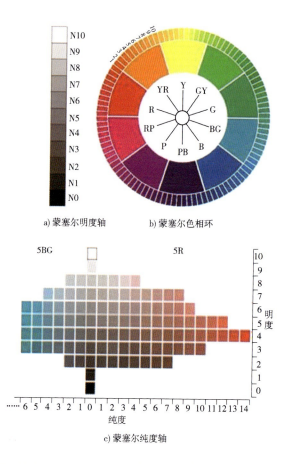

a) 蒙塞尔明度轴　　b) 蒙塞尔色相环

c) 蒙塞尔纯度轴

图 6-11　蒙塞尔颜色系统

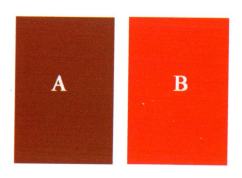

图 6-13　色板

引导问题 4 调色的工艺流程是怎样的？

调色的工艺流程如图 6-14 所示。

二、任务实施

引导问题 5 作业前的准备工作有哪些？

1 工具、设备的准备

① 调漆机

调漆机又称油漆搅拌机（图 6-15），因为涂料中的树脂、溶剂及颜料的密度不同，经过一段时间就会分离，在使用以前需要充分混合，调漆机就是起搅拌作用的。同时利用配套的油漆搅拌器（图 6-16），可以方便的倾倒出油漆。调漆机根据上面的搅拌头数量可以分为很多规格，常用的规格有 33 头、59 头、75 头、108 头等，在选择时一般是根据需要用到的色母数量来选择不同的规格。

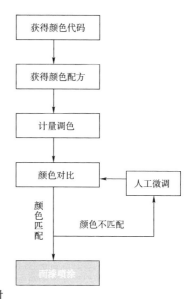

图 6-14 调色工艺流程

适当维护调漆设备对于正确调漆是至关重要的，调漆设备在平时使用时应做到：

图 6-15 调漆机

图 6-16 油漆搅拌器

（1）调漆机安装时应放在平整、坚实的水平地面上，用螺栓固定好，防止搅拌时不稳，涂料罐掉下来。

（2）涂料上调漆机之前，一定要先将其搅拌均匀再装上搅拌浆盖。如果直接利用调漆机进行搅拌，很有可能因为涂料沉淀太厉害而导致底部的涂料搅拌不起来。为了避免涂料在调漆机上沉淀，应该每天上午和下午各开动调色架一次，每次搅拌 15~30min。

（3）油漆搅拌器在使用过程中应保持清洁无尘，及时清除浆盖出漆口处的涂料，否则浆盖的出漆口或通气孔关闭不严，溶剂蒸气放出，成为安全隐患。同时由于涂料中的溶剂挥发,色母逐渐浓缩,影响调色的准确性。浆盖出口附着干固的涂料会影响色母倾倒和滴加的可控制性,甚至还会掉进容器内,影响色母称量的精确性。

(4)放置调漆机的房间要通风,避免阳光直射,温度要适中,一般为10～30℃之间,最好保持在20℃左右。

(5)色母上架后保持期一般不超过一年,时间太长质量下降,还会影响调色精确度。

❷ 颜色配方软件

目前一些规范的涂料公司都有自己完善的颜色配方软件(图6-17),即计算机软件数据库中存有所有颜色配方,用户只需将颜色代码和分量输入计算机就可以直接查阅计算好的配方数据。

❸ 色卡

色卡是根据不同的颜色配方做出来的颜色卡片。通过色卡,可以直观的反映出颜色的属性。现在色卡的分类方法一般采用两种方式:一种是按照色系来分,如红色系、蓝色系、黄色系等(图6-18);还有一种是按汽车厂商来分,如大众、通用、丰田等等(图6-19)。当汽车品牌不清,或颜色资料不全时可以选择按色系法查找。

图6-17　颜色配方软件

色卡是很重要的调色工具,一套完整、齐全的色卡会对我们的调漆工作起到事半功倍的效果。我们在调色中应该正确掌握和利用这些资源。

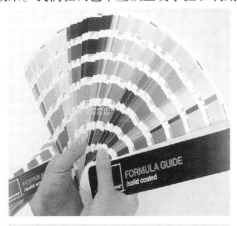

图6-18　按色系分类的色卡

图6-19　按汽车厂商分类的色卡

❹ 色母挂图

色母挂图是表现色母特性的颜色资料(图6-20)。是为了让调色人员能直观地了解色母的特性,方便调色而制作的。

各个涂料公司的色母挂图的样式虽然各有不同,但一般包括以下方面:色母的属性、色母的正侧面色调、颗粒大小、在色相环中的位置、与白色母或银色色母按一定比例混合后的颜色等。

5 电子秤

电子秤是在计量调色中用来称重涂料的(图6-21)。调色所用的电子秤精确度不小于0.1g。

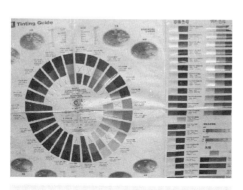
图6-20 色母挂图

图6-21 电子秤

6 颜色分色仪

颜色分色仪是一种可以进行计算机分色的电子仪器,如图6-22所示,它具有修正软件,可以手提,并可以结合智能磅使用。分色仪操作简单,用途广泛,对技术要求不很高,尤其是在车型和颜色资料不全、颜色色号未标在维修手册上时更能突出其优势。

7 配色灯箱

配色灯箱的主要作用是在光线不好的情况下调色时模拟一个自然光的环境,用于比色和调色(图6-23)。现在常用的比较接近日光的光源为D65光源。由于不同光源下看到的颜色有所不同,所以在配色灯箱中一般还配备了其他几种不同的光源,用于不同的作用。如用类似于白炽灯的红光光源来鉴别颜色;用紫外光光源来观察涂料中颜色的某些特性等。

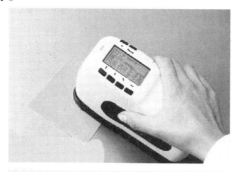
图6-22 颜色分色仪

图6-23 配色灯箱

8 烘箱

烘箱是一种强制烘干实验试板的烘干设备,在人工调色烘干试板时使用。

9 其他工具及设备

还需要用到的其他工具有涂料罐、调漆尺、喷涂试板等。

学习任务六 面漆的调色

2 主要材料的准备

1 各类色母

色母顾名思义就是各种颜色之母,用其可以调配出各种需要的颜色。一般规范的涂料公司都有一套齐全的色母,用它可以调出市场上大多数的颜色。由于各个涂料公司的涂料性质和色母颜色有所不同,所以不同品牌的色母或同一品牌不同型号的色母不宜掺和使用。汽车维修厂一旦选择了某一品牌的汽车修补涂料,不宜频繁更换,因为改换品牌,不但会浪费剩余的色母和涂料,而且还会损失自己多年积累的调色经验和资料。

目前汽车修补涂料主要采取两种方法设计色母系统:一种方法是把色母分为两个系列,一个系列是单工序面漆用的双组分色母,另一个系列是双工序和三工序面漆用的单组分色母;另一种方法是只使用一套色母,调色后在色母中加入树脂,由加入的树脂类型决定面漆是单组分的还是双组分的(三工序与双工序一般使用同一套色母)。如我们本次采用的某品牌色母就是采用的第二种分类方法,它最后是通过添加调和清漆或控色剂来改变涂料性质的。

2 其他材料

还需要使用到的其他材料包括除油剂、稀释剂、固化剂、擦拭布等。

3 劳动保护措施

在本次作业中你需要用到的劳动保护用品有(请根据前面学习的劳动保护用品知识,完成表6-1的内容,在相关的操作中需要用到的劳动保护用品在栏里打"√"):

调色作业中的劳动保护用品   表6-1

工序	推荐的涂装工劳动保护用品							
计量调色								
比色								
喷涂试板								

引导问题6 如何获得颜色代码?

获得颜色代码的方法有以下三种。

1 查询车辆维修手册

通过车辆维修手册上的相关内容,找到颜色代码。

2 在车身上查找相应的汽车颜色代码铭牌

通过查找颜色代码铭牌获得颜色代码的方法分为以下两步。

1 查找颜色代码铭牌

不同型号的汽车,颜色代码铭牌所在位置有所不同,如图6-24 和表6-2 所示。

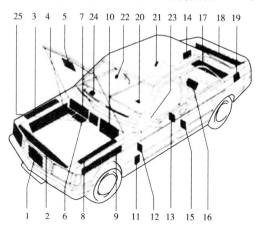

图 6-24 常见汽车颜色代码铭牌所在位置图

汽车颜色代码铭牌位置表　　　　　　　　　　　　　　　表 6-2

车厂车牌	对应中文	漆码位置	车厂车牌	对应中文	漆码位置
Alfa Romeo	阿尔法·罗密欧	5,7,8,18,19	Lotus	莲花	3,9,10
Dacia	达起亚	7,10,19	Mazda	马自达	2,3,5,7,10,15,21
BMW	宝马	3,4,8	Mercedes Benz	奔驰	2,3,8,10,12
Chrysler	克莱斯勒	4,7	Mitsubishi	三菱	2,3,7,8
Citroen	雪铁龙	3,4,7,8,10	Nissan	尼桑	2,4,5,7,8,10,15
Daewoo	大宇	2	Opel	欧宝	2,3,4,7,8,10,19
Daihatsu	大发	1,2,7,10	Peugeot	标志	2,3,4,7,8,9
Ferrari	法拉利	2,5,8,14,18,19	Porsche	保时捷	5,7,10,12,14,15
Fiat	菲亚特	2,3,4,5,10,18,19	Renault	雷诺	3,4,5,7,8,10,19
Lancia	兰西亚	2,4,5,7,10,12,18	Rolls Royce	劳斯莱斯	8
Ford	福特	2,3,7,8,10,15,22	Saab	绅宝	4,8,10,16,17,20
GM	通用	19	Seat	喜悦	8,10,17,18
Honda	本田	3,10,15,18	Skoda	斯柯达	8,10,17
Hyundai	现代	7	Ssangyong	双龙	6
Isuzu	五十铃	2,7,10,13,15	Subaru	斯巴鲁	1,2,3,8,10
Jaguar	美洲豹	2,5,12,13,15,22	Suzuki	铃木	3,4,7,8,10,21
Kia	起亚	10	Toyota	丰田	3,4,7,10,19
Lada	拉达	4,5,17,18	Volkswagen	大众	1,2,11
Land Rover	陆虎	2	Audi	奥迪	14,17,18,19
Lexus	雷克萨斯	10	Volvo	沃尔沃	2,3,4,6,7,10

学习任务六 面漆的调色

2 查找颜色代码铭牌上的颜色代码

不同品牌的汽车,颜色代码的表示方法各有不同,如图6-25中圆圈所示为丰田汽车的颜色代码,图6-26中圆圈所示为大众汽车的颜色代码。

图6-25 丰田汽车颜色代码铭牌上的颜色代码　　图6-26 大众汽车颜色代码铭牌上的颜色代码

3 利用色卡与车身待涂表面的颜色进行比较,找出最接近的色卡

当找不到颜色代码铭牌或车身颜色与代码颜色不符时,可以直接利用色卡与车身表面的颜色进行对比,找出颜色最接近的色卡(图6-27),再查看色卡上的颜色代码(图6-28)。

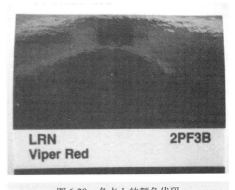

图6-27 色卡对比　　图6-28 色卡上的颜色代码

如果没有十分匹配的色卡,当调配纯色漆时,应该选择彩度和亮度比车身颜色高的色卡,在这个色卡的基础上进行微调,因为纯色漆很容易从鲜艳、明亮向灰暗方向调整;当调配金属漆时,最好选择一个侧面稍暗的色卡或一个正面偏亮、侧视偏暗的色卡,在这个色卡的配方基础上调色,很容易通过加大控色剂或白色把颜色校正过来。

引导问题7 如何获得颜色配方?

获得颜色配方的方法有以下三种。

1 利用色卡获得颜色配方

有的涂料厂家会将一些常用的颜色配方直接印在色卡背面（图6-29），这样可以更方便、快捷的获得颜色配方。但是受制于色卡大小的原因，一般能提供的信息量不是很大，如一般只提供1L的配方量，需要其他量的时候要先计算好再来调配。

2 利用胶片获得颜色配方

在早期涂料厂家一般是将颜色配方及其相关信息浓缩在微缩胶片上，再利用放大设备进行查找（图6-30）。当计算机普及之后发现这种方式查找繁琐，更新不方便，已经很少使用。

a) 微缩胶片　　　　　　b) 放大器

图6-29　色卡及颜色配方　　　　图6-30　微缩胶片及放大器

3 利用配方软件获得颜色配方

利用配方软件获得颜色配方的方法由于更新方便、查找迅速、信息量大等特点，目前使用较多。下面我们以某品牌的颜色配方软件为例，介绍利用软件获得配方的方法：

（1）运行程序，打开"颜色配方软件"界面，如图6-31所示。

（2）单击"代码"按钮，弹出"生产商颜色代码搜索"窗口（图6-32）。

（3）在代码栏里输入颜色代码，如图6-33所示，然后单击"确定"按钮，弹出"选择颜色"界面（图6-34）。

（4）分析"选择颜色"界面提供的信息（如颜色名称、使用地区、使用日期、使用部位、生产商、车型等），找出我们需要的颜色名称栏，单击"确定"按钮，获得颜色配方及相关信息（图6-35）。

学习任务六 面漆的调色

图 6-31 "颜色配方软件"界面

图 6-32 "生产商颜色代码搜索"窗口

图 6-33 输入颜色代码

图 6-34 "选择颜色"界面

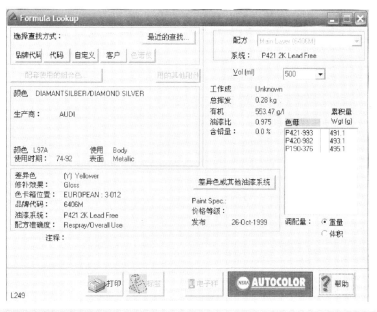

图6-35 "颜色配方"界面

引导问题8　如何计量调色

获得颜色配方之后,就需要按照我们需要的量依次称重计量色母,具体步骤如下:
(1)穿戴好劳动保护用品。
(2)先根据配方确认色母的品种及数量是否足够,再将调漆机打开进行充分搅拌,保证所有色母搅拌均匀。
(3)将电子秤放平、放稳,然后打开电源开关进行预热。
(4)准备好盛放涂料的容器并放置在电子秤上,同时将电子秤清零(图6-36)。
(5)按配方所示的量,依次加入色母(图6-37),完成计量调色。

图6-36　电子秤清零

图6-37　计量调色

在计量调色时应注意以下几点：

（1）对颜色有把握时可以需要多少调多少，没有把握时先根据配方调出小样。

（2）电子秤的精度是0.1，第二位的小数部分看不到，需要在心里估算。一般而言，滴加一小滴色母的质量在0.02~0.05g之间。电子秤是不具备四舍五入的功能的，如0.19g，电子秤显示0.1g，所以实际的质量一般比显示的质量大。因此，在理论上要准确调配一个配方，每个色母的最小加入量应该在0.5g以上，当配方量放大到1L的配方时，颜色也是准的。

（3）注意累加量和单独计量的区别。很多调漆人员习惯使用累加量的方法来调漆，即每次加完色母后电子秤不归零，直接在其上面添加第二个色母的方式，正如上面所讲那样，当每次的误差不断积累起来后，后面所加的色母会偏少。如涂料的质量是6.19g，显示是6.1g，这时只要滴加一小滴色母，电子秤立即显示6.2g。这种差量虽然不大，但在加入少量对颜色影响较大的色母时，误差就会很大。实际选择使用哪种称量方式要灵活掌握，重要的是要知道有哪些误差会影响调色精度。

引导问题9　如何进行颜色对比？

按照配方调配出来的颜色不一定跟我们需要的颜色完全匹配，所以在喷涂之前需要进行颜色对比。颜色对比的一般程序如下：

（1）将计量调色调好的油漆搅拌均匀。

（2）将油漆施涂在试板上。

如果是纯色漆建议采用试杆施涂法，将涂料用试杆涂抹在试板上（图6-38）；如果是金属漆或珍珠漆，应该采用喷涂试板的方法将涂料按工件喷涂的工艺要求喷涂在试板上（图6-39）。

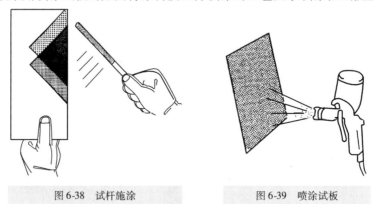

图6-38　试杆施涂　　　　图6-39　喷涂试板

小提示

①如果施涂试板的面积太小，将影响对颜色的判断，所以一般要求施涂试板的最小尺寸为30mm×30mm，喷涂试板的最小尺寸为100mm×150mm。

②不管是试杆施涂还是喷涂，都要保证涂膜盖住底材。

想一想

请通过试验的方法看看为什么金属漆及珍珠漆不能采用试杆施涂的方法：_____
_____。

(3)经过一段时间静置后，将试板置入烘箱中烤干。

如果在施涂后直接将试板放入烘箱中烘烤，会导致涂料表面产生小孔，影响颜色的判断，所以一般需静置5～10min再进行烘烤。

(4)将颜色试板放在标准色板旁边进行对比(图6-40)。

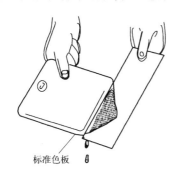 

图6-40　颜色对比

进行颜色对比时要注意以下几点：

①放置时将试板和标准色板或工件放在同一平面，采用同时对比的方法进行比较。

②标准色板比色的部位应该光泽度高，颜色准确。如果表面已氧化或有细微缺陷，应先用抛光剂处理好之后，再行比较。

③最好选择自然光或接近日光光源的场所比色。

④注意不要受周围环境色的影响。

⑤比较时为了能准确判断颜色，至少要从三个不同的角度观察(图6-41)，即直接观察、间接观察、正面观察。

⑥观察时视距的远近要随物体的大小而改变。一般在观察车身时站在3～5m处，观察小试板时距离1m左右。

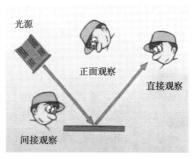

图6-41　色板的观察角度

(5)根据颜色的三个属性，分别从明度、色调和彩度三个方面进行比较，并把比较结果标注在颜色标绘图中。

如果试板颜色与标准色板颜色相差较大，则需要对颜色进行人工微调；如果颜色比较接近，能通过喷涂技巧或过渡的方法来达到颜色基本一致的，则不需要微调。两个颜色完全一致的情况几乎是不可能的。

学习任务六 面漆的调色

引导问题10　如何进行人工微调？

通过涂料配方调出来的油漆，一般与标准色板颜色是比较接近的，它们之间的主要差异可能是明度上的，所以，在微调时一般按照下面的思路进行：

1　明度的调整

查看颜色标绘图：当试板颜色比标准色板颜色深时，可以通过添加白色、银色或其他浅色色母来调整。当试板颜色比标准色板颜色浅时，可以通过添加黑色或其他深色色母来调整。

2　色相的调整

通过颜色标绘图上的标记，分析标准色板的颜色相对于试板颜色偏向什么色调，然后再分析看通过添加哪种色母能达到标准色板偏向的色调。每种颜色的色调可以向两个方向调整。如红色可以向黄色或蓝紫色方向调整；黄色可以向红色或绿色方向调整；蓝色可以向红紫色或绿色方向调整等。

3　彩度的调整

当试板颜色比标准色板颜色鲜艳时，可以加入少量黑色或白色使颜色变浑浊（黑色的加入同时会使颜色变深，加入白色母同时会使颜色变浅）；当试板颜色比标准色板颜色浑浊时，可以加入适量的饱和度较高的色母来改变彩度，但是有时从成本上来考虑的话，建议最好选择一个颜色较鲜艳的色卡配方重新调配。

上面介绍的人工微调只是很简单的调整思考方法，在具体调配时还应注意以下几点：

（1）加入任何一个色母都可能会引起颜色的其他两个属性的变化，所以添加色母时需要综合考虑。如加入黑白色调整明度时会把彩度变浑浊，调整色调也会同时改变明度和彩度等。

（2）每次添加色母时，应先小量试加，观察颜色的变化，看颜色走向是否正确，如果颜色走向是对的，再来判断添加的量；如果颜色走向是错的，就需要重新分析添加什么颜色的色母合适。一定要避免在不确定的情况下添加太多的色母，导致整个油漆的报废。

（3）在没有确切把握的情况下，每次调整时最好只针对颜色的一个属性进行调整。

（4）每次调整完后，一定要制作试板进行颜色对比。

（5）颜料有不同的沉降效果。由于白色颜料、黄色颜料等一些颜色较浅的颜料的密度较大，在刚刚喷涂时，颜料颗粒被均匀分散，颜色会显得较浅，当涂膜慢慢干燥的过程中，重的颜料会沉到下面，轻的颜料留在上面，所以颜色会由浅变深。所以在调漆时一般要求湿漆调配的颜色比标准色板的颜色浅、淡一些。这也是为什么刚喷涂完的漆面和干固后的漆面颜色有所不同的原因。

（6）尽量不选用遮盖力比较差的色母作为主色，即使不得不选用，也要尽量搭配使用高遮盖力的色母。如在调配红色、黄色等颜色时。

（7）调配白色时尽量选用低强度的色母，就是透明的色母。强度高的色母其浓度一般是低强度色母的好几倍，即使1L里面只用一滴，在白色中也能明显地反映出来，因为人眼对白色的分辨能力比别的颜色强。所以选用低强度色母的好处是微调时容易控制变化范围。

（8）黑色的表面光泽对判断其色差起着决定性的作用。新喷涂的黑色由于表面光泽太高而容易给人造成新修理漆面过黑的误解，可以先打蜡抛光再进行比较。甚至在喷涂前加入少量的白色母使原黑色配方稍微浑浊一点。

（9）当调配因长时间暴露而褪色的颜色时，可以添加少量的白色或黄色色母。

（10）颜色异构。颜色异构就是在不同的光源（例如阳光和灯光）反射下颜色的偏差有所不同。在室内看着比较准确的颜色，到了室外再看颜色就走了样（图6-42）。

图6-42　颜色异构

常用来判断的方法就是在日光和日光灯下进行比较。一般在日光下调出的颜色，不一定能通过日光灯的考验；而在日光灯下调出的颜色，在日光下往往是比较准确的。在工作中可以采用透过车间顶棚的光下和车间外充足的光线下作比较、烤漆房的内外作比较等方法来进行检验。

颜色异构在颜色调配中是相当常见的现象，所造成的色差也较小，如果出现了严重的颜色异构现象，基本上都与色母选用不当有关。这时候仅在原配方基础上增减色母数量已经不能很好地解决问题了，这时一定要改变所用的色母。

如果在刚开始微调时不确定到底缺少哪个颜色，不知道从颜色的哪个属性调起，也可以按以下的方法进行微调练习：

（1）按配方中色母的数量准备量杯，并将每个量杯里面加入等量的涂料（图6-43）。

（2）往每个量杯中都添加少量的配方中的各色色母（图6-44），记录所加的量，然后彻底混合。

（3）使用试杆施涂法，将各个量杯中混合后的涂料施涂到试板上，并与标准色板进行对比，找出最接近的色板（图6-45）。

学习任务六　面漆的调色

（4）按最接近的色板所添加的色母种类再少量添加，记录所添加的量，并用试杆重叠施涂（图6-46），然后与标准色板进行对比。

图6-43　倒入等量的涂料

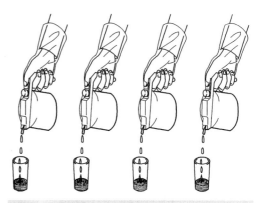

图6-44　倒入各色色母

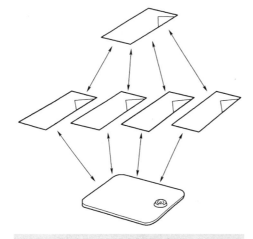

图6-45　找出最接近色板

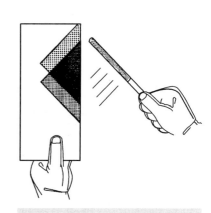

图6-46　重叠施涂

（5）重复步骤（4）的操作，直至确定颜色基本一致为止（图6-47）。

（6）喷涂试板，确定最终的颜色是否一致（图6-48）。

（7）累加色母的添加量，计算所占小杯涂料的百分比，再将大杯涂料按此百分比调配好。

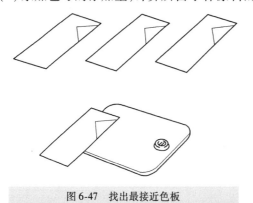

图6-47　找出最接近色板

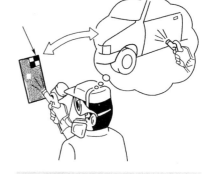

图6-48　喷涂试板

三、知识与能力拓展

1. 查阅资料,看看不同品牌汽车的颜色代码的命名规则,并把它记录下来。

2. 查阅资料,详细了解一下蒙塞尔(A. H. Munsell)表色法。

四、评价与反馈

1. 对本学习任务进行评价,见表6-3。

面漆的调色操作考核评价表   表6-3

考核项目	评分标准	分 数	学生自评	小组评价	教师评价	备 注
团队意识	是否能互相协助 是否能顾全大局	10				
工作态度	是否积极、认真、负责	10				
现场5S	是否在整个工作过程中贯穿5S	10				
方案设计	是否能结合具体的条件、环境,进行合理的设计	10				
操作过程	工具、设备、材料的准备 查找颜色代码 查找颜色配方 计量调色 颜色对比 人工微调	35				
操作结果	质量是否符合要求	5				
安全规范	有无违规或危险的操作	10				
知识与能力拓展	是否具有自学与发展能力	10				
总 分		100				
教师签名:			年　月　日		得分	

学习任务六 面漆的调色

2. 在实施作业时,你还存在哪些方面的问题?如何才能提高?

3. 请认真总结自己每次在学习和实践人工微调时的经验,这将是你今后宝贵的调漆知识财富。

学习任务七

面漆的涂装

学习目标

完成本学习任务后,你应当能:
1. 明确面漆的作用及汽车用面漆必须具备的性能;
2. 掌握常用汽车修补面漆的特点;
3. 了解汽车涂装的三个基本要点;
4. 掌握涂料选配时要考虑的方面;
5. 掌握汽车修补面漆的调配和喷涂方法。

 建议完成本学习任务的时间为 **8** 课时。

 学习任务描述

经过清洁与除油、表面前处理、底漆、腻子、中涂底漆处理的车门,其表面已经恢复了原来的形状(图7-1),那么我们就可以进行最后一道涂层的制作——面漆的涂装了(图7-2)。

图7-1　面漆涂装前的效果

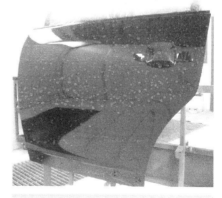

图7-2　面漆涂装后的效果

学习任务七　面漆的涂装

学习内容

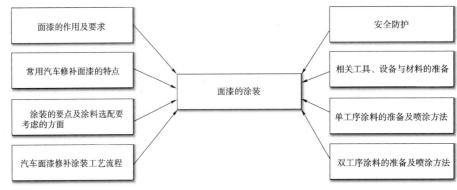

一、资料收集

引导问题 1　面漆的作用是什么？汽车用面漆要具备哪些性能？

面漆即表面的油漆，它是喷涂在整个涂层最外面的一层涂料，是涂层组合中唯一可见的部分，起着装饰、标识和保护底材的作用。

由于面漆直接与各种气候条件（如阳光、雨雪、大气、严寒酷暑等）及有害物质（如工业大气、酸雨、各种化学物质等）接触，又要满足装饰美观的需要，所以相对于底漆和中涂层，面漆有着更严格的要求。一般汽车用面漆要考虑的性能要求见表7-1。

汽车用面漆的性能要求　　表7-1

项　目	性　能　要　求
外观	涂膜丰满、光滑、平整，色彩鲜艳，光泽醒目，鲜映性好，色差小
机械性能	涂膜应具有良好的附着力、坚韧耐磨、耐冲击、耐弯曲、耐划伤、耐摩擦等
耐候性及耐老化性能	耐候性及耐老化性能是选择面漆时的重要指标之一。如果汽车用面漆的耐候性及耐老化性能不好，则使用不久面漆涂层就会失光、变色及粉化，直接影响汽车的装饰性，新车变成旧车。因此要求涂料能适应各种自然环境及气候环境
耐湿热和防腐蚀性	面漆涂层在湿热条件下，应不起泡、不变色和不失光。对面漆涂层的防腐蚀性要求虽然没有像对底漆涂层那样高，但与底漆涂层配套后，应能增强整个涂膜的防腐蚀性
耐化学药品性	面漆涂层使用过程中，如与蓄电池酸液、润滑油和制动液、汽油及各种清洗剂等直接接触，擦净后接触面不应有变色、起泡或失光等现象
施工性能	用于汽车制造的面漆必须很好的适应流水线作业，在高温条件下干燥迅速，具有较好的重涂性（即不打磨情况下再涂面漆，结合力良好）和修补性。对装饰性要求高的车辆，还应具有优良的抛光性能。汽车修补用面漆必须与原厂漆相匹配，在低温或自然环境下能较快的干燥，适应手工修补涂装
配套性与成本	面漆选择时除了考虑涂料的保护性、装饰性外，还必须考虑与下面涂层的配套性问题，我们的目的是使用不同的涂层及涂料组合来确保油漆质量最佳化、生产成本最小化

引导问题2　现在常用的汽车修补面漆有哪些？各有什么特点？

现在常用的汽车修补面漆的分类如图7-3所示。

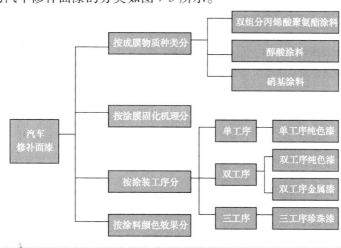

图7-3　汽车修补面漆的分类

想一想

涂料按颜色效果可分为_____类；
涂料按涂膜固化的机理可分为_____类。

常用的汽车修补面漆的特点如下。

1　双组分丙烯酸聚氨酯涂料

双组分丙烯酸聚氨酯涂料是目前汽车修补涂装行业使用最多的一种类型涂料。经严格施工控制的此类面漆系统一般最少可以提供3～5年的性能质量保证。双组分丙烯酸聚氨酯涂料的主要特点见表7-2。

双组分丙烯酸聚氨酯涂料的特点　　　表7-2

优　点	缺　点
耐候性好	施工较复杂，使用条件要求较高
光泽度高，涂料保光性较好	干燥较慢
黏度较低，容易施工，涂料流平性较好	成本较高
涂膜的力学性能及耐化学品性能好	

学习任务七 面漆的涂装

由于双组分涂料中的固化剂内含有异氰酸酯成分,对人体的呼吸道有较大不良影响,因此在使用此类涂料时一定要注意劳动保护,最好使用供气式面罩。

2 醇酸树脂涂料

醇酸树脂类涂料的主要特点见表 7-3。

醇酸树脂涂料的特点　　　　　　　　表 7-3

优　点	缺　点
成膜较厚	干燥时间长
光泽度高(与以前的硝基类涂料比)	重涂时间长
流动性好	对施工环境要求高
温和的溶剂	打磨性差
成本低	用作清漆可能黄变

同双组分产品比较,醇酸涂料的干燥性、光泽度、耐候性等性能都比较差,因此在中高档汽车修补涂装中很少使用,但在货车、低档客车及一些要求不是很高的涂装上还在使用。

3 硝基树脂涂料

硝基树脂涂料的主要特点见表 7-4。

硝基树脂涂料的特点　　　　　　　　表 7-4

优　点	缺　点
干燥较快	喷涂时固体含量低,成膜较薄,光泽度不高
对重涂时间要求低	使用强溶剂、低闪点溶剂,溶剂用量大
抛光性能好	耐候性较差,容易失光、粉化、变色
施工方便	

由于硝基类涂料的各方面性能不是很理想,现在使用的一般是经过改性的热塑性丙烯酸硝基漆,其各方面性能有所提升,现在主要用作一些快干产品当中。

引导问题3　汽车涂装的基本要点是什么？

为保证汽车的涂装质量,获得最佳的经济效益,涂装时必须注意以下几个方面。

1 涂装材料

涂装材料的质量和作业配套性是获得优质涂层的基本保障。涂料的种类很多,在选用涂料时要根据实际情况,从被涂件的质量要求、涂料的特点、涂膜的性能、施工性能、经济效益等方面进行综合考虑。如果忽视涂膜性能,单纯考虑涂料的价格,有时会明显地影响涂膜质量,缩短涂层的使用寿命,从而造成更大的经济损失;如果涂料选用不当,涂层间不配套,即使再好的涂料也难保证质量效果。

2 涂装工艺

涂装工艺的合理性、先进性，是充分发挥涂装材料的性能、获得优质涂层的必要条件，是降低生产成本、提高经济效益的先决条件。涂装工艺的合理性、先进性包括涂装技术的合理性和先进性，涂装设备的先进性和可靠性，涂装环境条件和工作人员的技能、素质等。

3 涂装管理

涂装管理是确保所制定的涂装工艺得以认真实施，确保涂装质量的稳定，达到涂装目的和最佳经济效益的重要条件。涂装管理包括：工艺管理、设备管理、工艺纪律管理、质量管理、现场环境管理、人员管理等。在同等条件下企业之间的竞争就是人才和管理的竞争，企业应从管理中要质量、要效益。先进的涂装工艺、涂装设备，如果缺乏科学的、严格的管理制度和措施，要想达到满意的涂装效果和最佳的经济效益是不可能的。

上述三个方面是保证涂装效果的基本要素，它们之间相互依存、相互制约，忽视哪一个环节的管理，都不可能达到预想的效果。

引导问题4 涂料选配时应考虑哪些方面？

选择涂料时要从下面几个因素考虑。

1 被涂物的材质

由于各种物面材质的特性和吸附能力不同，因而需合理选用与物面材料性质相适应的涂料。常用汽车涂料与被涂材质的适应性见表7-5。

常用汽车涂料与被涂材质的适应性   表7-5

涂料品种＼被涂材质	钢铁	轻金属	塑料	木材	皮革	玻璃	织纤维
油脂漆	5	4	3	4	3	2	3
醇酸树脂漆	5	4	4	5	5	4	5
氨基树脂漆	5	4	4	4	2	4	4
硝基漆	5	4	4	5	5	4	5
酚醛漆	5	5	4	4	2	4	4
环氧树脂漆	5	5	4	4	3	5	—
氯化橡胶漆	5	3	3	5	4	1	4
丙烯酸酯漆	4	5	4	4	4	1	4
有机硅漆	5	5	4	3	3	5	5
聚氨酯漆	5	5	5	5	5	5	5

注：5表示最好，1表示最差。

学习任务七 面漆的涂装

2 被涂物的使用环境

不同的地区和不同的气候,对汽车的适应性有不同的要求。如南方湿热地区使用的汽车,要求涂料对湿热、盐雾、霉菌有良好的三防性能;在北方干寒地区使用的汽车,要求其涂料有一定的耐寒性能。另外在不同的环境下,对涂料的耐候、耐磨、耐冲击和耐汽油等性能都有不同的要求。各种涂料适应的环境条件见表7-6。

各种涂料适应的环境条件　　　表7-6

环境条件＼涂料品种	酚醛漆	沥青漆	醇酸漆	氨基漆	硝基漆	过氯乙烯漆	丙烯酸漆	环氧漆	聚氨酯漆	有机硅漆
一般条件下使用,但要求耐候性及装饰性好			☺	☺			☺		☺	
一般条件下使用,但要求防潮性及耐水性好	☺	☺						☺	☺	
化工大气条件下使用或要求耐化学腐蚀性较好	☺	☺					☺	☺	☺	
在湿热条件下使用,要求三防性能好	☺			☺		☺	☺		☺	
在高温条件下使用										☺

注:标有"☺"标志的,说明适应性较好。

3 涂料的施工方法

不同涂料由于性能上的差异,所要求的施工方法不同,因此选用涂料要根据现有的涂装设备和涂料所适应的涂装方法进行选择。常用的施工方法和适用涂料见表7-7。

常用的施工方法和适用涂料　　　表7-7

施工方法	涂料品种
刷涂	油性漆、酚醛漆、醇酸漆
浸涂	各种合成树脂涂料
电泳	各种水溶性电沉积涂料
压缩空气喷涂	各种硝基漆、氨基漆、过氯乙烯漆等
高压无气喷涂	各种类型涂料特别是厚浆料、高不挥发分涂料,但不宜于粒度大的颜料涂料
静电喷涂	合成树脂涂料、高不挥发分涂料
静电粉末喷涂	粉末涂料

4 涂料间的配套性

在汽车涂装中有各种底漆、中涂、面漆,由于其性能不相同,并不是都能搭配。如果配套不当,会产生涂膜间附着力差、起层脱落、咬底泛色等现象,严重影响施工质量。各种金属与常用底漆、面漆的合理配套见表 7-8。

各种金属与常用底漆、面漆的合理配套   表 7-8

面漆类型	黑色金属	铝、镁及铝镁合金	锌及锌合金	铜及铜合金
酚醛漆	酚醛底漆 醇酸底漆	锌黄纯酚醛底漆 磷化底漆	锌黄环氧底漆 锌黄环氧醇酸底漆	酚醛底漆 磷化底漆
沥青漆	沥青底漆 酚醛底漆	沥青底漆	沥青底漆	沥青底漆
醇酸漆	醇酸底漆 环氧底漆	锌黄酚醛底漆 锌黄醇酸底漆	醇酸底漆	酚醛底漆 磷化底漆
氨基漆	醇酸底漆 氨基底漆 环氧底漆	锌黄环氧底漆	酚醛底漆 磷化底漆	环氧底漆
硝基漆	酚醛底漆 硝基底漆 环氧底漆 醇酸底漆	锌黄酚醛底漆 锌黄醇酸底漆 锌黄环氧底漆	酚醛底漆 醇酸底漆 环氧底漆	酚醛底漆 环氧底漆
过氯乙烯漆	酚醛底漆 醇酸底漆 过氯乙烯底漆 丙烯酸底漆 磷化底漆	锌黄酚醛底漆 锌黄醇酸底漆 锶黄、锌黄丙烯酸底漆 磷化底漆	酚醛底漆 醇酸底漆 环氧底漆 磷化底漆	酚醛底漆 过氯乙烯底漆 丙烯酸底漆 磷化底漆
丙烯酸漆	酚醛底漆 醇酸底漆 环氧底漆 丙烯酸底漆 磷化底漆	锌黄酚醛底漆 锶黄、锌黄丙烯酸底漆 磷化底漆	酚醛底漆 环氧底漆	酚醛底漆 环氧醇酸底漆
环氧漆	环氧底漆	锌黄环氧底漆	环氧底漆	环氧底漆
聚氨酯漆	聚氨酯底漆 硝基二道底漆	锌黄聚氨酯底漆	聚氨酯底漆	聚氨酯底漆

5 涂层的厚度

涂膜的保护力一般是随涂膜厚度的增加而提高的。在不同使用条件下,涂层的厚度应控制在一定的范围内。若涂层低于厚度的下限,就不能有满意的保护作用,还会出现露底或肉眼看不见的针孔,外界的水分、化学腐蚀介质等容易侵蚀到涂层内部,降低涂层的寿命。但涂层过厚就会增加成本,还会引起回粘、起泡、皱纹等质量问题。通常涂层控制厚度见表7-9。

学习任务七 面漆的涂装

通常涂层的控制厚度　　　　　　　　　　　　　　　　表 7-9

环境条件	控制厚度范围(μm)	环境条件	控制厚度范围(μm)
一般性涂层	80~100	有侵蚀液体冲击的涂层	250~350
装饰性涂层	100~150	耐磨损涂层	250~350
保护性涂层	150~200	厚浆涂层	350~1000
有盐雾的海洋环境用涂层	200~250		

引导问题5 ▶ 面漆修补涂装的工艺流程是怎样的?

汽车面漆修补涂装的工艺流程根据施工工艺不同一般分为两种:单工序和双工序。至于三工序涂装,跟双工序涂装大致相似,施工时可以参照双工序的涂装工艺流程,如图7-4所示。

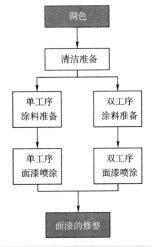

图7-4 面漆修补涂装的工艺流程

二、任 务 实 施

引导问题6 ▶ 作业前的准备工作有哪些?

1 工具、设备的准备

面漆涂装主要用到的工具和设备有:喷漆房、空气压缩机及空气分配管道、油水过滤器、喷枪、喷涂支架、调漆比例尺、风枪、毛刷等。

2 主要材料的准备

面漆涂装主要用到的材料有:单工序面漆及配套固化剂、稀释剂;双工序底色漆、罩光清漆及配套固化剂、稀释剂;过滤网、粘尘布、擦拭布、除油剂等。

3 劳动保护措施

在本次作业中你需要用到的劳动保护用品有(请根据前面学习的劳动保护用品知识,完成表7-10的内容,在相关的操作中需要用到的劳动保护用品在栏里打"√"):

面漆涂装作业中的劳动保护用品　　　　　　　　　　　　表7-10

工序										
清洁										
除油										
准备涂料										
面漆喷涂										

引导问题7　喷涂前要做好哪些清洁工作?

喷涂前的清洁工作将会直接影响喷涂后的涂膜质量,所以在正式进行喷涂前必须做好以下三个方面的清洁工作。

1 喷漆房的清洁

(1)检查喷漆房的换气系统、照明装置工作是否正常(详细操作方法参见学习任务三中关于喷漆房的介绍)。

(2)检查喷漆房的密封性是否良好。喷漆房在长期使用时容易导致房门边的密封条老化和破损,如果不及时更换处理,会导致灰尘进入,污染喷漆房。同时在喷漆时,漆雾也会从缝隙吹出,污染周围环境。

(3)检查喷漆房的过滤系统是否干净。如果过滤棉较脏,就会在喷涂时产生灰尘。同时也会对过滤棉产生堵塞作用,影响正常的进气、换气及排气工作,从而对喷涂产生不良的影响。

(4)检查喷漆房内墙体及地面是否干净。如果里面灰尘较多,最好是用吸尘器清洁一遍。

2 工件的清洁除油

(1)用干净的湿毛巾将车门内外擦拭干净。如果车门较脏或油脂较多,建议用兑过清洁剂的水来擦洗。

(2)用压缩空气将车门从内至外的顺序多吹几遍,吹干表面的水分,同时除去表面的浮尘。

(3)用粘贴胶带和遮蔽纸将工件上不需要喷涂的部位保护起来。

(4)使用除油剂对需要喷涂的表面进行彻底的除油。因为是喷涂面漆前的最后一次除油,所以必须对整个需要喷涂的表面,包括缝隙、边角、夹层等进行彻底的除油,一般建议除油2~3遍。如果除油不彻底,最后都会反映到面漆涂层上,造成涂膜缺陷,严重的会导致整个涂层的返工。

(5)使用粘尘布对整个需要喷涂的表面进行粘尘处理。

> 为了保证喷漆房的清洁和涂装质量,前面(1)、(2)工序要在喷漆房外进行,后面(3)、(4)、(5)工序要在喷漆房内进行。

3 施工人员的清洁

(1)更换专门的喷漆服。因为平常穿的工作服上灰尘较大,而且由于静电的原因很难清除干净,所以喷涂时最好换用专门用于喷涂工作时的防静电喷漆服。

(2)用压缩空气将自己从头至尾的吹一遍,以除去身上的浮尘。

引导问题8 单工序涂料怎样准备?

现在常用的汽车涂装修补面漆按照施工工艺一般有单工序和双工序两种做法,两种工艺使用的是不同类型的涂料,它们的调配方法是不一样的。现在采用单工序涂装的面漆一般使用的是双组分型涂料,如双组分的丙烯酸聚氨酯涂料,它的调配方法如下:

(1)穿戴好劳动保护防护用品。

(2)用搅拌尺将之前调好颜色的涂料搅拌均匀。

(3)按照喷涂的面积所需要的量,将涂料倒入合适的容器或量杯当中。

> 每次调漆时必须按照用多少调多少的原则进行,杜绝浪费。

(4)查看产品技术说明,按照厂家所给的比例添加适量的固化剂、稀释剂(图7-5)。

虽然都是属于双组分丙烯酸聚氨酯类涂料,可是不同厂家或同一厂家生产的不同型号的产品,其比例都会不一样。所以在使用具体产品前,一定要查看产品手册,免得出错,影响最终的涂膜质量或造成浪费。

表7-11所示是本次使用的某品牌涂料单工序纯色漆的产品技术说明,通过表7-11可以看出,单工序双组分纯色漆的调配比例及施工时的各项参数。

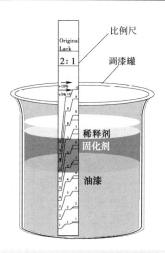

图7-5 涂料比例示意图

单工序双组分纯色漆系统使用说明 表7-11

单工序纯色漆系统施工工艺	
可选用的固化剂型号	P210-938(标准)/939(慢干)
P420-单工序纯色漆系列 P210-938/939 固化剂 P850-2K 稀释剂	2 份 1 份 5%～15%
20℃时:DIN4 杯 18～19s/BSB4 杯 23～25s 混合后使用寿命:3h	
传统喷枪喷嘴口径: 　重力式喷枪:1.3～1.6mm 　吸上式喷枪:1.4～1.8mm 传统喷枪喷涂压力:3.3～3.7bar （50～55psi）	
环保喷枪喷嘴口径: 　重力式喷枪:1.3～1.6mm 　吸上式喷枪:1.4～1.6mm 环保喷枪喷涂压力:最大为 0.7bar/10psi(风帽)	
2 个单层	

145

学习任务七　面漆的涂装

续上表

单工序纯色漆系统施工工艺	
	层间闪干约5min,烘烤前无须闪干
	烘烤时金属温度: 　70℃　　　　　　20min 　60℃　　　　　　30min 　可投入使用　　　完全冷却后 20℃时风干: 　不粘尘　　　　　15min 　指触干　　　　　6h 　可投入使用　　　16h

注：①P420-单工序纯色漆系列是某品牌涂料调色系统里的纯色漆色母系列,这里特指加了P190-376(2K调和清漆)的单工序双组分类型的纯色漆。

②此表采用的比例是体积比。今后如果不作特别说明,本书所指都为体积比。

③特别要注意的是固化剂和稀释剂有不同的型号,它们分别是对应不同的温度和条件的,如表3-14所示,在具体施工时应根据具体的情况来选择。

(5)用搅拌尺对添加好的涂料进行彻底搅拌。

混合均匀后的双组分涂料有一个可以使用的最长时间,在这个时间里面使用可以保证涂料的各项性能,超出这个时间可能会出现涂料变质及涂膜性能下降,这个最长的可以使用时间称为活化期,又称可使用期。如图7-6圆圈部分所示"混合后使用寿命3h"就表示此产品混合后要在3h内施工完毕,超过3h,就算涂料没有固化,也不能再使用。

(6)根据涂料特点和产品技术说明,选择合适口径的面漆喷枪,如图7-7圆圈部分所示。

一般为了节约涂料,可以选用环保喷枪;小面积修补或单件喷涂可以选用重力式喷枪;大面积喷涂可以选用吸上式喷枪。

(7)用过滤网将调配好的涂料过滤到喷枪里。

如果需要检测及调整黏度,还应在过滤之前做好涂料的黏度调整工作(参见学习任务三中黏度计的知识)。一般严格按照配方调配的涂料,其黏度可以达到最好的喷涂效果。面漆过滤时要选择400目或更细的滤网。

单工序纯色漆系统施工工艺	
可选用的固化剂型号	P210-938/939
P420-单工序纯色漆系列	2份
P210-938/939	1份
P850-5K 稀释剂	5%～15%
20℃时：DIN4 杯 18～19s/BSB4杯 23～25s	
混合后使用寿命：3h	
传统喷枪喷嘴口径：	

图 7-6　涂料的混合使用寿命

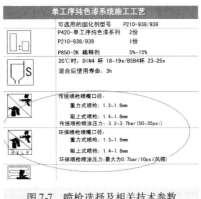

图 7-7　喷枪选择及相关技术参数

想一想

以本节介绍的某品牌产品为例，如果在调配涂料时环境温度为24℃，我会选择_____型号的固化剂和稀释剂。

引导问题9　单工序面漆怎样进行喷涂？

面漆的喷涂根据涂料的特点、喷涂面积大小等因素，喷涂方法各有不同，一般的面漆喷涂方法建议如下：

（1）穿戴好劳动保护用品。

（2）连接进气管，并调整好喷枪。

调整喷枪时主要是调整油漆的出漆量、喷涂幅度及喷涂压力。在调整油漆出漆量和喷涂幅度时一般建议将旋钮开到最大；调整喷涂压力时，传统喷枪喷涂压力一般在 0.35～0.5MPa 之间，环保喷枪喷涂压力一般在 0.2～0.25MPa 之间，具体的参数还应该参考具体涂料的产品说明进行调整。

想一想

对照表 7-11 所示内容，我现在使用的喷枪喷涂压力应该调整到_____MPa 为好。

（3）在喷涂试板上做雾形测试，调整喷枪，确保喷枪雾形及雾化达到最好效果。

（4）喷涂面漆。

①第一遍预喷涂。将工件表面从上往下薄薄的雾喷一层。此次喷涂一定不能过厚，只要达到均匀的薄薄一层，有轻微的光泽即可（图 7-8）。

雾喷的目的，一是提高涂料与旧涂膜的亲和力，二是确认有无排斥的现象，防止出现鱼眼、咬底或渗色等涂膜缺陷。

学习任务七　面漆的涂装

 想一想

为了达到雾喷的目的,我可以采用这些方法:＿＿＿＿＿＿＿＿＿＿＿＿＿＿＿＿＿＿
＿＿＿＿＿＿＿＿＿＿＿＿＿＿＿＿＿＿＿＿＿＿＿＿＿＿＿＿＿＿＿＿＿＿＿＿＿＿。

第一遍雾喷后,仔细检查涂层,如果涂膜出现了轻微的鱼眼,可以等涂膜稍干之后在鱼眼部位薄薄的雾喷1~2遍盖住鱼眼。如果鱼眼较严重、面积较大或出现的是咬底、渗色等缺陷就必须等涂层彻底干燥之后再进行相应的处理。如果涂膜没有出现缺陷,可以静置3~5min后喷涂第二遍。

②第二遍喷涂。将工件按照先内后外、先边后面、先上后下的顺序正常喷涂一层(图7-9)。

图7-8　第一遍预喷涂

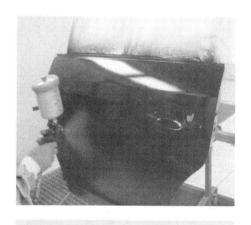

图7-9　第二遍喷涂

此次喷涂的目的是要基本形成厚度一致、颜色均匀、平整光滑的涂膜层,所以要求涂层要达到一定的厚度,既不能太厚,也不能太薄,太厚容易流挂,太薄可能影响遮盖力和最终的涂膜厚度。如果是面漆遮盖力比较差的涂料,正常喷涂第二道之后还有明显的没有盖住底层的情况的,应该在静置5~10min后,再重新喷涂第二遍,确保在此次喷涂时基本上盖住底层。

喷涂过程中除了要注意喷涂的基本操作要领之外,还应该做到边喷边观察,看成膜的效果,适当调整喷枪。

喷涂车门表面时建议按照图7-10所示的顺序喷涂。

第二遍喷涂后,涂膜还比较湿润,涂料还在流平过程中,同时涂料中还存有很多等待挥发的溶剂,所以,后一涂层不能马上施工,应该静置片刻,静置时间视环境温度、涂料品种和厚度等各有不同。如我们此次使用的产品建议的静置时间为图7-11圆圈部位所示。

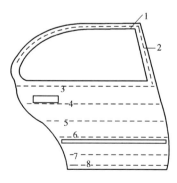

图7-10　车门正面的喷涂顺序

在实际施工时我们一般会通过用手指触摸的方法检查涂料的干燥情况,如用手指轻轻触摸车门上不重要位置或车门边缘的胶带,若湿涂膜已不粘手即可喷涂第三层。

③第三遍喷涂。按照第二遍的喷涂顺序及喷涂方法正常喷涂一层。

此层喷涂的目的是要达到最终的面漆装饰效果(图7-12),如涂膜厚度均匀丰满、纹理平整光滑、颜色一致、光泽度高、无流痕、无明显缺陷等。

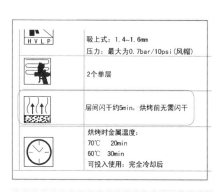

图7-11 涂层静置时间

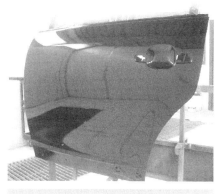

图7-12 第三遍喷涂

为了达到雾化更细腻光滑的效果,在喷涂之前可以适当的将涂料黏度调稀一点,将压力调高一点。

最后一遍喷涂完后应该马上检查整个涂面的效果,如果存在橘皮较重、涂膜不均匀或漏喷等现象,还可以立即进行回喷补救。

想一想

请通过试验的方法确定在喷涂第二遍和第三遍之间,如果涂层静置时间过短会导致＿＿＿＿＿＿＿＿＿＿＿＿＿＿＿＿＿＿＿＿＿＿＿＿＿＿＿＿＿＿＿＿＿＿＿＿＿＿＿;如果静置时间过长会导致＿＿＿＿＿＿＿＿＿＿＿＿＿＿＿＿＿＿＿＿＿＿＿＿＿＿＿＿＿。

引导问题10　双工序涂料怎样准备?

双工序涂层是由底色漆层和罩光清漆层所组成的,双工序涂料的调配包含底色漆调配和罩光清漆的调配两个方面。

1 底色漆的调配

(1)穿戴好劳动保护用品。
(2)将之前调好颜色的涂料用搅拌尺搅拌均匀。
(3)按照喷涂的面积所需要的量,将涂料倒入合适的容器或量杯当中。
(4)按照具体产品的比例添加合适量的稀释剂。

双工序涂层中的底色漆使用的是单组分产品,在施工时直接添加合适量的稀释剂,调整好黏度就可以了。不同品牌及同一品牌不同型号的涂料添加的稀释剂比例有所不同,在施工时要查看具体产品的技术说明。同时在选择稀释剂时要根据施工温度及面积选择合适的型号产品。

如本次施工使用的某品牌底色漆与稀释剂的比例为1∶1,稀释剂的选择如图7-13圆圈部位所示。

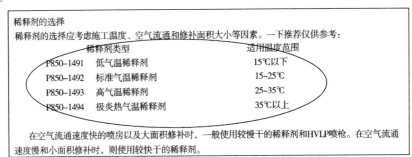

图7-13 稀释剂的选择

(5)对添加好的涂料进行彻底搅拌。

(6)根据涂料特点和产品技术说明,选择合适口径的面漆喷枪。

(7)用过滤网将调配好的涂料过滤到喷枪里。

2 罩光清漆的调配

罩光清漆一般使用的也是双组分丙烯酸聚氨酯类型的涂料,所以它的调配方法和单工序双组分涂料的调配方法相同,详细步骤请参考本学习任务引导问题7。

在调配时需要注意每种产品都有配套的固化剂及稀释剂,在不确定的情况下,最好不要混用。固化剂与稀释剂要根据施工工艺、施工温度及具体条件来选用。表7-12所示为某品牌的P190-6850清漆施工工艺的技术说明。表7-13所示为某品牌涂料固化剂的使用说明。

清漆使用说明　　　　表7-12

	P190-6850　2K 极品清漆　施工工艺		
工　艺	高温工艺	快干工艺	标准工艺
固化剂	P210-845 慢干高固固化剂	P210-842 快干高固固化剂 小-中面积修补	P210-8430/844 标准高固固化剂 各种类型修补
配比	P190-6850　　2份 P210-845　　　1份 P850-2K 稀释剂　0~5%	P190-6850　　2份 P210-842　　　1份 P850-2K 稀释剂　0~5%	P190-6850　　2份 P210-8430/844　1份 P850-2K 稀释剂　0~5%
黏度	20℃时: DIN4 杯 18~20s (23~26s　BSB4) 混合后使用寿命:2~4h	20℃时: DIN4 杯　17~18s (21~24s　BSB4) 混合后使用寿命:1.5h	20℃时: DIN4 杯　17~18s (21~24s　BSB4) 混合后使用寿命:2~4h

续上表

工艺	P190-6850 2K极品清漆 施工工艺		
	高温工艺	快干工艺	标准工艺
喷枪	喷嘴： 重力式：1.3～1.6mm 吸上式：1.4～1.8mm 压力：3.5～4.0bar	喷嘴： 重力式：1.3～1.5mm 吸上式：1.4～1.6mm 压力：3.5～4.0bar	喷嘴： 重力式：1.3～1.5mm 吸上式：1.4～1.6mm 压力：3.5～4.0bar
HVLP	喷嘴： 重力式：1.2～1.4mm 吸上式：1.4～1.6mm 压力：(风帽)最大10psi	喷嘴： 重力式：1.2～1.4mm 吸上式：1.4～1.6mm 压力：(风帽)最大10psi	喷嘴： 重力式：1.2～1.4mm 吸上式：1.4～1.6mm 压力：(风帽)最大10psi
喷涂层数	2个单层	2个单层	2个单层
闪干	涂层间闪干5～10min 烘烤前无须闪干	涂层间闪干5～10min 烘烤前无须闪干	涂层间闪干5～10min 烘烤前无须闪干
烘烤	金属温度60℃烘烤40min，完全冷却后可使用	金属温度60℃烘烤40min，完全冷却后可使用	金属温度60℃烘烤40min，完全冷却后可使用

固化剂的使用说明　　　　　　　　　　　　　　　表7-13

施工环境温度	固化剂类型	适用的产品及说明
<15℃	P210-790 2K超快干固化剂	低气温及板块修补用，可用于P420纯色漆，P190-6060超劲皇牌清漆，P190-538标准清漆等面漆，适用于气温15℃以下的板块内修补。不可用于中涂底漆和大面积喷涂
<15℃	P210-842 2K快干高固固化剂	可用于P565-895无铬环氧底漆、P565-777超能免磨底漆、P565-510/511高固含量厚膜底漆、P420系列纯色漆、P190-6850极品清漆等，适用于气温15℃以下
15～25℃	P210-938 2K固化剂(中低气温用)	可用于P565-895无铬环氧底漆、P565-777超能免磨底漆、P565-510/511高固含量厚膜底漆、P565-668透明底漆、P420系列纯色漆、P190-6060超劲皇牌清漆等，适用于低气温15～25℃
15～25℃	P210-760 2K中浓度固化剂	P190-538标准清漆配套固化剂，适用于气温15℃以上
20～25℃	P210-8430 2K高固固化剂 （标准快干）	可用于P565-895无铬环氧底漆、P565-777超能免磨底漆、P565-510/511高固含量厚膜底漆、P420系列纯色漆、P190-6850极品清漆等，适用于气温20～25℃

学习任务七　面漆的涂装

续上表

施工环境温度	固化剂类型	适用的产品及说明
25～30℃	P210-844 2K 高固固化剂（标准）	可用于 P565-777 超能免磨底漆、P565-510/511 高固含量厚膜底漆、P420 系列纯色漆、P190-6850 极品清漆等，适用于气温 25～30℃
25～30℃	P210-939 2K 固化剂（高气温用）	可用于 P565-895 无铬环氧底漆、P565-777 超能免磨底漆、P565-510/511 高固含量厚膜底漆、P565-668 透明底漆、P420 系列纯色漆、P190-6060 超劲皇牌清漆等，适用于高气温25℃以上
大于30℃	P210-845 2K 高固固化剂（慢干）	可用于 P565-777 超能免磨底漆、P565-510/511 高固含量厚膜底漆、P190-6850 极品清漆等，适用于气温 30℃以上

引导问题 11　双工序面漆怎样进行喷涂？

双工序面漆在喷涂时分为两部分：一是底色漆的施工；二是罩光清漆的施工。

1 底色漆的喷涂

（1）穿戴好劳动保护用品。

（2）连接进气管，并调整好喷枪。

具体的调整参数应参考具体涂料的产品说明进行调整。

（3）在喷涂试板上做雾形测试，调整喷枪，确保喷枪雾形及雾化达到最好效果。

（4）将工件上面有中涂底漆的地方、面漆磨穿的地方、颜色与面漆颜色不一致的地方薄薄的雾喷一次。此层喷涂的目的是：防止出现咬底，提高亲和力；提高遮盖能力。

（5）第一遍整个工件喷涂。

此次喷涂也是将整个工件表面薄薄的、均匀的雾喷涂一层，提高新喷涂料与旧涂层的亲和力，同时确认有无排斥涂料的部位。然后按涂料技术说明静置几分钟，待涂层没有光泽之后就可喷涂下一层。

对于底材比较好的工件，如固化较好的旧涂层、整块喷涂过封闭底漆的表面，也可以不用雾喷，直接进入下步的喷涂工作中。

（6）第二遍整个工件喷涂。

按照合适的喷涂顺序将工件正常均匀的湿喷涂一遍，喷完后要求涂层要保证足够的湿润性，但是也不能太厚，因为底色漆里面的溶剂含量较多，太厚涂料容易流淌，形成色差及流挂。如果是太薄的话，涂层表面容易变粗糙，影响色漆纹理及颜色效果。

第二遍喷涂完之后，也要静置合适的时间，待涂膜表面没有光泽之后再检查涂膜的遮盖效果，如果没有盖住底材，应该按照第二遍的方法再将工件整个喷涂 1～2 遍，直至彻底盖住底层为止。

（7）第三遍喷涂。

按照适当的顺序再将工件均匀的雾喷涂一遍，但是此层喷涂的目的是为了消除斑纹，所以要保证涂层干燥之后形成颜色、纹理一致的效果。

第三遍喷涂也就是最后一遍喷涂底色漆完成后,等涂层表面完全失去光泽即完成底色漆的喷涂。

2 罩光清漆的喷涂

罩光清漆是喷涂在最后一层的面漆,主要用于保护底色漆、银粉漆、珍珠漆等,可以提高涂膜光泽度,使车体显出饱满、艳丽的色泽。罩光清漆的喷涂手法与单工序面漆基本相同,它的一般喷涂的方法如下:

(1)调整好喷枪,确保雾化效果及雾形最好。
(2)用粘尘布轻轻擦拭底色漆,除掉浮在表面的漆尘。
(3)按照合适的顺序、正常喷涂的方法喷涂第一遍清漆层。
(4)静置合适的时间,待表面不粘手之后适当调高喷涂压力喷涂第二遍清漆层。

清漆一般喷涂两遍即可,喷涂完后也要达到最终的面漆效果,如涂膜厚度均匀丰满、纹理平整光滑、颜色一致、光泽度高、无流痕、无明显缺陷等。

三、知识与能力拓展

1.查阅资料或向有经验的师傅请教一下三工序珍珠漆的喷涂工艺。

2.查阅资料,说明汽车制造涂装面漆的涂装工艺是怎样的。

四、评价与反馈

1.对本学习任务进行评价,见表7-14。

面漆的涂装操作考核评价表 表7-14

考核项目	评分标准	分数	学生自评	小组评价	教师评价	备注
团队意识	是否能互相协助 是否能顾全大局	10				
工作态度	是否积极、认真、负责	10				
现场5S	是否在整个工作过程中贯穿5S	10				

学习任务七 面漆的涂装

续上表

考核项目	评分标准	分　数	学生自评	小组评价	教师评价	备注
方案设计	是否能结合具体的条件、环境，进行合理的设计	10				
操作过程	工具、设备、材料的准备 喷涂前的准备 单工序面漆的准备 单工序面漆的喷涂 双工序面漆的准备 双工序面漆的喷涂	35				
操作结果	质量是否符合要求	5				
安全规范	有无违规或危险的操作	10				
知识与能力拓展	是否具有自学与发展能力	10				
总　　　分		100				
教师签名：		年　　月　　日			得分	

2. 在实施作业时，你还存在哪些方面的问题？如何才能提高？

3. 请根据喷涂的路线及方法确定车身上除车门外的其他部件的喷涂顺序及全车的喷涂顺序。

学习任务八

面漆的修整

学习目标

完成本学习任务后,你应当能:

1. 了解常见的涂膜缺陷的预防与处理方法;
2. 了解汽车抛光打蜡的作用;
3. 正确地使用和维护相关的工具和设备;
4. 根据汽车漆面处理工艺能对面漆进行规范的修整。

 建议完成本学习任务的时间为 **10** 课时。

 学习任务描述

经过面漆涂装后的车门,出现了流挂、麻点、橘皮等缺陷(图8-1),影响了面漆的装饰和保护效果,请你按照面漆涂层的质量要求,对车门进行适当的处理(图8-2)。

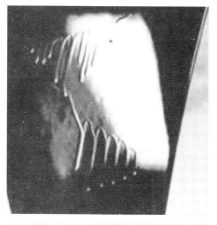

图8-1 面漆修整前的效果

图8-2 面漆修整后的效果

学习任务八　面漆的修整

学习内容

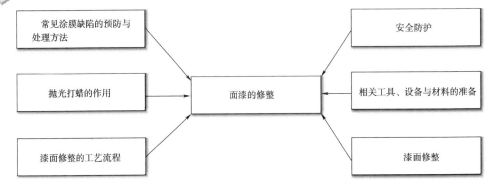

一、资料收集

引导问题1　常见的涂料及涂膜缺陷如何预防与处理？

在涂装工作中，涂料或漆面会产生各种涂膜缺陷，它们一般与涂料的性质、底材的表面处理、涂料选用、涂装工艺、涂装设备、涂装环境、涂装技术等因素有关。在施工中只有严格按照规范的储存保管要求及施工工艺来进行操作，才能预防和避免出现各种问题，而一旦出现问题，要及时分析原因，制定合理的补救措施。涂料和涂膜缺陷的种类很多，产生的原因及预防、处理方法也不一样，常见的涂料及涂膜缺陷如下。

1 涂料储运过程中常见的涂料缺陷

❶ 增稠、肝化、结块、干涸

（1）现象：罐内涂料在储运过程中变浓厚，黏度增高，超过技术条件规定的原涂料许可黏度上限的现象称为增稠（图8-3）。增稠严重时，涂料呈豆腐脑状或块状的现象称为肝化、结块或干涸。

（2）可能产生的原因：
①涂料容器密封不严或其未装满桶，造成溶剂挥发，使涂料的黏度上升、增稠。
②空气中的氧气促进漆基氧化和聚合，使涂料胶凝。
③运输过程中遇到高温或储存场所温度过高。
④储存期过长，漆基的活性基团发生反应，引起黏度上升。

（3）预防的方法：
①保证涂料罐盖紧，确保密封，隔绝空气，容器中的涂料应装满。
②存放在阴凉的场所。

③尽可能缩短储运期,尤其是活性基团多的高档合成树脂涂料,不宜长期储存。
④涂料厂需改进配方,克服涂料在储运过程中颜料和基料之间的化学反应。
(4)处理的方法:增稠的涂料再加入稀释剂后通常可再度使用。而对肝化、结块或干涸的涂料,因是不可逆的,所以只能报废。

2 沉淀、沉积、结块

(1)现象:涂料在储运过程中产生沉淀,经搅拌之后,能完全分散开,涂料细度也合格的为沉淀(图8-4);如果沉淀结块搅拌不起来,不能再完全分散的属于沉积和结块。
(2)可能产生的原因:
①涂料中所含的颜料或体质颜料磨得不细、分散不良、所占比率大等。
②颜料与漆基发生反应或相互吸附,生成固态沉淀物。
③储存时间过长,尤其是长期静放的涂料。
④颜料粒子处于不稳定状态结块。
(3)预防的方法:
①在设计配方时注意颜料与漆基的适应性。
②减少库存,缩短储存时间,存货先用。
③存放在阴凉的地方。
④要定期倒转漆罐。
⑤不要储存稀释过的漆料。稀释过的涂料黏度较低,比原漆更容易沉淀。
(4)处理的方法:若使用前能搅拌分散开,且涂料细度检查合格的,则可以继续使用。若出现沉淀结块搅拌不起来、不能再分散、或分散之后涂料细度不合格的只能报废。

3 结皮

(1)现象:涂料在储运过程中与空气接触的涂料表面氧化固化的现象称为结皮(图8-5)。自干型涂料和氧化固化型涂料最容易产生结皮。

图8-3 增稠

图8-4 沉淀

图8-5 结皮

(2)可能产生的原因:
①表面干料添加过多或用桐油制的涂料易结皮。
②容器不密封或桶内未装满,使涂料面与空气接触。

学习任务八 面漆的修整

③储存场所温度过高或有阳光照射。
④储存期过长。
(3)预防的方法：
①涂料中不预先加入促进表面干燥的干燥剂，在使用时按比例加入。
②容器内应尽量装满并密封好。
③加入防结皮剂。
④缩短涂料的储存期。
(4)处理的方法：已经有结皮的涂料则应除掉，剩下的搅拌并过滤后才可使用。

2 涂装过程中常见的涂膜缺陷

❶ 渗色

(1)现象：下面涂层的颜色渗入到新喷涂层而导致颜色发生改变的现象。
(2)可能产生的原因：
①被修补表面(底层)被有渗色倾向颜色的涂料所污染(如落上漆雾)。
②设备未清洗干净。
③底涂层涂料中的颜料被上层涂料中的溶剂溶解发生渗透。
④聚酯涂料中的过量氧化物被溶剂溶解，发生穿透性渗色。
(3)预防的方法：
①不要让易产生渗色的颜色的漆雾落在要涂装的漆面上。
②彻底清洗所有设备。
③先选择一小块地方进行试喷，如有渗色现象，用防渗透封闭底涂层进行封固。
④尽量采用与面漆配套的中涂层。
⑤腻子使用的固化剂不应过量。
(4)处理的方法：打磨掉原涂膜，喷涂封闭底漆将原涂膜封闭，然后重新喷涂面漆。

❷ 鱼眼

(1)现象：涂膜表面形成像火山口一样的空洞或凹痕的现象(图8-6)。
(2)可能产生的原因：
①喷漆环境中或基材表面上存在含硅的有机化合物。
②其他污染源，如油脂、洗涤剂、尘土、蜡等。
③底漆中含有不匹配的成分。
④压缩空气管线中会有水、油等。
⑤喷漆室内蒸气饱和。
(3)预防的方法：
①用除蜡脱脂剂彻底清洁基材表面，禁止在喷漆室内使用含硅类的抛光剂。
②底漆或中涂底漆层与面漆层一定要匹配。
③注意喷漆室的蒸气饱和程度。

④添加鱼眼防止剂。
⑤每日对压缩空气管线进行清洁。
(4)处理的方法:将缺陷区域的涂膜彻底清除,按要求处理基材表面,重新喷漆。必要时,还需要在油漆中使用抗鱼眼添加剂。

3 颗粒、尘点

(1)现象:涂膜中的凸起物呈颗粒状分布在整个或局部表面上的现象。由混入涂料中的异物或涂料变质而引起的疙瘩称为颗粒;金属闪光涂料中铝粉在涂面造成的凸起异物称为金属颗粒;在涂装时或刚涂装完的湿涂膜上附着的灰尘或异物称为尘点(图8-7)。

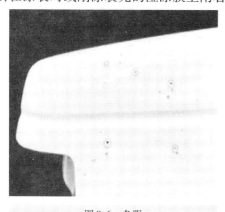

图8-6 鱼眼

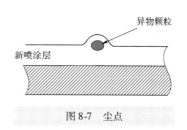

图8-7 尘点

(2)可能产生的原因:
①涂装环境中的空气清洁度差。
②被涂物表面不干净,在喷涂前未用黏性纱布擦净。
③喷涂尘屑积存于喷漆室内的表面上。
④车辆缝隙、沟槽的灰尘未吹净。
⑤压缩空气未过滤或过滤不当。
⑥涂料罐未盖紧使灰尘进入,使用锈或脏的容器装漆料和稀释剂,在使用前未经过滤。
⑦涂装场地的水泥或其他会产生灰尘的地面未曾封固或未予以润湿;在喷涂区域内进行干打磨、研磨、抛光等;使用品质不佳的遮蔽纸,如报纸等。
⑧涂料变质,如漆基析出或反粗、颜料分散不佳或产生凝聚、有机颜料析出、闪光色漆中铝粉分散不良等。
⑨操作人员带来的灰尘,如工作服上的灰尘、污土及纤维。

(3)预防的方法:
①确保工作环境的干净。对涂装场地、涂装设备及过滤系统进行定期的清理。
②确保工件的干净。在喷涂前确保工件表面及内部没有灰尘颗粒。
③严把涂料的质量关,使用前必须过滤。
④不让新喷涂的涂膜暴露在任何可以导致脏污的环境中。
⑤穿着干净的专业喷漆服。

⑥不使用过期涂料。
(4) 处理的方法:
①若是缺陷较轻,等涂料完全干透之后先打磨平整,再通过抛光打磨使光泽重现。
②若是粒子深陷,应整平并重喷。

4 流挂

(1) 现象:涂膜局部变厚,形状如同波浪线、浅滩或圆形的山脊,通常出现在倾斜角度大或竖直的表面上(图8-8)。
(2) 可能产生的原因:
①喷涂操作不当,喷枪距喷涂面太近,移动太慢,一次喷涂得过厚。
②喷枪设定不当,出漆量较大、喷幅较窄、喷涂气压过低等。
③所用稀释剂与涂料不配套,挥发过慢或使用防潮剂过量,涂料黏度过低。
④喷涂环境不佳,缺乏适当的空气流动和温度。环境温度过低或周围空气中溶剂蒸气含量过高。
⑤涂层间隔干燥时间不足。
⑥喷涂不均匀,厚处表干慢,如其下部薄极易形成流挂。
⑦涂料喷涂于被污染或有油污的表面上,或光滑的旧涂膜上,也易发生垂流。
(3) 预防的方法:
①应用正确的喷涂技术。
②正确设定喷枪,检查喷枪以确保其功能正常。
③检查涂料的黏度及喷涂气压。
④提高喷气室的温度,确保风速正常。
⑤使用正确的稀释剂。
⑥在喷涂前确保被涂表面彻底清洁,光滑的漆面应进行适当粗化。
(4) 处理的方法:等涂膜完全干透后,除掉凸起点,将表面磨平,然后抛光,情况严重时,可以将表面磨平后重新喷漆。

5 橘皮

(1) 现象:涂膜表面呈疙瘩状、不平整,类似橘子皮的外观(图8-9)。

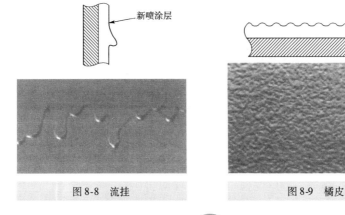

图8-8 流挂　　　　　　　　图8-9 橘皮

(2)可能产生的原因:
①涂料的黏度太高,流平性差,稀释剂选用不当。
②喷涂技术不良,喷涂距离太远或太近;涂层喷得过厚或过薄。
③喷涂气压低,出漆量过大和喷涂工具不佳,导致漆料雾化不良。
④被涂物和空气的温度偏高,喷漆室内风速过大,稀释剂挥发太快。
⑤晾干时间偏短。
(3)预防的方法:
①选用合适的溶剂,添加流平剂或挥发较慢的高沸点有机溶剂,确保黏度的正确,以改善涂料的流平性。
②调整喷涂气压与出漆量、喷涂距离与走枪速度。选用雾化性能良好的喷枪,使涂料达到良好的雾化。
③一次喷涂到规定厚度(宜控制到不流挂的限度)。适当延长晾干时间,不宜过早进入高温烘干。
④被涂物温度应冷却到50℃以下,喷涂室内气温应维持在20℃左右。
(4)处理的方法:橘皮缺陷较轻微的可以先用砂纸打磨平整,再通过抛光打蜡恢复表面光泽;橘皮情况较严重的,用砂纸打磨平整之后重新喷漆。

6 咬底、起皱

(1)现象:涂膜表面隆起或起皱,严重程度不同,常见于羽状边缘周围,下面的涂层可能破裂至最外层(图8-10)。
(2)可能产生的原因:
①涂层未干透就涂下一道工序的涂料。
②涂料不配套、底漆层的耐溶剂性差或面漆含有能溶胀底涂层的强溶剂。
③涂层涂得太厚。
(3)预防的方法:
①底涂层干透后再涂面漆。
②改变涂料体系,另选用合适的底漆。
③在容易产生咬底的配套涂层场合,应先在底涂层上进行雾喷。
(4)处理的方法:将缺陷区域的涂膜打磨掉,喷涂封闭底漆后重新喷漆。缺陷特别严重时则需要将有问题的涂层全部打磨掉,然后重新喷漆。

7 气泡

(1)现象:涂膜表面呈泡状鼓起,或在涂膜中有产生气泡的现象。
(2)可能产生的原因:
①溶剂挥发快,涂料的黏度偏高。
②涂层烘干时加热过急,晾干时间过短。
③底材、底涂层或被涂面含有溶剂、水分或气体。
④搅拌时混入涂料的气体未释放完全就涂装,或在涂装时涂层混入空气。

(3)预防的方法：
①使用指定稀释剂,黏度应按涂装方法选择,不宜偏高。
②按规定的时间晾干,涂层烘干时升温不宜过急。
③底材、底涂层或被涂面应干燥清洁,不含有溶剂、水分和气体。
④待涂料中的气泡释放尽后再涂装。
(4)处理的方法:可将气泡区域打磨掉,露出完好的漆层后,再重新喷漆。

8 针孔

(1)现象:涂膜上出现众多细小孔洞,通常其直径小于1mm,常见于幼滑腻子、原子灰或玻璃钢表面(图8-11)。

图8-10 咬底起皱

图8-11 针孔

(2)可能产生的原因:
①玻璃钢表面有气孔。
②基材表面处理或封闭不当。
③原子灰或幼滑腻子质量太差。
④原子灰混合不均匀,或者是原子灰、幼滑腻子的施工方法不正确。
⑤不当的喷枪调整或喷漆技术使涂层过湿,或喷枪距离被涂物面过近,使夹杂的空气或过量溶剂挥发产生针孔。
⑥用喷枪快速干燥涂膜。

(3)预防的方法:
①喷漆前将基材的温度升高至高于喷涂温度,以排除基材气孔中的空气。为了防止发生变形,基材表面的温度不得超过80℃。
②仔细检查玻璃钢表面,用原子灰或幼滑腻子填补基材表面上的针孔,再用中涂底漆进行封闭。
③使用配套的材料。
④原子灰要调配均匀,分多次施工,每层要薄而均匀。每次要充分硬化后再涂新的一层或进行最后的打磨处理。
⑤清洁压缩空气系统。
⑥正确调整喷枪。
⑦留有足够的闪干时间,不要强制干燥。

⑧喷涂的涂膜不能过湿或过厚。
(4)处理的方法:对轻微针孔通过打磨和抛光处理可以消除;对于较严重的针孔,将涂膜磨至底漆层,填补针孔,喷涂底漆,打磨平滑后,重新喷涂面漆。

❾ 光泽不良、光泽低

(1)现象:涂膜表面虽平整光滑,但缺少光泽(图8-12),在显微镜下观察涂膜表面粗糙。
(2)可能产生的原因:
①底涂层涂料未彻底固化就在其上喷涂了面漆。
②使用的稀释剂质量太差或型号不对,或使用了不配套的添加剂。
③涂料调配或喷涂方法不当。
④基材表面质量太差。
⑤由于湿度太大或温度太低,涂层干燥速度太慢。
⑥溶剂蒸气或汽车尾气侵入了涂膜表面。
⑦涂膜表面受到蜡、油、水等的污染。
⑧在新喷涂的涂膜上使用了太强的洗涤剂或清洁剂,或喷完面漆后过早地进行抛光,或使用的抛光膏太粗。
(3)预防的方法:
①使用合格的底漆,要等底漆层充分干燥后再在上面喷面漆。
②只使用推荐的稀释剂和添加剂。
③要充分搅拌涂料,保证喷漆环境符合要求,按正确的方法进行喷涂。
④彻底地清理基材表面。
⑤保证涂膜在温暖干燥的条件下进行干燥。
⑥禁止在新喷涂的涂膜表面使用强力洗涤剂,在涂膜未充分固化之前不得对其进行抛光,抛光时一定要使用规格正确的抛光膏。
(4)处理的方法:通常用粗蜡研磨表面然后进行抛光,即可恢复正常的光泽。如果失光严重,用以上方法仍得不到满意的效果,应将面漆层磨平,然后重新喷漆。

❿ 遮盖不良、露底

(1)现象:因涂得薄或涂料遮盖力差未盖住底面(底色)的现象称为盖底不良,由于漏涂而使被涂面未涂上涂料的现象称为露底(图8-13)。
(2)可能产生的原因:
①所用涂料的遮盖力差或涂料在使用前未搅拌均匀。
②涂料的施工黏度偏低,涂得过薄。
③喷涂不仔细或被涂物外形复杂,发生漏涂现象。
④底漆、面漆的色差太大,如在深色漆面上涂亮度高的浅色涂料。
(3)预防的方法:
①选用遮盖力强的涂料,增加涂层厚度或增加喷涂道数,涂料在使用前和涂装过程中应充分搅拌。

②适当提高涂料的施工黏度或选用固体分高的涂料,每道喷涂应达到规定的喷涂厚度。
③提高喷涂操作的熟练程度,谨慎操作。
④底涂层的颜色尽可能与面漆颜色接近。
(4)处理的方法:将缺陷区域打磨平,然后重新喷漆。

图 8-12　光泽低　　　　　　　　　图 8-13　遮盖不良

11　色不匀、色发花

(1)现象:涂膜的颜色局部不均匀,出现斑印、条纹和色相杂乱的现象(图 8-14)。
(2)可能产生的原因:
①涂料中的颜料分散不良或两种以上的色漆相互混合时混合不充分。
②所用溶剂的溶解力不足或施工黏度不适当。
③涂得太厚,使涂膜中的颜料产生里表对流。
④在涂装场所附近有能与涂膜发生反应的气体(如氨气、二氧化硫等)。
(3)预防的方法:
①选用分散性和互溶性良好的颜料。
②选择适当的溶剂,采用符合工艺要求的涂装黏度和膜厚。
③调配复色漆时使用同一类型的涂料,最好用同一厂家生产的同一类型涂料。
(4)处理的方法:将缺陷区域打磨平,然后重新喷漆。

12　砂纸痕

(1)现象:透过面漆会出现打磨的痕迹、线砂痕、打磨痕等(图 8-15)。
(2)可能产生的原因:
①底漆表面的处理不当。
②底漆没有充分硬化就喷涂了色漆层。
③涂膜厚度不够,或干燥速度太慢。
④涂料混合不均匀,使用的稀释剂型号不对或质量太差,特别是缓干剂、白化水等使用不当。
(3)预防的方法:
①对所用面漆依序使用适当的砂纸型号。

②视情况用封底漆消除擦痕扩大,选择适合于喷漆房条件的稀料。
③不要将底漆喷涂过厚,要确认完全干燥后再喷面漆。
④使用匹配的漆料系统。
(4)处理的方法:打磨到平滑表面,喷涂适合的底漆,然后重新喷涂面漆。

图8-14 色不匀、色发花

图8-15 砂纸痕

13 原子灰印痕

(1)现象:涂膜上出现一片外观和光泽不同、有清晰的边界或轮廓线的地图状区域(图8-16)。
(2)可能产生的原因:
①刮腻子部位打磨不好。
②刮腻子部位未喷涂封底漆,腻子层的吸漆量大,或其颜色与底涂层不同。
③所用腻子的收缩性大,固化后继续变形。
(3)预防的方法:
①对刮腻子部位应充分打磨,边缘应平滑。
②在刮腻子部位涂封闭底漆或先喷涂一道面漆以封固边缘。
③选用收缩性小的腻子。如硝基腻子收缩性大,只适宜于填平砂眼、划痕之类缺陷。
(4)处理的方法:将缺陷区域的涂膜打磨至完整平滑的表面,必要时重新施工原子灰或幼滑腻子,喷底漆进行封闭。

14 起雾、发白

(1)现象:涂装过程中和刚涂装完毕的涂层表面呈乳白色,产生似云那样的变白失光现象(图8-17)。
(2)可能产生的原因:
①施工场所的空气湿度过高。
②所用溶剂的熔沸点偏低,挥发太快。
③被涂物表面的温度低于室温。
④涂料或稀释剂中含有水分,或压缩空气带入水分。
⑤溶剂和稀释剂的选用及配比不恰当,造成树脂在涂层中析出而变白。
(3)预防的方法:
①涂装场地的环境温度最好在15~25℃,相对湿度不高于70%。

②选用熔沸点较高和挥发速度适中的有机溶剂,还可添加防潮剂。
③涂装前先将被涂物加热,使其比环境温度略高。
④增加油水过滤器,防止水分进入压缩空气。
(4)处理的方法:打磨至表面平滑,然后重新喷涂面漆。

⒂ 干喷

(1)现象:涂膜表面呈颗粒状或纤维状粗糙结构、无光泽。
(2)可能产生的原因:
①漆料黏度太高,稀释剂不足或型号不对。
②喷涂方法不当,压缩空气压力过高、喷枪脏污、喷涂时喷枪离工件表面距离太远或喷涂太快。
③喷涂时有穿堂风或空气流动速度太快。

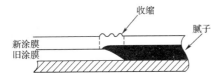
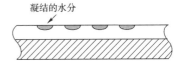

图 8-16 原子灰印痕

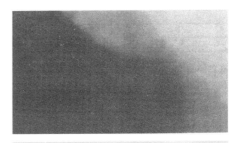
图 8-17 起雾、发白

(3)预防的方法:
①按比例使用推荐的稀释剂。
②采用正确的喷涂方法,保持喷枪清洁,在保证漆料充分雾化的前提下,尽量将压缩空气的压力调低,喷枪与构件表面的距离要适当。
③在喷漆室内喷涂,喷漆室内的空气流动速度适当。
④按喷涂要求调整喷枪。
(4)处理的方法:将缺陷区域打磨平,然后抛光。若涂膜表面太粗糙,用上述方法不能修复时,应磨平面漆表面,然后重新喷漆。

3 涂装后及使用过程中常见的涂膜缺陷

❶ 起泡、起痱子

(1)现象:涂膜的一部分从被涂面或底层上鼓起,其内部含有水分或空气,直径为 1~5mm 或更小,呈"痱子"状,称为起痱子;涂膜内部含有水分和空气,而产生粒状起泡称为起泡。由于被涂面被污染,造成涂层面大块浮起的现象称为污染起泡(图 8-18)。

(2)可能产生的原因:
①涂漆前表面已被污染,尤其在被涂面残存汗液、指纹、盐碱、打磨灰等亲水物质。
②清洗被涂面的最后一道用水的水质差,含有杂质离子。
③所用涂料的涂膜耐水性或耐潮湿性差。
④涂层固化不充分。漆面真正干燥前即暴露于潮湿气候或高温环境中。
⑤底漆和面漆涂层厚度都不足,稀释剂使用不正确。
⑥持续暴露于严重的潮湿气候及高湿环境,如在梅雨季节涂膜易起泡。
(3)预防的方法:
①所有表面均需清洁无污染,绝不允许有亲水物质残存。
②打磨时用水需勤更换,且所有打磨污物均已除净,最后一道水洗应该用去离子水或蒸馏水。如果使用自来水冲洗,则一定要擦干、吹干、烘干。
③未戴手套时,裸手不要接触被涂面。
④涂装场地保持在正确温度之下。在涂装前,车辆必须达到喷漆室内的温度。
⑤压缩空气应清洁而未被污染。
⑥喷涂底漆及面漆均应达到规定的足够厚度。
⑦各层间应留有足够的干燥时间,涂膜应干透。
⑧涂层必须让其充分的干燥后,方可暴露于潮湿和高温环境中。
(4)处理的方法:如果缺陷仅在涂层表面,可以将有缺陷的涂层打磨掉之后再重新喷涂面漆。如果缺陷深至底层,则需要将所有涂层清除干净,再重新进行涂装。

2 粉化

(1)现象:涂膜表面出现白垩状的尘土或粉末,通常发生在老化、旧的涂膜表面(图8-19)。

图8-18 起痱子、起泡

图8-19 粉化

(2)可能产生的原因:
①长时间强日光照射。
②油漆中添加剂使用不当。不符合要求的添加剂会降低涂膜的抵抗力,使其对日光等

有害影响更为敏感。

③油漆中的树脂或颜料老化。

④长期暴露于工业区附近,因其大气环境不良,来自工业区污染物或化学物对漆表面侵蚀,使涂膜抵抗力减弱。

⑤稀释比率不当或不良稀释剂。使用不合规定的稀释剂或使用过量的稀释剂,均会使涂膜中残留有害的溶剂,当其暴露于日光中时,此种有害的溶剂会加速漆料的分解而产生粉化。

（3）预防的方法：

①使用推荐的材料。

②避免紫外线（强光）照射涂膜,不用强力洗涤剂清洗涂膜。

（4）处理的方法：将涂膜磨平并抛光即可恢复光泽。严重时,需重新喷涂面漆。

❸ 开裂、龟裂

（1）现象：肉眼看上去涂膜表面失去光泽,用低倍放大镜观察时可发现大量细微裂纹,像干池塘中的泥土裂开一样（图8-20）。

（2）可能产生的原因：

①油漆混合不均匀、稀释剂不足或所使用的稀释剂型号不对。

②涂膜太厚或在未完全固化或过厚的底层漆上喷涂色漆。

③被涂物面太热或太冷。

④漆层不匹配。

⑤使用需要添加固化剂的涂料时没有加固化剂。

（3）预防的方法：

①将油漆混合均匀,按规定的比例和型号使用稀释剂。

②采用正确的喷涂方法,每层涂膜要薄而湿,要保证各层之间的流平时间。

③按照油漆使用说明,添加规定的添加剂。

（4）处理的方法：打磨产生裂纹区域的涂膜直至露出完整、平滑的表面甚至直到金属层,然后重新喷涂。

❹ 变色、褪色

（1）现象：在使用过程中涂膜的颜色发生变化,其色相、明度、彩度明显偏离标准色板或原色板的现象称为变色。如果涂膜颜色变浅则称为褪色（图8-21）。

（2）可能产生的原因：

①受阳光照射、潮湿、高温和空气中的腐蚀性气体（如二氧化硫）等作用所致。当车辆长时间暴露在有化学物的大气中涂层会受影响,如发现颜色有不正常变化时,即应予以检视,找出暴露环境中的不寻常之处。

②未遵行规定的配方调色。

③由于环境,使表面变黄。

④所用涂料耐候性差或不适用于户外。在涂膜老化、增塑剂析出等过程中有机颜料通

过涂膜迁移。
⑤汽车修补面漆误用了易变黄的室内用固化剂。
（3）预防的方法：
①使用正确之调色配方。
②经常而定期清洗车辆。
③选用耐候性优良的汽车修补面漆和固化剂。
（4）处理的方法：
①若损伤较小，使用抛光作业去除缺陷层。
②若抛光仍无法修复缺陷或修复不久后又再度发生时，则将缺陷层磨除并重新喷涂该区域。

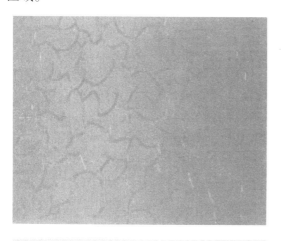

图8-20 开裂、龟裂

图8-21 变色、褪色

5 失光

（1）现象：由于涂料不良导致所得涂膜的光泽低于标准光泽的现象，以及在使用过程中最初有光泽的涂膜表面上出现光泽减小现象。
（2）可能产生的原因：
①涂装不良，未按工艺执行，涂膜涂得过薄、过度烘烤和被涂面粗糙等。
②所选用涂料的耐候性差。
③涂膜干燥收缩造成。
④阳光照射、水汽作用和腐蚀气体的玷污。
（3）预防的方法：
①严格按工艺要求或按涂料厂推荐的涂料施工条件进行涂装。
②按被涂物的使用条件，选用耐候性优良的涂料。
③如所用涂料有抛光性，则进行抛光即可恢复光泽。
（4）处理的方法：
①若失光程度较小，可使用抛光作业去除缺陷层。

学习任务八 面漆的修整

②若抛光仍无法修复缺陷或失光程度严重,则将缺陷层磨除并重新喷涂该区域。

6 玷污、斑点

(1)现象:在涂膜表面上发生与大部分表面颜色不相同的色斑或黏附尘埃和脏物等异物的现象。

(2)可能产生的原因:

①涂膜在使用过程中受热软化或回黏。

②涂膜中析出异物。

③受环境空气中的污物的侵入、玷污。

④所用颜料不耐酸碱或长霉所致。

(3)预防的方法:

①选用在使用中不受热回黏不软化、不析出异物的涂料。

②选用耐玷污性好得涂料。

③不把被涂物放置在污染源附近。

(4)处理的方法:将玷污或斑点区域打磨平滑,再重新喷漆。

7 脱落

(1)现象:涂膜表面出现鳞片状脱落。这些脱落的漆片易碎,其边缘呈上卷状脱离基材表面(图8-22)。

(2)可能产生的原因:

①下层表面处理不好,受到蜡、油脂、水、铁锈等的污染。

②在钢或铝材表面未使用金属表面处理剂,或使用的处理剂型号不对。

③喷漆时,基材表面温度太高或太低。

④喷涂底漆的方法不当,底漆未充分干燥。

⑤涂料的黏度不当,使用的稀释剂型号不对或质量差。

⑥压缩空气的压力太高。

⑦涂料没有混合均匀。

⑧底漆选用不对。

⑨涂膜过厚。

⑩干喷。

(3)预防的方法:

①彻底处理好准备喷涂的基材表面。

②在钢或铝材表面一定要用正确的金属表面处理剂,处理好后,30min内应开始喷涂,以防基材表面生锈。

③喷涂和干燥时,要保证在推荐的温度范围内。

④使用正确的工艺喷涂底漆,保证底漆充分固化后再喷涂面漆。

⑤使用推荐的稀释剂将涂料稀释到要求的黏度范围。

⑥每次喷涂的涂层要薄而湿。

⑦使用同一油漆生产商生产的配套产品。
⑧正确调整喷涂压力。
⑨喷涂封闭底漆。
（4）处理的方法：将剥落的涂膜清除，按要求的涂装方法、材料，重新喷漆。

⑧ 锈蚀、生锈

（1）现象：在涂膜下出现红丝或透过涂膜的锈点，前者称为丝状腐蚀，后者称为疤状腐蚀。

（2）可能产生的原因：
①水分穿过涂膜的裂缝或碰伤部位到达钢板表面而锈蚀。
②在涂装前锈垢未完全彻底清除，对有锈点锈疤和点焊缝隙部位应特别注意。
③涂层不完整，有针孔、漏涂等缺陷，如有些缝隙和点焊缝中未涂到涂料。
④所用涂料的耐腐蚀性差。
⑤在修补部位露出金属底材后，未喷涂防锈漆。
⑥使用环境差，如高温、高湿、有腐蚀介质的侵蚀。

（3）预防的方法：
①涂装前被涂面一定要清洁，绝不允许带锈涂装。
②黑色金属件在涂底漆前应进行磷化处理，并与所用涂层具有良好的配套性。
③应确保被涂物的所有表面都应涂到涂料。
④根据被涂物的使用环境选用耐腐蚀性和耐潮湿优良的涂料。

（4）处理的方法：将锈蚀区域打磨平整，然后喷涂防锈底漆，再喷涂面漆。

⑨ 干燥不良、慢干

（1）现象：漆层很久不干（图8-23）。

图8-22　脱落

图8-23　干燥不良、慢干

（2）可能产生的原因：
①硬化剂不当（太少或太多）。
②喷涂过厚。

学习任务八　面漆的修整

③稀释剂太慢干或太低劣廉价。
④干燥条件不好,空气太潮湿。
⑤涂层之间干燥时间不够。
(3)预防的方法:
①使用推荐的稀释剂。
②按推荐的膜厚喷涂。
③留有足够的挥发时间。
④改进喷涂和干燥条件。
(4)处理的方法:将汽车置于通风或温暖的环境,加热以加速干燥过程。

引导问题2　抛光打蜡的作用是什么?

1　抛光的作用

抛光主要是为了增加涂膜的光泽度与平滑度,消除涂面的粗粒、轻微流痕、泛白、橘皮、细微砂纸痕迹、划痕、泛色层等涂膜表面细小的缺陷(图8-24)。抛光处理既适用于旧涂面翻新,也适用于新喷涂面及修补施工。

(1)旧漆面翻新抛光。汽车是一种室外交通工具,长年受到阳光、风砂、雨雪、温差、大气污染物、化学品等不良环境影响,涂面受到的侵蚀程度既复杂又严重。光靠简单的水洗不能将其消除,而要进行翻新抛光处理,通过摩擦和抛光的作用来消除涂面的缺陷。抛光盘配合抛光剂与涂面摩擦,去除涂面的老化层和细微擦痕,抛光剂中的部分成分渗入涂膜,使涂面变得光滑、靓丽。

(2)新喷漆面抛光。全车喷涂面漆或部分喷涂面漆过程中可能产生各种缺陷,如流痕、粗粒、橘皮、发白、失光、丰满度差,以及局部喷涂时飞溅于旧涂面的漆尘和新旧涂膜交界处的痕迹均可通过抛光处理得到及时的纠正。

2　打蜡的作用

汽车涂膜经过抛光后,一般均需在其表面打蜡(图8-25),蜡质在涂膜表面干燥后会形成一层薄的保护膜,该保护膜可以反射阳光中的紫外线,降低对涂膜的破坏。蜡质的光滑度能有效防止水分子对涂膜的渗透并具有抗污能力,蜡膜有一定的硬度,可减轻划伤涂膜的程度,蜡膜的光泽能提高涂膜的光泽度、丰满度,弥补抛光处理后的不足。

引导问题3　面漆修整的工艺流程是怎样的?

汽车面漆的修整工艺要根据缺陷的类型来确定。一般对于需要重新喷涂的涂膜缺陷,应该按照前面介绍的维修方法进行重新涂装处理。对于一般的轻微缺陷可以采用图8-26所示的工艺流程来进行。

图 8-24 抛光

图 8-25 打蜡

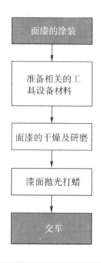

图 8-26 面漆修整工艺流程图

二、任务实施

引导问题 4 作业前的准备工作有哪些?

1 工具、设备的准备

① 抛光机及抛光垫

抛光机是利用抛光垫旋转对涂层表面进行修饰的工具。按照抛光机的动力来分,有电动(图 8-27)和气动(图 8-28)两种。它的转速一般可以调整,操作简单。

学习任务八 面漆的修整

图 8-27 电动抛光机

图 8-28 气动抛光机

想一想

气动工具和电动工具的优缺点是：＿＿。

抛光垫是用在抛光机上，并与相应的抛光剂配合使用，用于抛光涂料表面的。常用的抛光垫按抛光的粗糙度可分为供粗抛光用的粗抛光垫和供精抛光用的精抛光垫两种。

粗抛光垫用于清除打磨划痕和调整纹理，摩擦效果大，抛光痕迹明显，通常粗抛光垫与摩擦效果比较大的粗抛光剂配合使用。相反，精抛光垫摩擦效果小，抛光痕迹不明显，它与摩擦效果较小的精抛光剂配合使用，可以清除粗抛光形成的涡旋痕迹，使漆面产生光泽。

按抛光垫的材料分类，有纯羊毛、人造纤维和海绵三类。纯羊毛为传统的抛光材料，其研磨力强，一般用于普通漆面的抛光；人造纤维和海绵较羊毛软，一般用于普通面漆和清漆层的抛光。表 8-1 是各种类型的抛光垫。

各种类型的抛光垫　　　　表 8-1

名　称	图　形	名　称	图　形
粗抛海绵垫		精抛光海绵垫	
波浪海绵垫		羊毛抛光垫	
硬毡抛光垫		软毡抛光垫	

2 其他工具设备

还需要使用到的其他工具有打磨块、喷壶、风枪等。

2 主要材料的准备

1 抛光剂

汽车修补涂装用抛光剂,由有机溶剂与加有水和油的研磨剂制成,按研磨剂颗粒的大小不一样,分为粗粒度、中粒度和细粒度几种;按研磨方式的不同,分为手工研磨用抛光剂和机械研磨用抛光剂;按黏度不同,有膏状和液体状两种(图 8-29)。

抛光剂有两种作用:研磨开始时,磨料颗粒起研磨作用,将涂膜表面磨平;到研磨后期,磨料颗粒被粉碎成极细粉末,可起抛光作用。

2 汽车蜡

车蜡主要是起保护作用的。打蜡除了能降低漆面的粗糙度值外,其在车表面形成的蜡膜还能有效的防止产生静电、防止紫外线的照射,起到抗高温、防氧化、防水、防划伤等作用。车蜡品种很多,不同的车蜡所起的作用有所不同。选用时要根据车蜡的特点及需要防护的方面进行选择,图 8-30 所示是各种不同类型的保护蜡。

图 8-29 抛光剂

图 8-30 保护蜡

3 其他材料

还需要使用到的其他材料包括清洁剂、漆面研磨砂纸(图 8-31)、抛光及打蜡用海绵(图 8-32)、无纺布、抹布等。

图 8-31 漆面研磨砂纸

图 8-32 海绵

学习任务八 面漆的修整

3 劳动保护措施

在本次作业中你需要用到的劳动保护用品有（请根据前面学习的劳动保护用品知识，完成表8-2的内容，在相关的操作中需要用到的劳动保护用品在栏里打"√"）：

面漆修整作业中的劳动保护用品　　　　　　表8-2

工序	推荐的涂装工劳动保护用品							
车表清洁								
研磨								
抛光								
打蜡								

引导问题 5　怎样进行面漆的干燥及研磨？

（1）面漆涂装完成后，在保持喷漆房正常抽风的情况下，静置15～20min时间。

在涂料刚刚施涂之后，溶剂蒸发很快，如果马上加热，那么会加速溶剂的挥发，从而让溶剂在涂膜表面造成陷坑和针孔等缺陷。涂膜的静置时间与所用的涂料类型、涂层厚度、溶剂的种类及周围的环境温度有关，在施工过程中一定按照规范的调配及施工工艺进行，这样可以避免很多涂膜缺陷的产生。

（2）清除贴护。在涂膜静置适当的时间，表面稍稍干燥之后，清除掉工件周围的遮蔽纸及遮蔽胶带。如果后面需要抛光打蜡处理的，为了防止抛光剂及车蜡污染其他部件，也可以只拆除靠近涂料边缘的胶带，留下遮蔽纸。

 想一想

是否可以在面漆刚刚喷涂完后就马上清除贴护：_____

_____。

是否可以等面漆完全干燥之后再清除贴护：_____

_____。

（3）对涂料进行干燥。汽车修补用的溶剂挥发型、氧化固化型或双组分聚合型涂料都可以采用自然干燥或利用加热设备进行烘烤干燥。烘烤干燥除了可以使用红外线烤灯之外，也可以使用燃油型烤漆房进行干燥。一般涂装面积较小时，宜选用红外线烤灯进行烘烤；涂装面积较大或涂装部位较多时，可以选用烤漆房进行烘烤。

想一想

红外线烤灯或烤漆房烘烤时一般温度设定在：_____。

（4）检查涂料的干燥程度。涂料的干燥程度大致可以分为以下几种：
① 不粘尘：涂料表面已经干燥，灰尘不再附着于涂料表面。
② 不粘手：涂料基本干燥，用手轻轻施加压力不会留下明显印痕，但是用力施压会有较浅的痕迹。
③ 干得可以装卸：涂料基本固化，用力施压不会有明显痕迹，干得可以允许进行零件安装。
④ 干透：涂料完全固化，用力施压不会有任何痕迹，可以允许进行其他作业，如抛光、重涂等。

需要抛光或重涂作业的一定要等涂料完全干透再进行，否则容易出现其他涂膜缺陷。

（5）用打磨块配合 P1500～P2000 号漆面研磨砂纸蘸水打磨缺陷（图8-33）。

（6）反复检查打磨效果。一般将缺陷部位打磨至与周围平整度、纹理基本一致即可，不可打磨过度。如果不慎磨穿面漆层则需要重新喷涂面漆；如果面漆层打磨太薄的话，在抛光时也容易磨穿面漆。

（7）清洁工件表面，并干燥（图8-34）。

图8-33 打磨缺陷

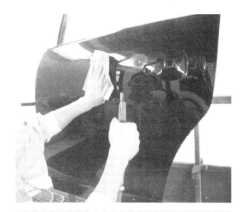
图8-34 清洁工件

引导问题6　怎样进行抛光及打蜡？

车门涂膜表面的缺陷经过研磨后，漆面平整，但打磨过的部位失去了光泽，因此需要通过抛光、打蜡来恢复面漆的光泽。抛光、打蜡的方法会根据选用的材料不同而有所不同，一般的施工工序如下：

（1）用海绵或擦拭布将粗抛光剂均匀涂抹于打磨部位（图8-35）。如果打磨部位太大，

学习任务八　面漆的修整

可以分多块操作,一次涂抹面积不宜超过 $0.5m^2$。抛光剂也不宜一次涂得过厚,否则会堵塞抛光垫,影响抛光效果。

(2)将配有粗抛光垫的抛光机的转速调至 1000~1500r/min,并轻轻的平放在漆面上(图8-36)。

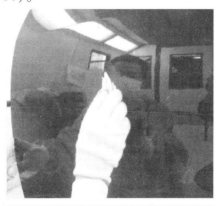

图8-35　涂抹抛光剂

图8-36　平放抛光机

(3)起动抛光机,然后均衡的向下施加一定的压力,按照往复运动的方式慢慢移动进行抛光。抛光时要注意:

①如果抛光机先起动再接触漆面的话,掌握不好会对漆面造成损伤。在抛光过程中抛光机可以平放在工件表面,也可以以 5°~15°的小角度放在工件上,如果角度太大,则抛光时抛光垫的边缘在摩擦漆面,容易对漆面造成损伤,如图8-37所示。

②向下施加的力如果太大,摩擦力也大,容易损伤漆面;如果力太小,摩擦力小,则抛光效果不好。

③抛光机的移动方向最好与车身流线型方向一致,作往复运动。

④粗抛光只要能去掉砂纸打磨的痕迹即可。

⑤对于工件边沿或不好使用抛光机的部位应该使用手工抛光,即用柔软的擦拭布或抛光海绵蘸上抛光剂之后,用手工往复来回摩擦,直至消除打磨痕迹,如图8-38所示。

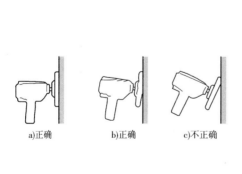

图8-37　抛光机的角度

图8-38　手工抛光

(4)用干净的擦拭布将工件清理干净,对于表面还有打磨痕迹的,重复步骤(1)~(3),

直至完全消除砂纸磨痕,基本恢复光泽。

(5)用海绵或柔软的擦拭布将细抛光剂均匀涂抹于工件表面。

(6)将抛光机转速调至1500~2000r/min,并选择精抛光垫进行抛光。

第二次抛光的主要目的是为了消除粗抛时所形成的抛光痕,以及提高涂层的光泽度。抛光时可适当加一点点水进行润滑,这样抛光效果会更好。如果一遍处理不到位,可以进行2~3遍,直至达到要求为止。

(7)用柔软的擦拭布将整个工件清理干净。

(8)用精细海绵或柔软的擦拭布蘸上上光保护蜡均匀涂抹在工件上面(图8-39)。涂抹时面积也是不宜过大,每次以0.5m²为宜,力度均匀地按车身流线型方向依次往返涂抹。

(9)待车蜡稍干之后,再用干净的软布将车蜡擦拭干净即可(图8-40)。

擦拭时也要注意用力均匀,力度适中,避免重新在涂层上留下擦拭的痕迹。最后处理好的工件必须达到漆面光亮如镜、纹理一致、没有任何印痕。

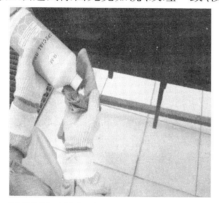
图8-39 涂抹车蜡

图8-40 擦拭车蜡

(10)检查工件,将工件上面所有的抛光剂及车蜡清理干净。

抛光剂及车蜡里面含有溶剂,如果在工件或漆面上停留时间过长,容易在漆面上形成印痕。

三、知识与能力拓展

1. 查阅资料,说明涂膜上的凹陷如何进行处理。

2. 查阅资料,说明整车抛光打蜡如何进行,需要注意什么。

四、评价与反馈

1. 对本学习任务进行评价,见表8-3。

面漆的修整操作考核评价表　　　　　　　　　　　表8-3

考核项目	评分标准	分数	学生自评	小组评价	教师评价	备注
团队意识	是否能互相协助 是否能顾全大局	10				
工作态度	是否积极、认真、负责	10				
现场5S	是否在整个工作过程中贯穿5S	10				
方案设计	是否能结合具体的条件、环境,进行合理的设计	10				
操作过程	工具、设备、材料的准备 车表的清洁 研磨 抛光 打蜡 清洁	35				
操作结果	质量是否符合要求	5				
安全规范	有无违规或危险的操作	10				
知识与能力拓展	是否具有自学与发展能力	10				
总　　分		100				
教师签名:			年　月　日		得分	

2. 在实施作业时,你还存在哪些方面的问题?如何才能提高?

3. 请根据你在涂装过程中遇到的涂膜缺陷问题进行分析,找出产生问题的原因和解决问题的方法。

汽车涂装工艺

学习任务九

塑料件的涂装

学习目标

完成本学习任务后,你应当能:
1. 明确塑料的组成、特性及涂装的目的;
2. 了解汽车上常用塑料的种类及鉴别方法;
3. 掌握塑料件的一般表面前处理方法;
4. 根据塑料件的涂装工艺进行规范的操作。

 建议完成本学习任务的时间为 **8** 课时。

 学习任务描述

一辆汽车的前保险杠由于碰撞拐角处出现轻微开裂(图9-1),车主有可能要求直接修复,也有可能要求更换新保险杠。请根据这两种情况,分别进行维修,以恢复和达到原来的涂膜质量要求(图9-2)。

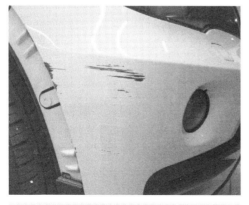

图9-1 保险杠修复前的效果

图9-2 保险杠修复后的效果

学习任务九　塑料件的涂装

学习内容

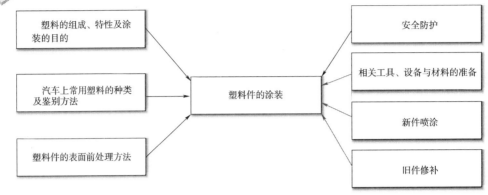

一、资料收集

引导问题 1　塑料是由什么做成的？塑料有哪些特性？塑料涂装的目的是什么？

塑料在汽车上的应用发展很快，从最初的一些简单内饰件到现在替代金属制成的车身覆盖件，甚至全塑料车身也已问世。新材料的使用给汽车涂装带来了新的课题。我们只有充分地了解塑料的组成、塑料的特点、塑料涂装的目的，我们才能更好地进行塑料件的涂装。

1 塑料的组成

塑料是以合成树脂为基体，并加入某些添加剂制成的高分子化合物。

❶ 合成树脂

在一定的温度和压力下，合成树脂能制成不同形状的塑料制品，各种合成树脂主要是从煤、石油和天然气中提炼的高分子化合物，在常温下呈固体或黏稠液体。合成树脂是塑料的主要成分，它的种类、性质及加入量的多少对塑料的性能起着很大的作用。大部分的塑料是以所加树脂的名称来命名。

❷ 添加剂

加入添加剂是为了改善塑料的性能，以扩大其使用范围，添加剂包括填料、增塑剂、稳定剂、固化剂、着色剂等。填料是起强化作用，同时也能改善或提高塑料的某些性能，如加入云母、石棉粉可以改善塑料的电绝缘性和耐热性，加入氧化硅可提高塑料的硬度和耐磨性等；增塑剂是用于提高塑料的可塑性与柔软性；稳定剂可以提高塑料在光和热作用下的稳定性，以延缓老化；固化剂可以促使塑料在加工过程中防止塑料硬化；着色剂可使塑料制品色彩美观，以适应不同的使用需要。

各类添加剂加入与否和加入量的多少,要视塑料制品的性能和用途而定。

2 塑料的特性

塑料相对于其他材质,有着自己明显的特性:

(1)质量轻。一般塑料的密度仅是钢铁的1/8~1/4,是铝的1/2左右,用它来制作汽车零部件,可减轻汽车的质量,降低油耗。

(2)不导电,具有很好的绝缘性能,可以用来制作汽车电器的绝缘零件。

(3)不传热,可以用来制作汽车的隔热零件。

(4)防振动、耐磨性和隔声性能好,可以用来制作汽车的防振、耐磨、隔声降噪零件。

(5)容易着色,可以制成各种颜色的零部件。

(6)耐腐蚀性好。塑料对酸、碱、盐和有机溶剂有良好的耐腐蚀性能,可以用来制作在腐蚀介质中工作的零件,或者采用在其他材料表面喷塑的方法提高其耐腐蚀能力。

(7)比强度高。等质量的塑料与金属相比,其比强度要高。

(8)塑料的力学性能较差,受力容易变形。

(9)耐热性较差,其工作温度一般控制在70℃以下,超过80℃,塑料容易老化变形。

(10)塑料吸水或溶剂时,其性能和尺寸会发生变化(易受水、油、氧和溶剂的影响)。

3 塑料涂装的目的

想一想

一般工件涂装的目的是_____
_____。

塑料制品本身不会生锈、易于着色,本身就有抗腐蚀性及装饰性能,那么为什么还要进行塑料件的涂装呢?对塑料进行涂装主要有下面三个目的:

❶ 提高装饰性能

塑料虽然能够着色(整体着色),但颜料多采用有机颜料或珠光颜料,成本很高,且不易与钢铁件涂膜做成同样的效果。用装饰性涂料在塑料件表面涂装一薄层涂膜,可以提高塑料件装饰性能和配套性能。

❷ 增强保护性能

塑料虽然种类很多,但耐紫外线、氧、水分、溶剂和各种化学物品的腐蚀能力,耐磨性和力学性能等各不相同。外露件其耐候性能要求很高,但能满足要求的塑料材料不多。因此采用塑料件上喷涂一层耐候性、耐化学品性能、抗石击性能良好的涂料来进行保护,可以很好地满足产品的要求,延长使用寿命。

❸ 提供特种功能

在塑料制品表面涂布特种功能的涂料,可以将特种涂料的功能移植到塑料表面,扩大塑料的应用范围。如在塑料上喷涂阻燃涂料可以提高塑料的防火性能；在塑料上喷涂发光涂料可以使塑料具有荧光功能；在塑料上喷涂防划伤涂料可以提高塑料的抗划伤性能等。

引导问题2　汽车上常用的塑料种类有哪些？如何鉴别？适用的涂料有哪些？

1 塑料的种类

塑料的种类很多，按其受热性能的不同，可分为热固性塑料和热塑性塑料两大类。

热固性塑料是指经一次固化后，不再受热软化，只能塑制一次的塑料。这类塑料耐热性能好，受压不易变形，但力学性能较差。

热塑性塑料是指受热时软化，冷却后变硬，再加热又软化，冷却又变硬，可反复多次加热重新制造的塑料。这类塑料加工成形方便、力学性能较好，但耐热性相对较差、容易变形。热塑性塑料数量很大，约占全部塑料的80%。

汽车上常用的塑料类型及用途见表9-1。

汽车用塑料类型及用途　　　　　　　　表9-1

塑料代号	名　　称	适合烘烤温度（℃）	汽车上的用途	属性
EP	环氧树脂	80	玻璃钢车身板	热固性
UP	不饱和聚酯	120	玻璃钢车身板	热固性
ABS	丙烯腈—丁二烯苯乙烯共聚物	60	车身板、仪表台、护栅、前照灯外罩	热塑性
PP	聚丙烯	100	内饰板、内衬板、内翼子板、面罩、散热器、挡风帘、仪表台、保险杠	热塑性
PVC	聚氯乙烯	80	内衬板、软质填板	热塑性
PC	聚碳酸酯	100	护栅、仪表台、灯罩	热塑性
PUR	聚氨酯	80	保险杠、前后车身板、填板	热塑性
EPDM	乙丙三元共聚物		保险杠冲击条、车身板	热塑性
PE	聚乙烯	80	内翼子板、内衬板、帷幔板、阻流板	热塑性
TPR	热塑橡胶		前轮罩板	热塑性
TPUR	热固聚氨酯	60	保险杠、防石板、填板	热固性
PA	聚酰胺	80	外装饰板	热塑性
PS	聚苯乙烯		内饰件	热塑性
ABS/MAT	含玻璃纤维的强化ABS	80	车身护板	热塑性
PPO	聚苯醚		镀铬塑料件、护栅板、前照灯罩、遮光板、饰品	热塑性

2 塑料的鉴别方法

塑料件在维修涂装之前,必须弄清楚塑料件的种类,以便确定其维修方法和选用什么涂料。常用的汽车车身塑料产品的鉴别方法有以下六种。

❶ 查看塑料件上的 ISO 代号

一般正规厂家生产的塑料件在工件背面都会印上 ISO 国际符号标识,也就是塑料代号,在零件拆下后就能看到(图9-3)。

❷ 查看维修手册

无 ISO 标识时,可通过查找车身维修手册,查看部件的塑料种类(图9-4)。

❸ 燃烧鉴别

切下一小片塑料,用镊子夹住在火中燃烧,查看其火焰颜色、燃烧情况及闻气味。如 PVC 塑料受热后易熔化,燃烧时火焰呈绿色或青色,有盐酸味;聚烯烃类塑料在燃烧时的火焰没有明显的烟雾,有蜡的气味;聚酯酸纤维素类塑料经点燃后有醋酸味;ABS 塑料燃烧时有明显的烟雾产生(图9-5)。

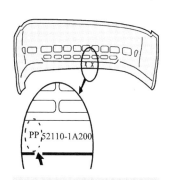
图9-3 塑料件背面的类型代号

图9-4 维修手册

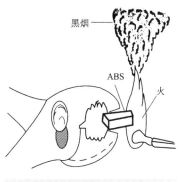
图9-5 ABS塑料燃烧试验

❹ 焊接法

用不同类型的塑料焊条与塑料进行试焊接,能与之焊合的即为此种焊条类型的塑料品种。

❺ 敲击法

用手敲击塑料制品内侧,PU 塑料声音较弱,PP 塑料声音较脆。

❻ 其他简易鉴别法

PU 塑料用砂纸打磨后没有粉末,而 PP 塑料有粉末。PU 塑料易被划伤,PP 塑料不易划伤等。

3 各类塑料适用的涂料品种

由于各类塑料的性质不同,其适用的涂料品种也所有不同(表9-2),只有选择了合适的涂料品种,才能达到最佳的装饰保护目的。

学习任务九 塑料件的涂装

各类塑料的适用涂料品种　　　　表9-2

序号	塑料类别	适用的涂料品种
1	环氧树脂	大部分涂料适用
2	聚氨酯	醇酸涂料、聚氨酯涂料
3	聚酯(玻璃钢)	聚氨酯涂料、环氧涂料、丙烯酸涂料
4	聚氯乙烯	聚氨酯涂料、丙烯酸涂料
5	聚碳酸酯	丙烯酸涂料、有机硅涂料、聚氨酯涂料、氨基涂料
6	聚乙烯	环氧涂料、丙烯酸涂料
7	聚丙烯	环氧涂料、丙烯酸涂料、聚氨酯涂料
8	聚苯乙烯	丙烯酸涂料、硝基涂料、环氧涂料
9	ABS	环氧涂料、硝基涂料、丙烯酸涂料、酸固化氨基涂料、聚氨酯涂料
10	聚丙烯酸酯(有机玻璃)	丙烯酸涂料、有机硅涂料、聚氨酯涂料
11	醋酸纤维素	丙烯酸涂料、聚氨酯涂料、醋酸纤维素涂料
12	尼龙	丙烯酸涂料、聚氨酯涂料、氨基涂料
13	酚醛树脂	聚氨酯涂料、环氧涂料、氨基涂料
14	醇酸树脂	醇酸涂料、硝基涂料
15	氨基树脂	聚氨酯涂料、丙烯酸氨基或醇酸氨基涂料
16	聚醋酸乙烯及其共聚树脂	乙烯涂料

引导问题3　塑料件表面前处理的方法有哪些？

由于大多数塑料的极性小、表面光滑、润湿性差,对涂料的附着力不是很好,所以对于之前没有涂装过的塑料件要通过表面处理来提高涂层对塑料的附着力。

塑料件常用的表面前处理方法有以下几种:

1 脱脂处理

塑料表面的油污及脱模剂(如蜡、硅油或硬脂酸等)会大大降低涂料的附着力和引起涂膜缩孔等弊病,因此在涂漆前应当彻底地除去,一般可采用溶剂清洗或采用与金属件类似的碱液清洗的方法。

① 溶剂清洗

采用溶剂清洗对塑料件的脱模剂和油污的去除特别有效,一般可以采用人工擦拭或含氯溶剂蒸气清洗。人工擦拭可采用低级醇或脂肪族溶剂(如异丙醇、溶剂汽油等),加入少量的有机酸或碱(如甲酸、乙二胺等)能提高清洗的效果。溶剂清洗除了将油污、脱模剂溶解除去,使表面形成凹凸不平的状态外,还有溶胀的作用。溶胀作用使塑料表面聚合物发生松弛,涂料分子在扩散作用下,部分线型端部进入了塑料的聚合物内部。待溶剂挥发后,塑料表面收缩恢复为原态,而涂料的线型端部被紧束在塑料表面上,发生"锚固"作用,从而增加了涂料对塑料的附着力。

❷ 碱液清洗

用碱水溶液对塑料进行脱脂处理,也可提高塑料表面的涂膜附着力。对于有极性的塑料,处理时随着碱的浓度升高和温度升高,其附着力有升高的趋势。在有机胺类的水溶液中加入少量烷基苯磺酸用于处理聚碳酸酯塑料,能改善其润湿性,提高涂膜的附着力。

2 化学处理

塑料件表面通过采用适当的化学物质(如酸、氧化剂、聚合物单体等)对其进行处理,使其发生化学变化,形成活性基团或选择性地除去表层低分子成分,使表面呈多孔状态,从而改善涂料在塑料表面上的附着力。如铬酸、硫酸混合液的氧化处理,是通过铬酸、硫酸混合液对塑料表面的氧化而导入极性基团,从而提高表面的润湿性。

3 退火处理

塑料成型时一般采用高温注塑,冷却过程中易形成内应力,在涂装时与溶剂接触,产生溶胀,在应力集中处产生开裂。因此,为了消除内应力,一般在脱脂清洗以后,将塑料件加热到低于热变形的温度下并维持一定时间,这就是退火处理。塑料件在经过物理或化学处理后要进行烘干,在烘干的过程中就完成了退火处理的过程。

4 静电除尘

塑料是绝缘体,容易产生静电,在干燥冷却的过程中易吸附灰尘,因此在涂装之前常用离子化的空气来除尘。用压缩空气通过装有高压电极的喷嘴,利用电晕放电使空气电离,离子化的空气喷到塑料表面,使塑料表面和灰尘的电性被中和并使之带有相同的电荷,由相吸变成相斥,因而容易被清除掉。

采用电晕放电或火焰处理也可改变塑料表面的状态,提高塑料表面的粗糙度值,从而提高了涂膜的附着力。

塑料件表面处理的程度和均一性,是保证随后的涂装质量的关键。通常检查塑料表面处理质量的方法是将处理过的塑料件浸入水中,取出后观察水膜的完整情况。水膜均匀润湿,则证明处理程度好。在处理过的塑料件上滴上水滴,水滴的扩散程度越好,表明处理越好。

引导问题4 塑料件的涂装工艺流程是怎样的?

汽车涂装维修工作中常见的塑料件涂装可以分为两种类型:一种是更换的新塑料件涂装;一种是表面有旧涂层,但是油漆涂层或塑料本身出现损坏的旧塑料件修补涂装。这两种类型的涂装工艺流程如图9-6和图9-7所示。

学习任务九 塑料件的涂装

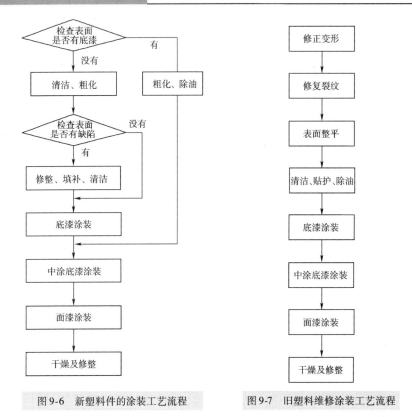

图9-6 新塑料件的涂装工艺流程　　图9-7 旧塑料维修涂装工艺流程

二、任务实施

引导问题5 作业前的准备工作有哪些？

1 工具、设备的准备

塑料件的涂装主要用到的工具设备有：喷漆房、空气压缩机及空气分配管道、油水过滤器、喷枪、风枪、喷涂支架、刮刀、调漆比例尺、烤灯、砂轮机、干磨系统等。

2 主要材料的准备

（1）塑料清洁剂。主要是用来清除塑料脱膜剂或其他污染物的，功能类似于塑料除油剂。

（2）塑料静电消除液。主要是防止塑料表面静电的聚集，确保表面无灰尘。

（3）塑料底漆。主要是用于塑料材质表面，增强塑料表面的附着力。一般塑料底漆有不同的品种，分别适用于不同的塑料表面，在选用时一定要根据塑料的材质选择相应的塑料底漆。

(4) 塑料柔软剂。又称塑料增塑剂,主要是为了提高涂膜的柔韧性使之能很好的附着于塑料表面。使用了塑料柔软剂的涂膜耐冲击强度、弯曲性能、伸长率、附着力等物理性能都有所提高,但涂膜抗张强度、硬度、耐热等性能则有所下降。塑料柔软剂的使用必须按照产品技术说明进行,添加过多会导致涂膜过软及失光,添加过少会导致涂膜龟裂。

(5) 减光剂。又称哑光剂,主要是用于降低面漆的光泽以达到所需的低光泽效果。

(6) 腻子。

(7) 其他材料。包括各种型号的砂纸、菜瓜布、擦拭布、粘尘布、遮蔽胶带、遮蔽纸等。

想一想

根据学习任务四腻子的刮涂及打磨所学知识,结合工件的材质、工件的表面情况,在塑料件上刮涂,我会选用_____型腻子。

3 劳动保护措施

在本次作业中你需要用到的劳动保护用品有(请根据前面学习的劳动保护用品知识,完成表9-3的内容,在相关的操作中需要用到的劳动保护用品在栏里打"√"):

塑料件涂装作业中的劳动保护用品　　　　　表9-3

工序	推荐的涂装工劳动保护用品									
清洁										
除油										
打磨										
喷涂										

引导问题6 ▶ 新塑料件的涂装方法是怎样的?

新塑料件一般外形较好,涂装时主要是各个涂层涂料的选择及喷涂,其一般的涂装工艺如下。

(1) 穿戴好相关的劳动保护用品。

(2) 检查新塑料件表面是否有底漆。通过直接观察或是利用砂纸打磨的方法看表面是否喷涂过底漆,如果表面有底漆可以先用P400左右的菜瓜布粗化表面,再进行清洁与除油处理,然后进入步骤(7)中涂底漆涂装;如果没有涂料,说明之前没有处理过,需要进入下一步进行操作。

(3) 清洁、粗化。

学习任务九 塑料件的涂装

①根据塑料清洁剂的使用说明调配好清洁溶液。如某品牌的P273-1333塑料清洁剂使用时需要与水1∶1进行混合稀释。

②用P320号左右的菜瓜布蘸调配好的清洁溶液轻轻的仔细打磨塑料表面,让塑料表面产生一定的粗糙度,同时也除掉塑料表面的油污及脱模剂等。

③全部打磨到位后,用清水冲洗干净清洁溶液,再用风枪吹干工件。

(4)检查表面是否有缺陷。如果没有缺陷可以直接进入步骤(6)底漆的涂装。如果有缺陷进入下一步。

(5)修整、填补、清洁。

①如果塑料表面有毛刺,可以用砂纸或刀片修理平整。

②如果表面有划痕或轻微不平,可以用塑料腻子进行填补,然后打磨平整,如图9-8所示(具体的操作方法可以参考学习任务四腻子的刮涂与打磨相关内容)。

> 因为一般塑料件的附着力比较差,如果在其上面刮涂普通腻子,则很容易脱落,所以塑料件上要采用专用的塑料腻子进行填补。

③处理好所有缺陷之后再对塑料件进行清洁,确保整个工件的干净(图9-9)。

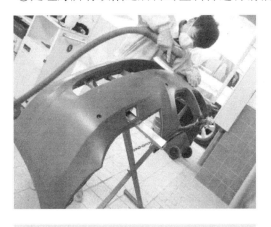 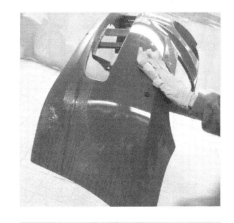

图9-8 打磨　　　　　　　　图9-9 清洁除油

(6)底漆涂装。

①用遮蔽胶带和遮蔽纸将不需要喷涂的部位保护起来,只露出需要喷涂塑料底漆的表面。

②用防静电塑料除油剂对整个施工表面进行彻底的除油,并用粘尘布轻轻擦拭工件表面。

③根据工件的塑料材质选择合适的塑料底漆,并根据涂料产品说明进行调配。

④根据选择的塑料底漆产品说明进行施工。

如某品牌的P572-2001单组分塑料黏附底漆的使用说明见表9-4。

塑料底漆的使用说明　　　　　　　　　　　　　　　表9-4

P572-2001 单组分塑料黏附底漆施工工艺	
适用范围	P572-2001 单组分塑料黏附底漆是一种透明、快干的单组分底漆,适用于除了对溶剂敏感的各种可喷涂塑料材质表面
	不用稀释,直接使用
	喷嘴口径:1.3~1.5mm 喷涂压力: 　传统型喷枪压力:2.7~3.3bar 　HVLP 型喷枪压力:1.5~2.0bar
	连续喷涂两个单层
	风干(20℃):10min
重涂	风干之后无须打磨,可直接喷涂中涂底漆或面漆

（7）中涂底漆涂装。

塑料件涂装在规范要求中一般是需要在底漆上喷涂中涂底漆的,但是有的厂家在喷涂有纹路的塑料件时,为了避免喷涂过厚影响纹理,也有建议在塑料底漆上直接喷涂面漆的。中涂底漆的涂装方法如下：

①选择合适的中涂底漆品种,按规定调配好涂料。喷涂好塑料底漆的工件,可以选择一般的双组分中涂底漆进行施工。值得注意的是,如果工件比较软容易变形则需要在双组分中涂底漆里面添加适量的塑料柔软剂,以增强涂膜的柔韧性。不同品牌的柔软剂使用方法各有不同,如某品牌的 P100-2020 柔软添加剂的使用方法见表9-5。

塑料柔软剂的使用说明　　　　　　　　　　　　　　　表9-5

P100-2020 柔软添加剂使用指南		
注意:添加柔软添加剂会延长干燥时间。		
塑料材质	软质塑料工艺	特软质塑料工艺
	双组分底漆　　　5份 P100-2020　　　1份	双组分底漆　　　2份 P100-2020　　　1份
	按照常规比例添加固化剂和稀释剂	按照常规比例添加固化剂和稀释剂

想一想

请通过试验的方法,测试一下如果双组分中涂底漆里面塑料柔软剂的添加:
过多会导致_____;
过少会导致_____。

②对整个工件正常喷涂2~3个涂层。

③采用自然干燥或烘烤干燥的方法进行干燥。由于塑料件容易受热变形,所以在采用烘烤干燥时特别注意烘烤温度不要超过70℃,烤灯离工件距离不要小于50cm,烘烤时间不能过长。有些中涂底漆可以采用"湿碰湿"的工艺,不需要等表面完全干燥,不需要打磨就可直接喷涂面漆,如某品牌的P565-777超能免磨底漆。在选用时可根据情况合理选择。

④用P400或P500号砂纸配合双作用打磨机打磨中涂底漆,对于边角或不好打磨部位建议采用较细型号的菜瓜布进行打磨。如果是采用水磨,砂纸建议使用P600~P1000号。

⑤仔细检查每一个部位,确保所有需要喷涂面漆的部位都打磨到位并打磨至平整光滑。

(8)面漆涂装。

①用风枪或抹布对整个工件表面进行彻底清洁(图9-10)。

②用遮蔽胶带和遮蔽纸将不需要喷涂的部位保护起来,露出施工表面。

③用除油剂对整个工件表面进行彻底的除油,并用粘尘布轻轻擦拭一遍表面。

④根据所喷涂料类型和使用方法调配好涂料。面漆可以选择在车身上使用的修补涂料类型,如某品牌的P420单工序纯色漆系列或其品牌的双工序、三工序系列产品(具体内容请参考学习任务七面漆的涂装中的相关知识)。对于较软塑料应该在调配涂料时加入适量的塑料柔软剂。对于双工序或三工序涂层,塑料柔软剂要添加在罩光清漆里面。色漆由于涂层较薄,有很好的柔韧性,所以不需要添加。

⑤按照一般工件上的喷涂方法进行面漆喷涂(图9-11)。

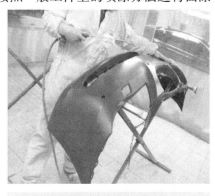
图9-10 清洁

图9-11 喷涂

(9)干燥及修整。

①采用自然干燥或利用烤灯、烤房烘烤干燥面漆。注意烘烤时的温度不要超过70℃,否则温度过高容易导致塑料变形。

②当涂膜完全干燥之后检查涂层表面存在哪些缺陷。如果缺陷较严重,需要重新喷涂的应该进行返工处理。如果可以通过抛光打蜡处理的,如尘点、流痕等,应该先用P1500~P2000号砂纸将缺陷打磨掉,将涂层表面打磨平整,然后再用抛光机或手工进行抛光打蜡处理。

> **注意**
>
> 添加了塑料柔软剂的涂膜一般较软,在使用抛光机进行高速旋转打磨漆面时,容易因为温度过高损坏涂层,所以对于此类涂层尽量使用低速旋转或手工抛光打蜡的方式进行处理。

③对整个工件表面进行清洁,完成涂装工作。

引导问题7 旧塑料件的修补涂装方法是怎样的?

这里的旧塑料特指之前有过涂料涂装的工件,只是部分涂层出现损伤的情况。它的一般修补工艺如下。

(1)穿戴好劳动保护用品。

(2)修正变形。塑料件修正变形的方法如下:

①用红外线烤灯或其他加热装置加热塑料件的变形部位和周围(图9-12)。一般周围需要加热到40℃左右,变形部位需要加热到60℃,保持大约10min时间,大的变形部位将恢复到原来的状态。

②按照图9-13所示方法用手修正其余的小的变形,直至恢复整个塑料件的表面形状。

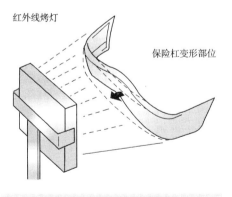
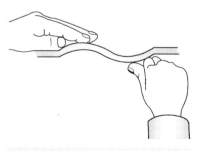

图9-12 加热变形区域　　　　图9-13 修正变形

(3)修正裂纹。修正裂纹的方法很多,汽车维修厂常用的方法有使用黏合剂黏合法、塑料焊接法等。保险杠裂纹一般采用双组分环氧树脂黏合剂进行黏合,其具体方法如下:

①清洁裂纹周围部位。

②用较小直径的钻头在裂纹末端钻一个小孔,防止裂纹进一步扩大(图9-14)。

③用单作用打磨机将裂纹打磨出 V 形沟槽（图 9-15），用 P180 砂纸配合双作用打磨机将裂纹周围的油漆涂层磨出羽状边。

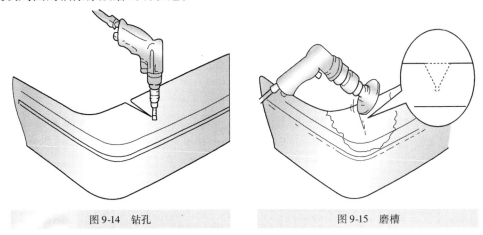

图 9-14　钻孔　　　　　　　　　　图 9-15　磨槽

④用塑料件除油剂清洁干净裂纹周围部位。
⑤在裂纹周围部位涂上合适的底漆。
⑥将黏合裂纹用的黏合剂按产品说明混合好，在规定时间里面涂布到 V 形沟槽中。
⑦为了保证裂纹高度一致，在裂纹背面前端部位固定一块辅助材料（如薄铁板），用夹子压好（图 9-16）。
⑧在黏合剂的部位铺上一层玻璃纤维布，并压紧，同时用刮刀将溢出的黏合剂刮到玻璃纤维布上，形成较平的涂层（图 9-17）。

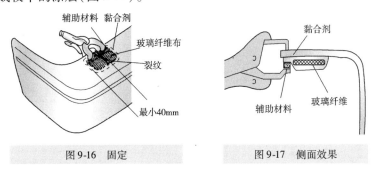

图 9-16　固定　　　　　　　　　图 9-17　侧面效果

⑨使用烤灯加速固化或按黏合剂使用说明中的方法固化后，取下夹子。
⑩用双作用打磨机配合 P120～P240 号砂纸打磨涂过黏合剂的部位，使其大致恢复原来的表面形状。

（4）表面整平。表面整平主要是将涂过黏合剂的部位，通过刮涂腻子来恢复表面的形状。其具体工艺如下：

①用塑料除油剂清洁需打磨部位。
②用 P180～P240 号砂纸配合打磨机打磨缺陷，并磨出旧涂层的羽状边（图 9-18）。
③用塑料除油剂清洁需填补部位。
④在裸露塑料部位上薄涂一层塑料底漆。

⑤在缺陷部位刮涂塑料件上专用的塑料腻子(图9-19)。

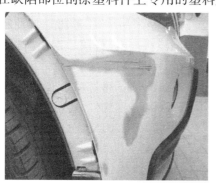
图9-18 打磨羽状边

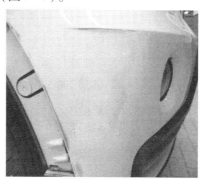
图9-19 刮涂腻子

⑥采用自然干燥或烘烤干燥的方法干燥腻子。烘烤干燥时注意烘烤温度和烘烤距离(图9-20)。

⑦待腻子完全干燥之后选用 P120~P240 号砂纸配合双作用打磨机或手工磨板打磨腻子(图9-21),直至完全恢复表面形状。

图9-20 烘烤

图9-21 打磨腻子

(5)清洁、贴护、除油。

①用风枪吹干净工件上的灰尘(图9-22)。

②对需要喷涂中涂底漆的部位周边区域进行贴护(图9-23)。

③用除油剂对需要喷涂中涂底漆的部位进行清洁,并用粘尘布粘尘。

(6)底漆涂装。对于还有裸露塑料件的部位可以采用涂抹或喷涂的方法薄施一层塑料底漆。

(7)中涂底漆涂装。

①选择合适的中涂底漆品种,按规定调配好涂料。中涂底漆可以选择一般常用的双组分底漆,但是如果工件是柔性塑料需要在双组分中涂底漆里面添加适量的塑料柔软剂。

②对需要喷涂的部位薄喷 2~3 个涂层(图9-24)。

③采用自然干燥或烘烤干燥的方法进行干燥。烘烤干燥时注意烘烤温度和烘烤距离。

④用 P400 或 P500 号砂纸配合双作用打磨机打磨中涂底漆(图 9-25),对于边角或不好打磨的部位建议采用较细型号的菜瓜布进行打磨。如果是采用水磨,砂纸建议使用 P600~P800 号砂纸打磨中涂底漆。在打磨需要喷涂部位与旧漆接口时,应该采用相当于 P1500 号砂纸粗细的菜瓜布与粗打磨膏打磨。

⑤仔细检查每一个部位,确保所有需要喷涂面漆的部位都打磨到位并打磨至平整光滑。

图 9-22 吹尘

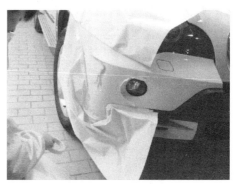
图 9-23 贴护

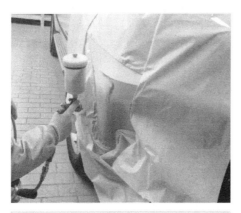
图 9-24 喷涂中涂底漆

图 9-25 打磨中涂底漆

(8)面漆涂装。

①用风枪或抹布对整个施工表面进行彻底清洁。如有必要,应该进行全车清洗,防止车辆上的灰尘在喷涂操作时落在烤房或刚喷涂的油漆表面。

②用遮蔽胶带和遮蔽纸将不需要喷涂的相邻部位保护起来,露出施工表面(图 9-26)。

③用除油剂对整个施工表面进行彻底的除油,最后用粘尘布轻轻擦拭一遍表面。

④根据所喷涂料类型和使用方法调配好面漆。对于较软塑料应该在涂料中加入适量的塑料柔软剂。

⑤按照一般工件上的喷涂方法进行面漆喷涂(图 9-27)。

(9)干燥及修整。干燥及修整的方法参考本学习任务的引导问题 6 新塑料件的涂装方法中的干燥及修整步骤。

图 9-26 面漆喷涂前的贴护

图 9-27 喷涂面漆

三、知识与能力拓展

1. 查阅资料,说明塑料修正裂纹的方法还有哪些。

2. 查阅资料,说明各个涂料公司在塑料上使用的产品有哪些种类,如何使用。

四、评价与反馈

1. 对本学习任务进行评价,见表 9-6。

塑料件的涂装操作考核评价表　　　　　　表 9-6

考核项目	评分标准	分　数	学生自评	小组评价	教师评价	备　注
团队意识	是否能互相协助 是否能顾全大局	10				
工作态度	是否积极、认真、负责	10				
现场5S	是否在整个工作过程中贯穿5S	10				
方案设计	是否能结合具体的条件、环境,进行合理的设计	10				

续上表

考核项目	评分标准	分 数	学生自评	小组评价	教师评价	备 注
操作过程	工具、设备、材料的准备 前处理 损伤处理 底漆喷涂 中涂层涂装 面漆层涂装 干燥及修整	35				
操作结果	质量是否符合要求	5				
安全规范	有无违规或危险的操作	10				
知识与能力拓展	是否具有自学与发展能力	10				
总 分		100				
教师签名：			年 月 日		得分	

2. 在实施作业时，你还存在哪些方面的问题？如何才能提高？

3. 请根据保险杠修复的工艺，为汽车仪表台（PP材质）制作一套详细的施工工艺流程（设计施工工艺流程时请注意仪表台使用的特点）。

第二篇 综合篇

汽车修补涂装根据其作业面积大小又可以分为局部修补涂装、板块修补涂装以及全车涂装等几种形式，虽然这几种形式在大致的维修工艺流程上相同，但是因为修补范围不同、操作方法不同，所以在具体的工艺流程里面又有很多细节上的不同。在本篇里面我们将根据在维修企业里面常见的一些维修项目，结合汽车修补涂装的基本工艺分成不同的学习任务来组织学习。

学习任务十

局部修补涂装

学习目标

完成本学习任务后,你应当能:
1. 了解汽车局部修补适用的范围;
2. 掌握汽车面漆的几种常见喷涂方法;
3. 掌握汽车局部修补涂装的工艺流程;
4. 掌握汽车局部修补涂装的方法;
5. 了解影响颜色效果的因素;
6. 了解汽车涂装的其他方法。

建议完成本学习任务的时间为 **10** 课时。

学习任务描述

张先生"十一"长假外出自驾游,不小心将爱车右前翼子板前端漆面擦伤(图10-1),现在需要你对车辆进行维修,以恢复翼子板原来的漆层效果(图10-2)。

图10-1 局部修补涂装前的效果

图10-2 局部修补涂装后的效果

学习内容

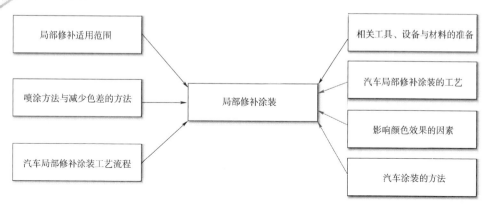

一、资料收集

引导问题 1 什么是局部修补涂装？怎样的受损车辆适合局部修补？

局部修补涂装就是对汽车某一部件的局部进行修补涂装，通过驳口的方法，使新喷涂层的颜色、光泽、纹理等形成过渡，让新旧涂层外观基本一致，没有明显差异的喷涂方法。驳口是局部修补的关键。驳口工艺是通过低气压、低流量及弧形手法的喷涂将颜色逐渐过渡，使颜色差异难以被肉眼识别的修补方法。当弧形走枪时，枪距较远处的涂层较薄，反之则较厚。

由于局部修补要采用驳口技术，相对于整块喷涂有一定的难度，许多人不愿意做驳口修补，认为颜色是调色人员的工作，总依赖于调色人员将颜色调配准确。但当我们学习了银粉的效果原理以及喷涂方式对颜色的影响后，应该知道修补不是只靠调色准确就可以达到的。比如银粉漆、珍珠漆的修补，要使修补之处同原来涂膜100%一样几乎是不可能的事情，因为喷涂过程中很多人为因素和环境因素都会导致颜色的差异，所以在维修厂因这类颜色问题而产生返工的概率最高。因此一定要结合各种实际情况选择适当的工艺，若没有足够的把握做整块涂装时最好做好驳口过渡的准备。

做好局部修补涂装可以提高工作效率、节约涂装材料、保证颜色效果的一致性。维修厂内大多数需要进行涂装修理的车辆都属于这种情况。

在进行修补涂装前，确定哪一种情况适合局部修补工艺非常重要。如果在不适合的部位进行局部修补，可能会造成涂装后涂层质量差异明显而需要全部重新返工。一般认为下列情况适合采用局部驳口修补涂装：

(1) 待喷涂料颜色与修补部位周围颜色有差异的；
(2) 喷涂因素对颜色影响较大的涂料的涂装；

(3)损伤面积较小,损伤部位在工件的边角的(图10-3圆圈所示部位);
(4)工件是垂直面的;
(5)非主要装饰面的;
(6)涂料颜色较深的;
(7)工序越多,施工越复杂的。

图10-3 车身外部适合局部修补涂装的部位

引导问题2 汽车涂装中常用的喷涂方法有几种?

为了达到不同的颜色及涂层效果,可以通过不同的喷涂方法进行调整,汽车涂装中常见的喷涂方法有以下五种。

1 干喷

干喷指通过不同的喷涂方法使喷涂后的漆面形成较干的涂膜效果的喷涂方法。要达到较干的涂膜效果可以采用以下方法:
(1)选择快干型溶剂;
(2)适当加大喷涂气压;
(3)减少涂料出漆量;
(4)加快喷涂速度;
(5)升高环境温度。

 想一想

喷涂时,通过_____

_____方法可以达到减少涂料出漆量的目的。

2 湿喷

湿喷指喷涂时涂层达到一定的厚度,形成均匀的、湿润的涂膜层的喷涂方法。要达到湿喷效果可以采用以下方法：
(1)选择符合喷涂环境使用的固化剂、溶剂类型。
(2)调整好喷涂压力、涂料出漆量,保证喷枪雾化效果最好。
(3)调整好喷枪距离、喷涂速度等。

3 雾喷

雾喷是指喷涂后的涂层较薄,形成像一层均匀的雾状效果的喷涂方法。要达到雾喷效果可以采用以下方法：
(1)减少涂料的出漆量。
(2)加快喷涂速度。
(3)加大喷涂距离。

4 湿碰湿

湿碰湿工艺指的是在连续喷涂时不等上一层涂料完全干燥,只需闪干或表干后,就可以继续喷涂下一层涂料或涂层的方法。采用湿碰湿工艺能缩短涂层间的等待时间,简化了涂装工序。对于涂层间或不同涂料之间能否采用湿碰湿工艺要根据涂料的说明进行,不可随意喷涂。

5 收边

收边是通过一定的技巧,在新喷涂层与旧涂层的边缘形成颜色过渡效果的一种喷涂方法。收边的具体操作方法是在走枪时不扣死扳机,也就是说,此时的出漆量很小,随着喷枪的移动,逐渐加大供漆量,直至走枪行程将结束时再将扳机放开,使供漆量大大减少,从而获得一种特殊的过渡效果的操作。收边也可以通过手腕部甩动,喷枪按月牙形轨迹离开修补表面,利用这种喷枪移动方法,涂层厚度会随喷枪的移开而逐渐变薄,起到过渡的效果(图10-4)。

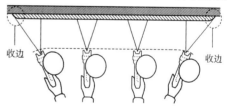

图10-4 收边的喷涂方法

引导问题3 减少局部修补涂装中出现色差的方法有哪些？

面漆的颜色如能调整到非常正确,会给修补带来方便,但在实际操作中是很难把补漆颜色与旧漆颜色调配得完全一致的,即使颜色完全一致的面漆喷涂后仍会出现颜色不一样,为了减少新旧涂层的色差,可以采用下面的几种方法：

(1)驳口颜色渐淡法。当无法使所调补漆颜色与旧涂膜颜色完全一致时,可在施工操作中使局部修补的颜色渐渐地过渡到与旧涂膜的颜色相接近。要达到驳口颜色渐淡一般可以采用收边和稀释涂料的方法,使新喷涂层的厚度由厚到薄的往旧涂层过渡,从而达到颜色渐变效果,这样处理后可缓解新旧漆的色差。

（2）用双层胶带进行局部整喷法。利用车身、工件的变化部位（如角度、线条等），在喷涂前进行双层胶带遮盖法。首先沿折口用第一条胶带加遮蔽纸,将角度边缘以上粘贴好,接着在第一条胶带之上采用反向贴护粘贴第二条胶带。局部整喷后,可利用角度相邻两面的明暗产生的视觉差,来减缓新旧漆的色度差。这种方法用于银底色漆效果更佳。需要说明的是,在喷涂到两层胶带处时,应尽量减薄,涂膜干燥撕下胶带后,须打磨抛光,以避免出现硬边。

（3）利用车门或车身部位分界折口为界限,进行局部整喷。利用车身、工件上的分界、折口、明显的轮廓线等,用胶带反向遮蔽后,进行局部喷涂或整喷,可转移人眼的视觉差。

（4）在工件表面狭小的部位进行过渡。

（5）过渡区域尽量采用弧形,避免直线型过渡。

引导问题4 局部修补涂装的工艺流程是怎样的?

常见的局部修补涂装的工艺流程如图10-5所示。

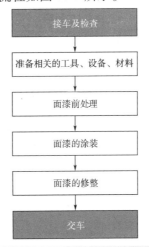

图10-5 局部修补涂装工艺流程

二、任务实施

引导问题5 作业前的准备工作有哪些?

1 工具、设备的准备

局部修补涂装需要用到的工具设备有:干打磨系统、压缩空气及分配系统、油水过滤系统、烤灯、喷烤漆房、喷枪、吹尘枪、抛光机、手工打磨块、刮刀及调灰盘、调漆系统等。

2 主要材料的准备

❶ 驳口溶剂

驳口溶剂又称驳口水，它是一种溶解力强、挥发慢的稀释剂，它可以溶解新旧漆接口位置的粗糙涂料颗粒，并保持驳口区域在很长时间内的湿润状态，有利于颜色的过渡，同时可使底层的良好旧涂膜轻微溶解，与新涂膜形成良好的结合力，如图10-6所示。

❷ 驳口磨砂膏

驳口磨砂膏是一种专门用来打磨驳口过渡区域的粗粒型抛光剂，它不含蜡及硅酮物，属于水性研磨产品，研磨后的残留物很容易用水清洗干净，能避免普通抛光剂打磨之后容易走珠的现象，如图10-7所示。

图10-6　驳口溶剂

图10-7　驳口磨砂膏

❸ 其他涂料

还需要用到的其他涂料有清洁剂、除油剂、底漆、腻子、中涂底漆、面漆及配套固化剂、稀释剂等。

❹ 其他材料

还需要用到的其他材料有各种型号的砂纸、菜瓜布、擦拭布、粘尘布、遮蔽胶带、遮蔽纸等。

3 劳动保护措施

在本次作业中你需要用到的劳动保护用品有（请根据前面学习的劳动保护用品知识，完成表10-1的内容，在相关的操作中需要用到的劳动保护用品在栏里打"√"）：

学习任务十　局部修补涂装

表 10-1　局部修补涂装作业中的劳动保护用品

工序	推荐的涂装工劳动保护用品									
全车清洗										
除油										
除旧漆										
磨羽状边										
喷涂底漆										
刮涂腻子										
打磨腻子										
喷涂中涂										
打磨中涂										
调色调漆										
喷涂面漆										
抛光打蜡										

引导问题6　局部修补涂装时的面漆前处理方法是怎样的？

局部修补涂装前的清洁与除油、前处理、底漆的涂装、腻子的刮涂与打磨、中涂底漆的涂装等工序与基础篇里面介绍的方法基本相同，但是根据局部修补涂装的特点又有所不同。它的一般施工方法如下。

1　清洁与除油

（1）全车清洗。不管涂装的面积多小，在涂装之前一定要对全车进行清洗，避免在涂装过程中车身上的灰尘带入喷漆房，落入涂装部位，产生涂膜质量缺陷。同时对全车的清洗也可以起到提高企业形象和给客户留下一个好印象的目的。

（2）清洗完成后，将车身上残留的水吹干净。特别是待涂装部位周围的缝隙一定要吹干，避免在操作过程中有水珠流下。

（3）用除油剂将整个工件擦拭干净。擦拭时不能只对损伤区域除油，如在本例中应该是将整个右前翼子板进行除油，不能只简单的对翼子板前端除油，避免在喷漆时要扩大范围，而出现走珠的现象。

2　鉴别旧涂层的种类

准备维修的旧车车身板件一般有可能经过涂层维修，那么车身表面的涂料类型、性能都有可能发生了改变,所以在施工之前一定要认真鉴别该车右前翼子板的旧涂层种类,以便为后续工作选择合适的底漆、中涂涂料、面漆等材料,确定合适的施工工艺,确保在后期施工时不要因为材料不对、施工方法不当而引起返工。鉴别旧涂层的具体方法请参考学习任务二表面前处理中的相关知识内容。

通过鉴别之后发现,本例中的右前翼子板为原厂漆涂层,涂膜质量较好,可以选用常用的底漆、腻子及面漆品种进行涂装。

3 评估损坏程度

(1)用目测和触摸的方法对损伤区域进行评估,确定损伤范围的大小及损伤变形的程度。对于需要钣金校正的一定要先进行校正,避免在涂装涂层后发现有高点、变形等缺陷再来修复操作。如在本例中翼子板的损伤仅为涂层损伤,板件没有出现变形。

想一想

涂装过涂层的工件为什么不适宜再进行钣金校正?_____
_____。

(2)确定维修工艺。通过评估发现该处损伤面积较小,损伤程度不深,损伤位置又处在翼子板前端(图10-8),翼子板后部整个区域涂层情况较好,符合局部修补涂装的条件,完全没必要进行整块喷涂,只需要对损伤区域进行局部修复即可。

(3)确定各涂层修复的范围。根据损伤面积及程度,预估腻子刮涂的范围、中涂层的范围、面涂层的范围及过渡区域,为局部修补控制在一个合理的范围里面作好准备,如果范围太大就失去局部修补的意义。

4 贴护

将不需要修补的相邻区域或部件用胶带、遮蔽纸保护起来,以防止打磨时出现意外损伤。如本例中需要将汽车右前照灯及前保险杠右上端贴护起来。

5 除旧漆

选择合适型号的砂纸和打磨机将损伤部位打磨平整。由于在本例中涂层损伤较轻,只是部分涂层出现损伤,底漆层没有出现破坏,翼子板也没有变形,所以可以选用较细型号的砂纸,如P180~P240号的砂纸配合5mm双作用打磨机直接将损伤处打磨平整即可(图10-9)。打磨时尽量将打磨范围控制在保证平面度的情况下的最小范围里面。

6 打磨羽状边

选择P240号砂纸配合5mm双作用打磨机磨出旧涂层的羽状边(图10-10),同时用P320~P360号砂纸配合5mm双作用打磨机将羽状边边缘周围5~6cm的区域磨毛。打磨完成后检查打磨的区域是否光滑、平整,如果不平整应补刮腻子。在本例中损伤区域平面度较好，所以不需要刮涂腻子。

图 10-8　损伤位置

图 10-9　除旧漆

7 清洁、除油

用风枪吹干净工件表面的粉尘之后，再对损伤部位进行除油（图 10-11）。

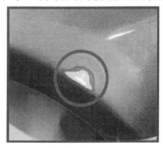

图 10-10　羽状边

图 10-11　除油

8 遮蔽

用遮蔽纸和遮蔽胶带将不需要喷涂的部位及部件保护起来。由于中涂底漆的涂膜较厚，为了防止产生较厚的台阶，应该注意贴护的范围和贴护方法。由于本次修补任务是翼子板的局部修补涂装，所以贴护范围应控制在磨毛区里面，采用反向贴护的方法进行贴护。

9 除油、粘尘

将工件表面需要喷涂的部位用除油剂擦拭干净，并用粘尘布轻轻擦拭。

10 准备涂料

选择合适的中涂底漆，根据用量及产品技术说明调配好涂料。如在本例中我们可以选择某品牌的 P565-510 双组分高固含量厚膜底漆（使用方法参见本学习任务五中涂底漆的涂装中的相关内容）。

11 喷涂中涂底漆

对打磨部位喷涂 1~2 层中涂底漆（图 10-12）。喷涂时注意每道涂层间的闪干，以及涂膜边缘不能喷涂过厚。

12 干燥

喷涂中涂底漆后,静置 5min 左右,然后再进行烘烤(图 10-13)。

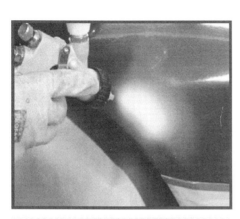
图 10-12　喷涂中涂底漆

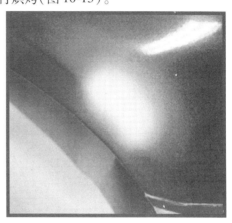
图 10-13　干燥

 想一想

红外线烤灯烘烤时的一般设置为:温度＿＿＿＿℃,距离＿＿＿＿m。

待中涂底漆完全干燥之后检查表面是否有针孔、划痕、粗砂纸痕等缺陷,如果有应该用幼滑腻子进行填补。

13 打磨中涂底漆

中涂底漆有一定的耐水性,所以中涂底漆既可以湿磨,也可以干磨。如果干磨应该选用 P400～P500 号砂纸配合 3mm 双作用打磨机将中涂底漆打磨平整;如果采用水磨,应该选用 P600、P800 或 P1000 号水磨砂纸配合打磨块将中涂底漆打磨平整,如图 10-14 所示。

 想一想

砂纸型号选择时的依据是:＿＿＿＿＿＿＿＿＿＿＿＿＿＿＿＿＿＿＿＿＿＿＿＿＿＿＿

14 打磨过渡区域

中涂底漆打磨好之后,将翼子板用喷水壶喷湿,用相当于 P1500 号砂纸粗细的菜瓜布配合驳口研磨膏,按图 10-15 所示范围均匀打磨中涂底漆周围的过渡区域的旧涂层,直至没有光泽为止,如图 10-16 所示。注意在确定过渡区域的范围时,既要考虑能将各涂层容纳在过渡区域内,同时又要尽可能的缩小整个涂装范围。一般的白珍珠漆及浅银粉漆的过渡区较大,普通银粉漆次之,纯色漆最小。

图10-14 打磨中涂底漆

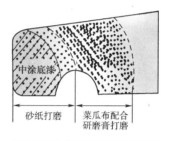

图10-15 打磨范围

15 清洁

打磨完成,检查没有问题之后,用清水将翼子板表面清洗干净,并吹干。

16 贴护除油

用遮蔽纸和遮蔽胶带将翼子板周围的工件贴护好,贴护范围如图10-17所示。贴护好之后再次对翼子板进行彻底清洁与除油。

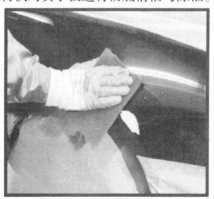

图10-16 打磨过渡区域

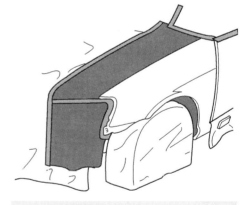

图10-17 翼子板的贴护

引导问题7 局部修补涂装时的面漆涂装方法是怎样的?

面漆的局部修补涂装方法根据涂装涂料的类型不同,可以分为单工序面漆的局部修补涂装、双工序面漆的局部修补涂装和三工序面漆的局部修补涂装。它们的一般涂装方法如下。

1 单工序面漆的局部修补涂装

单工序面漆工序简单,喷涂次数较少,所以局部修补涂装的工艺也较简单,它是学习局部修补涂装方法的基础。

1 调配颜色

（1）根据修补面积的大小，确定需要的涂料用量。在本例中由于修补面积不大，只需要很少的涂料即可，但是涂料太少，会影响调色的准确性，所以调色时一般最少要调配0.1L的量。

（2）按照学习任务六面漆的调色中的相关方法，找出颜色最接近的涂料配方，计算出0.1L中各个色母的质量，在电子秤上进行计量调色。

（3）将计量调色好的涂料与车身颜色进行对比（图10-18）。如果需要微调的，应该进行微调，并喷涂试板进行比较（图10-19）。由于局部修补能很好地使颜色产生过渡效果，所以当颜色有稍微差异时可以通过喷涂的方法使新旧涂层的颜色看不出来，但是这并不表示在调色时对颜色的准确性无所谓，我们还是应该尽量调得接近一些。

图10-18　颜色对比　　　　　　　图10-19　试板对比

2 调配涂料

（1）颜色调配好之后，根据涂料的产品说明选择合适型号的固化剂及稀释剂。固化剂和稀释剂的选择要根据环境温度来决定，但是由于喷涂面积较小，为了能干燥快一点，所以可以适当选择快干一点的产品。

想一想

固化剂、稀释剂根据温度的选择是：＿＿＿。

（2）按照产品的说明添加适量的固化剂及稀释剂，并混合均匀。

（3）选择专门用于涂料修补的小修补喷枪，将涂料过滤到喷枪里面。小修补喷枪由于所用气压较小，能将涂料雾化控制在一个很小的范围里面，所以在局部修补涂装时比普通喷枪，特别是传统高气压喷枪能更好的控制修补涂装的面积。

3 调整喷枪

局部修补涂装时，喷涂面积较小，所以喷枪的出漆量、扇幅宽度、喷涂气压也较小。喷涂气压一般建议控制在 0.13~0.17MPa。

❹ 喷涂面漆

单工序纯色面漆的驳口方法一般有以下两种：

（1）使用驳口溶剂的方法。

①中等湿度的喷涂第一遍面漆，喷涂范围比中涂底漆区域略大（图10-20），在中涂底漆边缘部位采用弧形手法进行过渡，使靠近边缘的面漆比里面的涂层要薄。

②按正常厚度喷涂第二遍面漆，完全遮盖住底层，颜色均匀一致，喷涂范围比第一遍面漆稍大，如图10-20所示，边缘部位同样采用弧形手法进行过渡。

③用驳口溶剂按 1∶1 的比例与喷枪里面的涂料进行混合（混合比例要参考具体产品的说明），然后采用弧形喷涂手法，在第二遍面漆上面再湿喷一遍，形成最终的纹理、颜色及过渡效果。第三遍喷涂的面积也应该比第二遍稍大，如图10-20所示，但是范围不允许超出驳口准备区。

④清洗喷枪，用纯驳口溶剂在第三遍面漆的边缘轻喷 1~2 遍（图10-21），以用来溶解边缘较粗的涂料颗粒。注意，因为纯驳口溶剂黏度比较稀，喷涂时不宜过厚，否则容易流挂。

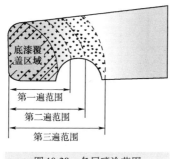
图10-20 各层喷涂范围

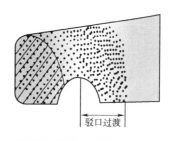
图10-21 驳口过渡范围

（2）将双组分清漆当成调和清漆的方法。该方法适用于高光泽的新涂膜及显眼位置的驳口。具体方法如下：

①按照弧形喷涂方法喷涂两遍单工序双组分面漆，以盖住底层颜色。

②用一份调好的双组分清漆兑两份喷枪里面的面漆，混合均匀之后用弧形喷涂手法覆盖上一层面漆。

③将喷枪清洗干净，用弧形喷涂手法将调配好的清漆覆盖整个经表面处理的区域。

❷ 双工序面漆的局部修补涂装

由于双工序面漆有两个涂层，金属漆的颜色效果又与很多因素有关，所以双工序面漆的局部修补涂装要比单工序面漆的局部修补涂装要难得多。但是我们现在的汽车大部分采用的是双工序的金属漆，所以双工序面漆的局部修补涂装工艺是一个合格的涂装工必须掌握的必备技能。双工序金属面漆的一般局部修补涂装方法如下：

（1）调配颜色。根据修补面积的大小，确定底色漆的用量，采用计量调色和人工微调的方法将颜色调配准确。

(2) 调配涂料。根据涂料的产品说明,选择合适的固化剂、稀释剂类型,确定混合比,调出底色漆及清漆。

(3) 调整喷枪。将底色漆过滤到喷枪之后,调整喷枪的出漆量、扇幅宽度、喷涂气压等参数。一般喷涂色漆时用的气压比单工序面漆和清漆喷涂的气压要略低。

(4) 喷涂面漆。

① 喷涂已调配好的金属(银粉)底色漆。

a. 喷涂第一遍底色漆。第一遍底色漆喷涂面积比中涂底漆稍宽,涂层边缘采用弧形喷涂手法,薄薄地喷涂一层,增强涂层间的亲和力,防止出现咬底、走珠等缺陷。

b. 喷涂第二遍底色漆。第二遍底色漆比第一遍色漆范围稍宽,正常喷涂,以盖住底层颜色,同时在涂层边缘要采用弧形喷涂手法,让边缘颜色形成过渡效果。如果此遍喷涂完后还没有完全盖住底材,可以等涂层干燥之后再用相同方法喷涂1~2遍,以保证盖住底层颜色为标准。

c. 喷涂第三遍底色漆。用1:2的比例混合驳口溶剂和喷枪里面的色漆(混合比例要参考具体产品的说明),采用弧形喷涂手法,薄薄的雾喷1~2遍,以消除金属斑纹并调整金属感,让颜色形成自然过渡。最后喷涂的范围一定要控制在打磨区域内,如图10-22所示。

② 喷涂已混合好的清漆。清漆一般喷涂两遍即可,第一遍喷涂以有光泽为准,涂层要薄,不能太厚,否则会影响颜色效果,喷涂范围以能盖住金属底色漆为准;第二遍稍厚一些,以形成最终的光泽、纹理,涂层边缘采用弧形喷涂手法,喷涂范围比第一遍要大,如图10-23所示。

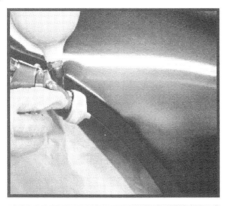

图10-22 喷涂底色漆

图10-23 喷涂清漆

③ 驳口过渡处理。先将喷枪里面的清漆1:1混合驳口溶剂,在清漆层与驳口处做渐变。再将喷枪清洗干净后,注入纯驳口溶剂扩大驳口渐变位置。每一次喷涂时都要适当地调整喷枪的气压和喷幅,使之逐渐变小,以达到喷雾逐渐变淡的目的,有时还要根据适当情况改变出漆量(图10-24)。

进行双工序底色漆(主要是金属银粉漆)局部修补涂装应注意以下几点:

(1) 底色漆的喷涂面积及方向,如图10-25所示。底色漆的喷涂区域面积应尽量的小,但也必须同时保证底色漆的有效过渡,并没有明显的断接面和色差。控制底色漆的喷涂方向有利于控制修补面积,使银粉不超过驳口区域,达到缩小局部修补范围的目的。

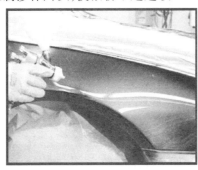

图10-24 清漆驳口处理

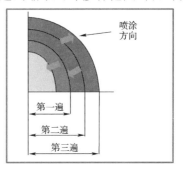

图10-25 底色漆的喷涂面积及方向

（2）清漆及驳口溶剂的喷涂面积和方向。清漆喷涂的面积应该要能把底色漆完全盖住,喷涂时的方向朝内（图10-26）,这样可以控制整个涂层的面积。喷涂驳口溶剂时方向朝外,让涂膜形成一个由厚到薄的过渡（图10-27）。

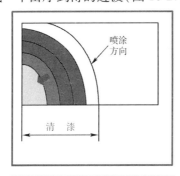

图10-26 清漆的喷涂面积及方向

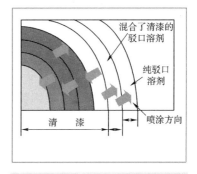

图10-27 驳口溶剂的喷涂面积及方向

（3）喷涂各层涂料时,涂层边缘一定要形成一个由厚到薄的过渡。这样才能最终与周围未修补的区域相融合。

（4）双工序金属漆的颜色效果与涂层干燥程度有关,所以底色漆在喷涂时一定要每层充分闪干。

想一想

请通过喷涂试验的方法,测试一下银粉底色漆涂层干燥程度不同连续喷涂时的颜色效果：

涂层较湿时_____；

涂层较干时_____。

（5）喷涂双工序金属（银粉）漆时应避免形成"黑圈"。产生"黑圈"现象是喷涂银粉底色漆时需要特别注意的一个问题,即在修补部位与未修补部位的结合处出现一圈颜色较深的痕迹,使修补区域非常的明显。

黑圈的产生主要是由于修补部位通常喷得比较湿,银粉颗粒排列比较有序,而涂层边缘部位由于是采用弧形喷涂,涂料比较干燥,银粉颗粒不能很好地排列,在光线折射下会显得颜色有明显的差异。"黑圈"现象可以采用以下四种方法进行消除:

①在喷涂银粉底色漆以前,先取少量调配好的清漆加入9倍的清漆稀释剂混合搅匀后薄喷一遍在整个打磨区域内,这样可以使被修补区域形成一层湿润无色的底,然后再进行银粉底色漆的喷涂修补。因为清漆干燥得比较慢,修补区域边缘飞溅的银粉颗粒可以在比较湿的环境下得到充分的排列,即可消除黑圈现象。

②采用专用的驳口清漆,按要求调配好后直接喷涂,喷涂方法如①所示。

③可先喷涂加入稀释剂的平衡银粉树脂,喷涂方法如①所示。

④也可以用挑枪的方法来实现,但需要一定的技巧和经验。

颜色越浅的银粉越难驳口,修补之前喷涂驳口清漆,这样可以大大改善银粉驳口边缘产生"黑圈"的现象。

3 三工序金属(珍珠)漆的局部修补涂装

三工序珍珠漆的局部修补涂装包括底色漆层、珍珠漆层、清漆层三个步骤。底色漆主要起遮盖和着色作用,珍珠漆层不具备遮盖力,但有着色力。因此珍珠漆涂层的层数会极大地影响最终涂膜的颜色,所以无论在颜色调配还是在局部修补,三工序珍珠漆的涂装是比较困难的工艺。一般都运用"个体多涂层喷涂实验"(即每位技术人员喷涂的涂膜厚度、方法、走枪速度、次数的不一样,导致颜色不一样,所以选择一个适合自己的喷涂次数)的方法,来确定最终颜色及效果。

三工序珍珠漆的局部修补涂装主要分为对喷涂过程中的颜色校正和驳口工艺。颜色校正一般采用多层喷涂试验,比对颜色的方法。确定了喷涂珍珠漆层的数目后,即可进行修补。下面以某品牌的P422系列三工序珍珠漆为例介绍三工序涂料的局部修补涂装方法。

(1)将正常调配的纯底色漆覆盖住损伤区域,注意不能超过过渡准备区。

(2)用1份驳口溶剂与2份喷枪中的纯底色漆混合,用弧形喷涂手法,一层层重叠喷涂,让底色漆颜色与旧涂层颜色形成自然过渡。

(3)清洗喷枪,喷涂正常稀释过的珍珠漆,喷涂范围比底色漆范围略大,同时边喷边进行颜色校对,直到涂层颜色与周围区域基本一致为止,同时也要注意每层珍珠漆边缘的收边。

(4)用1份驳口溶剂与2份喷枪中的珍珠漆混合,用弧形喷涂手法喷涂,覆盖住上一层涂膜,边缘部位采用收边过渡。

(5)用1份常规调配好的清漆与2份第(4)步喷枪中的混合物混合,一层层重叠,采用弧形手法过渡喷涂到周边区域,形成最终的颜色过渡效果。

(6)清洗喷枪,将正常调配好的清漆雾喷到整个珍珠漆覆盖的区域。此层清漆不宜太厚,以免引起珍珠漆发花。

(7)第一遍清漆闪干之后,按双工序面漆中的清漆喷涂方法喷涂罩光清漆,并喷涂驳口溶剂。

总之,三工序珍珠漆的驳口技术比较复杂,所以一般不建议局部进行修补,尽量做板块喷涂,必要时做板块间的驳口,有时要做好驳口至相邻的第二块板块、甚至第三块板块的准备。

引导问题8 局部修补涂装时的面漆修整方法是怎样的?

1 面漆干燥

面漆喷涂完成后,静置10min左右,再使用红外线烤灯进行烘烤,一般需要在60℃的条件下加热30min左右(金属表面温度)才能完全干燥。若干燥不充分,打磨时容易出现泛白想象。另外,通过加热,丙烯酸聚氨酯的喷射雾滴被驳口稀释剂所溶解,能使其很好地融合(图10-28)。

2 抛光打蜡

局部修补涂装的区域往往要进行打蜡抛光以去除驳口的粗喷痕迹以及新喷涂层与旧涂层间的光泽、纹理等差异。局部修补涂装的一般抛光打蜡方法如下:

(1)将修补区域表面的涂膜缺陷用P1500～P2000号砂纸打磨平整,并轻磨驳口位置。

(2)用海绵将抛光剂均匀涂抹在打磨的漆面上。

(3)用抛光机或手工的方法对打磨区域进行抛光处理(图10-29),消除砂纸打磨痕迹,同时让驳口区域形成良好的过渡。在修补部位四周的驳口处抛光时,按修补部位向旧漆面部位的方向抛光,如图10-30所示,抛光力度不宜过大,抛光程度不宜过深,防止产生补涂边缘线形,使漆面达到光泽柔和过渡即可。

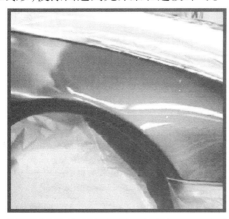

图10-28　面漆干燥

图10-29　抛光打蜡

想一想

为什么要强调抛光时必须按修补部位向旧漆面部位的方向抛光:_____

(4)面漆涂膜抛光处理好之后,对整个翼子板进行打蜡保护。

(5)抛光、打蜡完成之后,对修复部位进行检查,确保颜色过渡自然,没有明显的差异,没有抛光、打蜡的痕迹(图10-31)。

(6)清洁车辆,完成局部修补涂装。

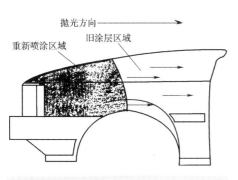

图10-30 局部修补时的抛光打蜡方向

图10-31 检查效果

三、知识与能力拓展

引导问题9 影响颜色效果的因素有哪些?

由于涂料的颜色与涂料的厚度和涂料中的颜料颗粒排列有关系,所以在涂装时,特别是手工喷涂操作中,很多因素都会影响涂料的最终颜色效果,见表10-2。一般而言,深颜色的金属漆受到的影响较少,浅颜色的金属漆受到的影响较大,纯色漆基本上不会受到影响。

影响颜色效果的因素　　　　　　　　　　　表10-2

影响因素		颜色较浅	颜色较深
喷涂技术	喷涂速度	快	慢
	喷涂距离	远	近
	涂层间的间隔时间	长	短
	喷涂层数	少	多
喷枪调节	喷涂气压	高	低
	喷幅调节	宽	窄
	涂料出漆量	少	多
	喷嘴口径	小	大
	空气帽上的雾化孔数量	多	少

续上表

影响因素		颜色较浅	颜色较深
施工环境	温度	高	低
	湿度	低	高
	空气对流的速度	快	慢
稀释剂	稀释剂的挥发速度	快	慢
	稀释剂的用量	多	少

从表10-2中可以看出，即使是同一罐油漆、同一把喷枪、同一个人，只要在不同的时间喷涂，都有可能会得到不同的效果。这给我们在喷涂时保证颜色的一致性造成困难，但是从另一个方面来讲，也可以转化为优点，那就是施工人员的灵活掌握，利用这些因素的改变从而达到微调颜色的目的。

引导问题10 汽车涂装的方法有哪些？

涂装方法除了典型的空气喷涂法外，还有其他一些涂装方法，如刷涂、浸涂、空气辅助无气喷涂、静电喷涂、粉末喷涂、电泳喷涂以及高压无气喷涂等。现在介绍几种在汽车制造涂装中使用的方法。

1 静电涂装

1 静电涂装的原理

静电涂装就是利用带正、负电荷离子相互吸引，带相同极性电荷离子相互排斥的原理进行涂装的方法。首先是高电压发生装置向涂料离子加以负的高电压，使涂料离子都带上负电荷，由于负电荷间相互排斥，从而实现涂料的微粒化。同时涂装用喷枪也可以加以负电压，因此相对于接地的被涂装物就产生了电位差。换句话说，相对于喷枪和涂料离子，被涂装物就带有正电荷。在高电位的作用下，喷枪与被涂装物之间的空气处于很容易导电的状态，所以带负电的涂料离子不单会受到压力和空气流的推动，同时还在被涂装物的正电荷吸引下移动，涂附到被涂装物表面，从而提高了涂料的附着效率，如图10-32所示。

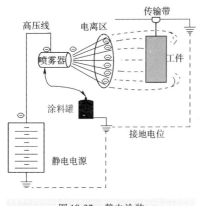

图10-32 静电涂装

2 静电涂装机的种类

（1）固定式静电涂装机。它一般用于电气产品等工厂的涂装作业流水线，对一定形状和大小的物体均匀地自动化涂装。涂装机固定，被涂装物悬挂在涂装机四周的传送带上，边移动边涂装。

涂料从高速旋转的圆盘中喷出，在离心力作用下向四周飞散。圆盘周围加有高电压，从而形成静电涂装。固定式静电涂装机适用于批量生产形状、大小一定的产品,但不适宜于形状复杂、大小不同的被涂装物。

(2)手提式静电涂装机。手提式静电涂装机是为了克服固定式静电涂装机的弱点而产生的。它使像汽车这种表面有凹凸、外形复杂的产品也能涂装良好。这是因为固定式静电涂装使涂料涂附,而手提式静电涂装机除了利用静电吸引力之外,还给涂料加压力,或者利用气压力推进。

手提式静电涂装机有气压静电式和真空静电式两种。

气压静电式涂装机先用气压喷枪相同的原理使涂料微粒化,然后使其带负电荷,以进一步促使其微粒化,再在空气压力和电的吸引力作用下,涂着于被涂装物面。

真空手提式静电涂装机先用柱塞泵或膜片泵将涂料加压,使涂料从喷嘴小孔一喷出就膨胀分散成小颗粒,随后使其带电,进一步微粒化,再涂着到被涂装物上。

❸ 静电涂装的优点

(1)涂装质量非常好,可以得到通常气压喷涂所不能达到的金属感和平面度。
(2)涂料有效使用率高,节省涂料。
(3)涂料的附着率高,喷涂速度也有提高。
(4)产生的喷雾少,有利于改善作业环境。
(5)对操作人员的技术要求降低。

2 电泳涂装

❶ 电泳涂装的原理

电泳涂装(图10-33)是应用胶体化学中的电泳原理,即带电荷的胶态粒子在直流电场作用下,向着和它所带电荷相反的电极方向运动,并在电极上脱去电荷同时沉积而形成涂膜。这种胶体粒子的移动现象称为电泳现象。电泳涂料、电泳涂装也由此得名。

❷ 电泳涂装的特点

电泳涂装具有以下特点:涂膜均匀,附着力强,一般涂装方法难以涂到或涂不好的部位(如内层、焊缝等),均可获得均匀、平滑的理想涂膜。涂料利用率高达90%~95%,施工速度快,便于实现机械化、自动化连续生产。电泳底漆是以水作溶剂,无有机溶剂污染,无火灾危险,从而使劳动条件大大改善。

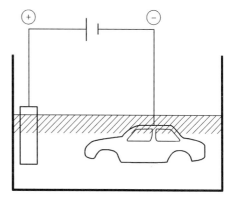

图10-33 电泳涂装

电泳涂装也有许多缺点:设备复杂,投资费用高,烘烤温度高,耗电量较大,并且仅限于在导电的被涂物表面上涂装,涂料颜色不宜变换,废水必须进行处理等。尽管如此,它还是广泛地应用在汽车、机械制造以及轻工业等部门。

3 高压无气喷涂

1 高压无气喷涂的原理

涂料经高压泵吸入并加压到7~20MPa.,经过高压软管、涂料过滤器进入喷枪,最后经过一个特殊的喷嘴喷出,这时高压涂料立即剧烈膨胀,雾化成极细小的颗粒,喷射到工件表面形成均匀的涂膜。因喷出的涂料中不混有压缩空气,而是将涂料增压至很高的压力,故称为高压无气喷涂。

2 高压无气喷涂的特点

(1)因喷涂时没有压缩空气,所以涂膜中不存在水、油及其他杂质所带来的弊病,涂膜附着力好,即使在缝隙或棱角处也能形成良好的涂膜。

(2)没有漆雾飞散损失,减少了漆雾的污染,改善了劳动卫生条件。

(3)漆的黏度较大,使用稀释剂较少,与一般喷涂法比较,涂料和溶剂可节约5%~25%。

(4)由于一次可涂较厚的涂膜,最厚可达300μm以上,减少喷涂工序道数,简化工艺,尤其适合大平面喷涂,生产率高。

(5)由于无气喷涂压力高达7~20MPa,比较浪费能源;同时,因供漆压力太高,供漆量不易控制,所以不适合装饰性要求较高的场合。

3 高压无气喷涂系统应用

高压无气喷涂系统广泛应用于造船、汽车、桥梁、建筑等行业,特别适用于大面积或大批量工件的喷涂。

4 粉末涂装

粉末涂装是以固体树脂粉末作为成膜物质的一种涂覆工艺。

1 粉末静电喷涂法原理

应用于汽车工业粉末涂装的静电喷涂法的原理是:采用压缩空气将粉末送到带有高压静电的喷枪上,使粉末带上负电,粉末由于受静电引力作用而吸附到作为正极的工件上(工件接地)。

2 粉末涂装的特点

粉末涂装使用无溶剂粉末涂料从根本上消除了有机溶剂的逸散,减少了环境污染,改善了劳动条件,涂装效率高,生产周期短,涂层质量好。粉末涂料涂装不需要底涂,只需一道涂装工序即可达到溶剂型涂料多道涂装工序的涂层厚度。喷涂时散落的粉末可回收再利用。自动流水线涂装,生产工艺简单。

3 粉末涂装的主要施工方法

粉末涂装的主要施工方法有粉末流化床浸涂、粉末静电喷涂、粉末静电电流化床浸涂、粉末静电振荡流化床浸涂等。装饰性涂层的施工多数采用粉末静电喷涂法。

四、评价与反馈

1. 对本学习任务进行评价,见表10-3。

局部修补涂装操作考核评价表　　　　　表10-3

考核项目	评分标准	分　数	学生自评	小组评价	教师评价	备　注
团队意识	是否能互相协助 是否能顾全大局	5				
工作态度	是否积极、认真、负责	5				
现场5S	是否在整个工作过程中贯穿5S	5				
方案设计	是否能结合具体的条件、环境,进行合理的设计	10				
操作过程	工具、设备、材料的准备 汽车清洁除油 评估损坏程度 鉴别涂料种类 遮蔽 除旧漆 打磨羽状边 中涂底漆的涂装 打磨驳口区域 调配颜色 面漆的局部修补涂装 面漆的修整 质检	60				
操作结果	质量是否符合要求	5				
安全规范	有无违规或危险的操作	5				
知识与能力拓展	是否具有自学与发展能力	5				
总　　分		100				
教师签名:			年　月　日		得分	

2. 在实施作业时,出现了哪些问题?是什么原因产生的?如何预防及处理?

3. 请详细阐述一下涂料的厚度和颜料的颗粒排列为什么会影响涂层的颜色。

学习任务十一 板块修补涂装

学习目标

完成本学习任务后,你应当能:
1. 了解汽车板块修补涂装适用的范围;
2. 了解汽车板块修补涂装的分类;
3. 掌握汽车板块修补涂装的方法;
4. 掌握汽车上的特殊涂装工艺;
5. 了解汽车零部件的涂装工艺。

建议完成本学习任务的时间为 **8** 课时。

学习任务描述

春节期间,吴先生开车回家探亲,在路上不慎将汽车左前翼子板擦伤变形(图 11-1),经汽车钣金技术人员修复后需要你对车辆进行涂装修复,以恢复翼子板原有的形状、颜色及光泽等(图 11-2)。

图 11-1　板块修补涂装前的效果

图 11-2　板块修补涂装后的效果

学习内容

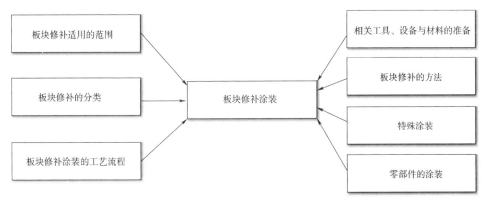

一、资料收集

引导问题1 什么是汽车板块修补涂装？怎样的受损车辆适合板块修补涂装？

汽车板块修补涂装是对汽车车身上的某一块或几块部件进行修补的涂装工艺。它与一般的整块工件喷涂不同，因为与汽车车身上的板块相邻的部件很多，如果喷涂之后有稍微的颜色差异，它会显得区别很大。

板块修补虽然没有局部修补节约涂料，也没有单纯的整块喷涂简单，但是它能较好的避免因为颜色差异而导致的返工，所以一般对于不能采用局部修补涂装的部件，而需要整块喷涂时，有经验的师傅都是采用板块修补，它是一种比较稳当的、有效的施工方式。一般遇到下列情况建议采用板块修补涂装。

1 车身水平面的板块

车身水平面的板块，如车顶、发动机罩、行李舱盖等部件，因为会直接经受太阳光的照射、雨水的冲洗，如果采用局部修补涂装，边缘较薄的过渡区域容易出现涂膜老化脱落，使新旧涂层接口变明显，所以对于水平面的板块一般建议做板块修补涂装。

2 新车身钣金件

因新车身钣金件只有底漆，所以面漆必须进行板块修补。车身的钣金件喷涂必须根据原有车身涂层选择正确的涂料，对修补的板件区域要进行正确的调色，根据所修板件的所处位置的特点，采用相应的板块修补工艺才能达到无痕迹修补的目的。

3 损伤面积比较大的部件

当损伤区域在板件的中间位置,或损伤面积较大不适合局部修补涂装的,应该采用板块修补涂装,如图11-3所示。

图11-3 板块修补涂装

引导问题2 常见的板块修补涂装工艺有哪几种?

常见的板块修补涂装工艺根据修补面漆的不同可以分为两种情况:一是板块内的过渡,二是板块间的过渡。

板块内的过渡指的是喷涂时将色漆的范围控制在板块内部,同时色漆边缘形成颜色过渡,而对整个板件采取满喷透明清漆的工艺。此种涂装方法一般适合损伤区域不是很大,损伤位置适合作局部修补的情况,如图11-4所示。

 想一想

板块内的过渡修补涂装和局部修补涂装的区别在:_____
_____。

a)损伤范围　　　　　　　　　b)底色漆修补范围

c)清漆修补范围

图11-4 板块内过渡

板块间的过渡指的是除了对损伤板件的修补外,还将颜色用驳口的方式过渡到被修补板块的相邻板块上的工艺。此种涂装方法适合当损伤区域靠近相邻板块,或更换新的车身钣金件,或对颜色没有十分把握时,如图11-5所示。

引导问题3 板块修补涂装的工艺流程是怎样的?

板块修补涂装的工艺流程如图11-6所示。

a)损伤范围

b)修补后的范围

图11-5 板块间过渡

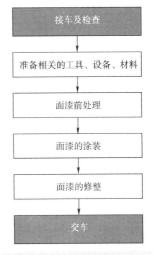

图11-6 板块修补涂装工艺流程

二、任务实施

引导问题4 作业前的准备工作有哪些?

1 工具、设备的准备

板块修补涂装需要用到的工具、设备有:干打磨系统、压缩空气及分配系统、油水过滤系统、烤灯、喷烤漆房、喷枪、吹尘枪、抛光机、手工磨块、刮刀及调灰盘、调漆系统等。

2 主要材料的准备

板块修补涂装需要用到的材料有:驳口溶剂、驳口磨砂膏、清洁剂、除油剂、底漆、腻子、中涂底漆、面漆及配套固化剂、稀释剂、各种型号的砂纸、菜瓜布、擦拭布、粘尘布、遮蔽胶带、遮蔽纸等。

3 劳动保护措施

在本次作业中你需要用到的劳动保护用品有(请根据前面学习的劳动保护用品知识,完成表11-1的内容,在相关的操作中需要用到的劳动保护用品在栏里打"√"):

学习任务十一　板块修补涂装

板块修补涂装作业中的劳动保护用品　　　　　表 11-1

工序	推荐的涂装工劳动保护用品									

全车清洗										
除油										
除旧漆										
磨羽状边										
喷涂底漆										
刮涂腻子										
打磨腻子										
喷涂中涂底漆										
打磨中涂底漆										
调色调漆										
喷涂面漆										
抛光打蜡										
烘烤										

引导问题 5　板块修补涂装时的面漆前处理方法是怎样的？

板块修补涂装前的表面前处理、底漆的涂装、腻子的刮涂与打磨、中涂底漆的涂装等工序与基础篇里面介绍的方法基本相同，一般方法如下。

1 清洁、鉴定、评估及遮蔽

将全车清洗干净之后，鉴别旧涂层的种类，评估工件损坏的程度，确定维修的工艺。在本例中由于损伤部位较大，不适合局部修补涂装，如果直接喷涂整块翼子板，又怕与车门颜色不一致，所以综合考虑后决定，采用板块修补的涂装工艺。

2 遮蔽、除油

将损伤部位周围用遮蔽纸保护起来（图 11-7），同时对需要打磨的区域进行除油（图11-8）。

3 除旧漆、打磨羽状边

选择合适型号的砂纸和打磨机将损伤区域内的旧漆打磨干净（图 11-9），并打磨出旧漆层的羽状边(图11-10)。

图11-7 遮蔽

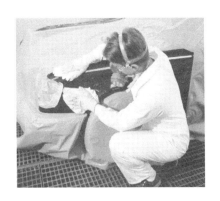

图11-8 除油

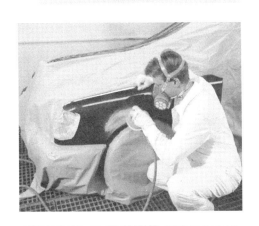

图11-9 除旧漆

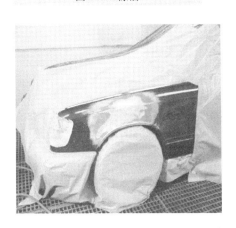

图11-10 打磨羽状边

想一想

除旧漆时选用的砂纸型号和打磨机类型是：_____
打磨羽状边时选用的砂纸型号和打磨机类型是：_____。

4 刮涂腻子

将工件清洁与除油干净之后，选取适量的腻子进行刮涂(图11-11)，并用红外线烤灯进行烘烤干燥(图11-12)。

5 打磨腻子及旧涂层

用打磨机或手工打磨块配合合适的砂纸将腻子打磨平整(图11-13)，如果需要再刮腻子的，应及时补刮腻子，绝对避免后期因为腻子问题而返工。腻子打磨平整之后将腻子周围的旧涂层用P360号的砂纸配合双作用打磨机磨毛(图11-14)。

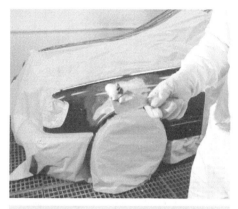

图 11-11　刮涂腻子

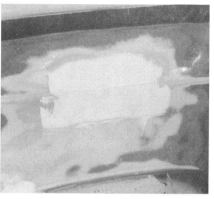

图 11-12　干燥腻子

图 11-13　打磨腻子

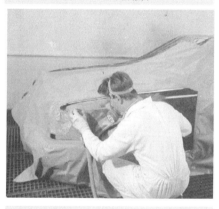

图 11-14　磨毛旧涂层

 想一想

打磨腻子时选用的砂纸型号和打磨机类型是：_____

_____

6 清洁、除油、遮蔽

工件打磨好之后，用风枪吹干净表面的粉尘，用除油剂将腻子周围的区域擦拭干净，最后将需要喷涂中涂底漆的部位遮蔽起来（图 11-15）。

 想一想

能否用除油剂擦拭腻子：_____

_____

7 喷涂中涂底漆

如果工件上有裸露金属的部位应先做防锈处理（图 11-16），待防锈底漆表干之后，再在其上喷涂2~3层调配好的中涂底漆（图11-17），然后进行烘烤干燥。

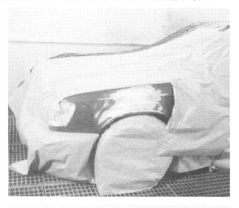

图11-15 遮蔽

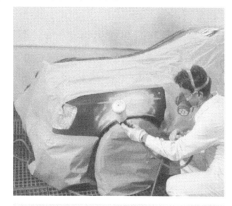

图11-16 喷涂防锈底漆

8 涂指示层、打磨中涂底漆

中涂底漆完全干燥之后，在中涂底漆上面涂上或喷上指示层（图11-18），然后选用合适型号的砂纸和打磨机将中涂底漆打磨光滑平整（图11-19）。打磨完之后应及时检查，如果有针孔、细划痕等缺陷的，用幼滑腻子或双组分腻子填平之后再打磨平整。

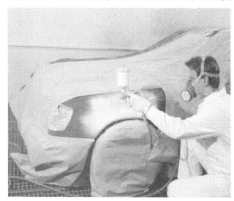

图11-17 喷涂中涂底漆

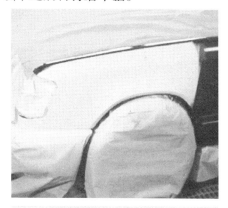

图11-18 涂指示层

9 打磨过渡区域

根据板件的损伤情况，我们选择的修复工艺是板块修补（板块间过渡）工艺，所以除了要打磨翼子板外，对相邻的车门也应进行磨毛处理。所以中涂底漆打磨好之后，将翼子板上的其他部位及前车门用喷水壶喷湿，用相当于P1500号砂纸粗细的菜瓜布配合驳口研磨膏进行均匀打磨，直至没有光泽为止。

10 清洁

打磨完成，检查没有问题之后，用清水将翼子板表面清洗干净，并吹干。

11 贴护、除油

用遮蔽纸和胶带将翼子板、前车门周围的工件贴护好,贴护范围如图 11-20 所示。贴护好之后再次对翼子板进行彻底清洁除油。

图 11-19 打磨中涂底漆

图 11-20 面漆前贴护

 想一想

打磨中涂底漆时选用的砂纸型号和打磨机类型是:_____;
打磨幼滑腻子时选用的砂纸型号是:_____。

引导问题6 板块修补涂装时的面漆涂装方法是怎样的?

面漆的板块修补涂装方法根据修补范围不同,可以分为板块内过渡、板块间过渡。板块内过渡的板块修补涂装方法比较简单,它一般在喷色漆时采用局部修补涂装中喷涂底色漆的方法进行喷涂,再对整个板块采用整块喷涂的方法喷涂罩光清漆,如图 11-4 所示,具体操作方法可以参考学习任务七面漆的涂装和学习任务十局部修补涂装中的相关知识内容。

板块间过渡的喷涂方法稍微复杂一点,根据喷涂涂料的类型不同,它们又可以分为以下三种方法。

1 单工序面漆的板块间过渡方法

(1)按正常调配方法调配好单工序面漆及清漆。
(2)按图 11-21 所示范围正常喷涂第一遍单工序面漆并闪干。
(3)按图 11-22 所示范围正常喷涂第二遍单工序面漆,确保遮盖住底层颜色。同时注意涂料的过渡区域要采用弧形喷涂手法和弧形过渡区,让颜色在车门处达到自然过渡的效果。
(4)按第一遍薄喷、第二遍正常喷涂的方法对整个翼子板及车门喷涂清漆(图 11-23)。
(5)对车门框上的驳口区喷涂驳口溶剂进行驳口处理(图 11-24)。

图11-21　第一遍面漆范围

图11-22　第二遍面漆范围

图11-23　喷涂清漆

图11-24　清漆驳口区

2 双工序面漆的板块间过渡方法

(1)按正常调配方法将双工序中的底色漆及清漆调配好。
(2)将翼子板上有中涂底漆的地方先雾喷第一遍底色漆并闪干。
(3)按图11-25所示范围正常喷涂第二遍底色漆并闪干。
(4)按图11-26所示范围,采用弧形喷涂手法喷涂第三遍底色漆并闪干。

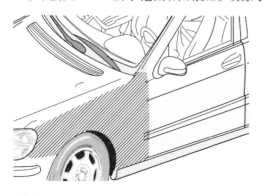
图11-25　第二遍底色漆范围

图11-26　第三遍底色漆范围

(5)按图11-27所示范围正常喷涂第四遍底色漆并闪干。确保此层喷涂完成后完全遮盖住底层。

(6)将喷枪中的底色漆与驳口树脂按比例混合好之后,对翼子板及翼子板与车门连接处喷涂第五遍底色漆,注意在过渡区域采用弧形喷涂手法喷涂,让颜色形成自然过渡,如图11-28所示。

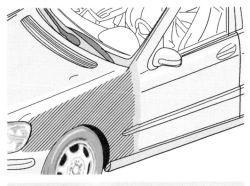
图11-27　第四遍底色漆范围

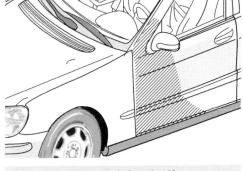
图11-28　颜色过渡区域

(7)按第一遍薄喷、第二遍正常喷涂的方法对整个翼子板及车门喷涂清漆(图11-29)。

(8)对车门框上的驳口处使用驳口溶剂进行驳口处理(图11-30)。

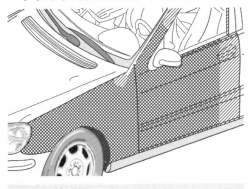
图11-29　喷涂清漆

图11-30　清漆驳口处

想一想

第一遍清漆薄喷的目的是:_____

3　三工序面漆的板块间过渡方法

三工序面漆中的底色漆与珍珠漆在做板块间过渡时的方法,与学习任务十的引导问题7中的三工序面漆的局部修补涂装中的底色漆、珍珠漆的喷涂方法一致,最后喷涂清漆时,采用整块喷涂即可。

引导问题 7 板块修补涂装时的面漆修整方法是怎样的?

1 面漆的干燥

面漆喷涂完成后,静置 10～15min,撕掉喷涂部位周围的遮蔽胶带,使用烤漆房或红外线烤灯进行烘烤,温度控制在 60℃,加热时间 30min 左右(金属表面温度),让涂层完全干燥。

2 抛光打蜡

待烘烤过的涂层干燥冷却后,检查喷涂的漆面,将涂膜表面细小的缺陷用 P1500～P2000 砂纸打磨平整,再通过打蜡抛光的方法恢复其表面光泽。对于板块修补涂装中的驳口区域最好使用手工操作的方法进行抛光、打蜡,抛光方向也是从新涂层往旧涂层方向进行,直至接口柔和、没有明显差异为止。

3 清理清洁

将残留的遮蔽纸、抛光剂清除干净,并清洁车身表面,检查没有问题之后,完成修复工作。

三、知识与能力拓展

引导问题 8 汽车上的特殊涂装形式有哪些?

在汽车涂装施工中,除了正常的涂装施工外,还可以利用特制的涂料进行涂装,对工件起保护或特殊装饰作用,例如车底涂装、抗沙石撞击涂装、黑色涂装、抗划痕涂装等。

1 车底涂装

汽车底部和轮罩内由于在行驶过程中经常会受到石子、泥沙等的撞击,一般的涂料涂层防护效果较差,容易出现损伤。所以在新车涂装时涂上电泳涂层以后,还会在上面涂上一层乙烯塑料丁酯,这样可有效地防止硬物飞溅的损坏。在修补涂装中,由于乙烯树脂必须达到 120～130℃ 的高温才能干燥,所以它不适合车辆的涂装修补,我们在涂装修补中使用的为空气干燥型车底涂料。

汽车维修中的车底涂装工艺一般为:

(1)将要喷涂的部位彻底清洗干净。由于汽车底部使用环境恶劣,底部及轮罩内混有泥沙、油脂、沥青等附着物,如果涂装前不清理干净,会影响涂层的附着力。

(2)将周边不需要喷涂或不能喷涂的部件保护起来。如汽车底部的一些运动部件,以及温度较高的部件等是不能喷涂涂料的。

(3)喷涂车底涂料。现在常用的车底涂料有两种使用方式：一种是采用自喷罐形式，使用前摇晃均匀后直接喷涂；另外一种是使用专用的喷枪进行喷涂。车底涂料一般要求多喷涂几层，只有达到一定厚度后才能起到更好的保护作用。喷涂完成后，留出足够的干燥时间，使车底涂料彻底干燥之后才进行后续操作。

2 抗沙石撞击涂层的涂装

抗沙石撞击涂料是一种喷涂在汽车车身上的专用涂料，用于防止行驶时轮胎绷起的石头或沙子撞击车身而引起的车身生锈。目前我们应用的抗沙石撞击涂料主要有两种：面漆型和中间涂层型抗沙石撞击涂料。两种类型涂料的防沙石撞击作用是相同的，不同之处在于面漆型抗沙石撞击涂料是黑色的，而中间涂层型抗沙石撞击涂料与面漆颜色相同，因为它施涂在电泳层和中间底漆之间。这两种类型的涂料所得到的橘皮纹理是不一样的。

对抗沙石撞击涂层进行修补，必须注意三个方面：一是要使用抗撞击性能很好的涂料；二是涂层要达到一定的厚度（具体参照产品供应商的使用说明）；三是要确保修补部位的纹理必须与原涂膜纹理相同。要保证涂膜纹理一致，可以通过在试板试喷的方式进行，通过不同的喷涂方法（如涂层厚度、喷涂次数、枪距远近等）来改变涂膜的纹理，使之达到一致。

抗沙石撞击涂层的涂装方法如下：

(1)面漆型抗沙石撞击涂层的涂装。

①将损伤部位清理干净。

②将损伤部位的旧涂层打磨掉并磨出羽状边。

③涂防锈底漆并将损伤部位整平。如果需要刮涂腻子的，最好不要刮涂过厚，以免时间长了，出现脱落。

④喷涂中涂底漆并干燥之后打磨。

⑤喷涂抗沙石撞击涂料。抗沙石撞击涂料的使用及喷涂方法应参考具体产品的说明。

(2)中间型抗沙石撞击涂层的涂装。

①将损伤部位清理干净。

②将损伤部位的旧涂层打磨掉并磨出羽状边。

③涂防锈底漆并将损伤部位整平。

④喷涂抗沙石撞击涂料并干燥。

⑤喷涂中涂底漆及面漆。

3 黑色涂装

黑色涂装主要指散热器上的支承架、车门框、车门槛板等部位，为了防止车身颜色从空隙露出来，改善车身设计或外表，使车身看起来更具装饰性的涂装。

通常黑色涂料都涂装成半光泽或无光泽的黑色，是在普通的黑色面漆涂料中加入不同分量的减光剂，以得到需要的光泽效果。

黑色涂装的施工方法与一般车身涂料的涂装工艺相同，只是在面漆涂装时，根据需要添加适量的减光剂即可。减光剂减光的效果可以通过试加试喷的方式或参照涂料供应商的使用说明来添加。表 11-2 所示为某品牌的 P565-554 减光剂使用说明。

减光剂的使用说明　　　　　　　　　表 11-2

P565-554 减光剂使用说明
一些汽车制造商生产的塑料件要求细腻平滑低光泽的涂膜效果,2K 减光剂 P565-554 可调节涂膜的光泽度。2K 纯色漆和 2K 清漆都可以添加减光剂

	光泽效果	
	半光	全哑
2K 纯色漆或 2K 清漆	2 份	1 份
减光剂	1 份	1 份

按常规比例添加固化剂和稀释剂
喷涂方法:2 个单层,层间静置 10~15min

4 抗划痕涂装

汽车在使用过程中,涂层很容易出现划痕,颜色越深的车辆,划痕越明显。所以有一些较深颜色的汽车为了避免容易出现划痕,采用了抗划痕的涂料,这类涂料有一定的韧性,涂层树脂的原子相互缠结在一起,从而提高了抗划痕的性能。这类涂层不能用普通涂料进行修补。如果使用普通涂料,在喷涂涂料时没有划痕,但几个月后,涂层很可能出现划痕,留下修补涂装的痕迹,因此必须使用具有抗划痕性能的特殊类型修补涂料修补。修补时要注意以下几点:

(1)抗划痕涂装修补必须使用专门的抗划痕清漆。
(2)抗划痕涂层需要长时间的抛光,要尽可能地进行整板修补,以最大限度地减少抛光。
(3)为防止在驳口部位产生深划痕,用 P2000 砂纸和抛光剂打磨该部位。
(4)涂装抗划痕涂料后,根据涂料供货商的要求,保证充分的层间静置时间、初步干燥和强制干燥时间。否则,容易产生针孔或抗划痕能力下降,修补部位抛光时易开裂。

引导问题 9　汽车上的其他零部件是怎样涂装的?

汽车上的零部件种类很多,它们的涂装目的和要求是各不相同的(具体要求可以参考学习任务一表面的清洁与除油中的相关知识内容)。

1 底盘、底架的涂漆

汽车底盘件包括车桥、传动轴、转向器、分动箱、减振器和底盘小件,如制动管、弹簧、拉杆及各种盖板等。因车桥、转向器、传动轴、分动箱等有油封、橡胶件和垫圈等而不能经高温烘烤,故可采用自干型或快干型涂料涂装。底盘小件通常采用烘干型涂料。

❶ 底盘件车桥、传动轴、转向器等涂装工艺
(1)快干涂料涂装工艺,见表 11-3。

底盘部件的快干涂装工艺　　　　　　　　　　　　　表11-3

工艺序号	工序名称	材料	工艺参数	质量检查
1	热碱液除油(指有油无锈件)	碱性脱脂剂等	温度70~80℃,浸泡15~20min,喷射1~10min	无油污、无浮灰、无水迹
2	一次热水洗		温度60~70℃,浸泡2~3min,喷射0.5~1min	
3	二次热水洗		同2	
4	干燥		吹干或100℃烘干	
5	手工喷涂底漆	铁红或铁黑,硝基过滤乙烯底漆,配套稀料	黏度14~16s(DIN4杯,20℃),喷涂气压0.3~0.4MPa	漆膜均匀平整,无漏喷、露底,干膜厚度为20~30μm
6	底漆干燥		自干40~60min,低温烘干(60~70℃)15~20min	
7	手工喷涂面漆	硝基、过氯乙烯或氯化橡胶面漆,配套稀料	喷涂黏度16~18s(DIN4杯,20℃),气压0.35~0.4MPa,湿碰湿喷涂3~4道	漆膜均匀平整,无漏喷、露底等缺陷,总涂层干膜厚度为50~70μm
8	面漆干燥		自干1~1.5h,低温烘干(60~70℃)30~40min	

(2)底盘专用漆涂装工艺。底盘的涂装工艺按涂装方式可分为浸涂和喷涂两种工艺。

①浸涂工艺。其工艺流程为:基材处理(手工擦洗除油,机械工具除锈)→吹光擦净→浸涂沥青底盘底漆(黏度为DIN4杯20℃时20~25s)→干燥(自干24h,100~110℃烘干时需40~60min)→质量检查→浸涂沥青底盘面漆→干燥→质量检查。

②喷涂工艺。其工艺流程为:基材处理(手工擦洗除油,机械工具除锈)→吹光擦净→手工喷涂沥青底盘底漆(黏度为DIN4杯20℃时18~22s)→干燥→质量检查→手工喷涂沥青底盘面漆→干燥→质量检查。

2 底盘小件涂装工艺

工艺1:用热碱液浸洗除油→热水冲洗两次→烘干或吹干水分→质量检查→浸涂或喷涂第一道L04-1沥青磁漆→干燥(100~110℃时烘干40~60min或自干24h)→喷涂第二道L04-1沥青磁漆→干燥→质量检查。

工艺2:用热碱液浸洗除油→热水冲洗两次→吹干或烘干水分→质量检查→静电喷涂设备涂一道环氧粉末涂料→180~200℃时烘干20~30min→冷却→质量检查。

3 底架涂漆工艺

对底架的涂装可根据其生产方式、产量和涂装条件等采用以下四种工艺,即电泳涂装工艺、淋涂水性涂料工艺、浸涂沥青漆工艺、手工涂装工艺。

(1)电泳涂装工艺。电泳涂装工艺适合于大批量汽车底架生产的涂装。其工艺流程为:热碱液除油→一次热水洗→二次热水洗→磷化处理→一次水洗→二次水洗→纯水清洗→吹干水分→电泳涂一道阴极底面和一道电泳漆→一次水洗→二次水洗→三次水洗→160～180℃时烘干25～35min→冷却→技术检查→手工喷涂环氧沥青防腐漆→干燥（自干或烘干均可）→质量检查。

（2）淋涂水性涂料工艺。其工艺涂装的生产成本低，适于各种载重汽车的底架（车架）涂装。淋涂水性涂料工艺流程为：热碱液除油→一次水洗→二次水洗→磷化处理→水洗两次→纯水洗一次→吹干水分→淋涂水性涂料→160～180℃时烘干30～40min→冷却→技术检查→喷涂沥青底架面漆→干燥→质量检查。

（3）浸涂沥青漆工艺。这种工艺适合于中批量汽车底架生产的涂装。其工艺流程为：热碱液除油→热水洗一次→二次水洗→用80～100℃热风吹干→冷却检查→浸涂沥青漆→160～180℃时烘干30～35min→冷却→技术检查→喷涂环氧沥青防腐漆→干燥→质量检查。

（4）手工涂装工艺。其工艺生产效率低，主要适用于小批量底架（车架）生产的涂装。手工涂装工艺流程为：手工除油→手工机具除锈→汽油或清洁剂擦净浮污→手工刷涂或喷涂铁红酚醛防锈漆→自干16～24h→手工刷涂或喷涂酚醛、醇酸、沥青或氯化橡胶面漆→自干24h→质量检查。

2 发动机的涂漆

❶ 基材处理

（1）用面纱、抹布等配合毛刷，使用脱脂剂将发动机总成表面上的油污、灰尘等杂质清除干净。

（2）用压缩空气反复吹净各死角、缝隙等处的积灰等杂质。

（3）对不需涂漆的部位或配件表面涂抹润滑脂或贴遮蔽纸遮盖严密。

❷ 涂漆工艺

对发动机总成（包括变速器、离合器等）表面的涂漆，由于发动机总成的热容量大，且部分配件又不能经受高温，加上发动机总成表面经常接触汽油、机油、柴油及水等物质，故要考虑使用耐机油、汽油、柴油和耐水性的漆种进行涂装。通常情况下，大量流水线生产易采用硝基等快干性涂料。对发动机总成毛坯，均应在总成装配前先预涂一道防锈底漆（铝粉漆等）；对发动机的配套件，如发电机、起动机、空气滤清器和风扇等，也应先涂漆后装配。这种涂漆工艺在发达国家早已采用，即先毛坯涂漆后加工装配。这样既简化了涂漆工艺，又能保证各部分涂漆到位。其涂装工艺如下。

（1）先涂漆后装配工艺：毛坯清洁干净→磷化处理→热风吹干→静电喷涂粉末涂料→烘干→冷却→质量检查（合格产品转装配，不合格产品，手工喷涂该色合成树脂磁漆进行返工）。

（2）发动机总成涂漆工艺：喷涂一道硝基或快干合成树脂磁漆→在70～80℃下，烘干需8～10min→冷却→质量检查（涂膜应均匀平整，不漏喷，不露底，干燥程度好，不影响装运）。

3 汽车车轮的涂装

❶ 基材处理

根据生产量的大小和涂装设备条件的不同，基材处理可采用以下三种工艺。

(1)大批量生产处理工艺:热碱液除油→一次水洗→二次水洗→磷化处理→一次流动水洗→二次流动水洗→纯水洗→热风吹干。

(2)中批量生产处理工艺:热碱液除油→一次热水洗→二次热水洗→烘干或热风吹干。

(3)小量生产处理工艺:手工除油、除锈→手工吹光擦净。

2 涂漆工艺

涂漆可采用以下几种工艺。

工艺1:采用电泳涂装法涂一道阴极电泳漆→水洗2~3次→180℃烘干20min→冷却→质量检查→手工静电喷涂一道耐蚀性面漆→130~140℃烘干25~30min→冷却→质量检查。

工艺2:采用静电粉末涂料,涂装一道厚度为40μm以上的环氧粉末涂层→190~200℃烘干20min→冷却→质量检查。

工艺3:用浸涂或淋涂法涂一道水性涂料→180~200℃烘干20~30min→冷却→质量检查。

工艺4:先浸涂一道沥漆(型号为L06-3)→180~200℃烘干40~50min→冷却→质量检查→再浸涂一道L01-12沥青清漆→180~200℃烘干40~50min→冷却→质量检查。

工艺5:手工刷涂或喷涂一道防锈底漆(铁黑酚醛、环氧或醇酸)→自干12~18h或100~120℃烘干30~40min→冷却→质量检查→手工刷涂或喷涂一道磁化铁黑环氧或酚醛面漆→自干或烘干。

4 散热器的涂装

(1)将经水压试验合格后的散热器挂到悬挂式输送链上。

(2)烘干或热风吹干被涂表面的水分。

(3)手工喷涂一道L04-1沥青磁漆或自动静电喷涂一道氨基醇酸静电磁漆。

(4)用100~110℃烘干40~60min。

(5)冷却后质量检查:涂膜应干透,平整光亮,附着力强,不允许有漏喷、露底、流漆、皱纹等缺陷,否则应返工。

5 玻璃钢部件的涂装

玻璃钢部件在汽车上使用较多,特别是客车上应用很广泛,它的涂装方法要根据表面的质量要求来选择,一般车身外表面的玻璃钢部件的修补涂装工艺如下:

(1)将玻璃钢表面出现破损的地方用专用黏合剂粘接好。

(2)用打磨机将多余的黏合剂打磨平整,并磨出损伤部位周围的羽状边。

(3)用腻子将损伤部位填平并打磨光滑。

(4)喷涂中涂底漆,将损伤部位封闭起来。

(5)待中涂底漆干燥之后打磨平整光滑。

(6)按质量要求喷涂面漆。

四、评价与反馈

1. 对本学习任务进行评价,见表11-4。

板块修补涂装操作考核评价表　　　　　　　表11-4

考核项目	评分标准	分数	学生自评	小组评价	教师评价	备注
团队意识	是否能互相协助 是否能顾全大局	5				
工作态度	是否积极、认真、负责	5				
现场5S	是否在整个工作过程中贯穿5S	5				
方案设计	是否能结合具体的条件、环境,进行合理的设计	10				
操作过程	工具、设备、材料的准备 汽车清洁除油 评估损坏程度 鉴别涂料种类 遮蔽 除旧漆 打磨羽状边 中涂底漆的涂装 打磨驳口区域 调配颜色 面漆的板块修补涂装 面漆的修整 质检	60				
操作结果	质量是否符合要求	5				
安全规范	有无违规或危险的操作	5				
知识与能力拓展	是否具有自学与发展能力	5				
总　　分		100				
教师签名:			年　月　日		得分	

2. 在实施作业时,出现了哪些问题?是什么原因产生的?如何预防及处理?

3. 请根据所学知识,为汽车上的一扇车门(以左前门为例)需要更换的情况制作一套详细的涂装维修工艺。

学习任务十二

全车涂装

学习目标

完成本学习任务后,你应当能:
1. 了解汽车全车涂装的基本知识;
2. 掌握汽车全车涂装的方法、顺序;
3. 掌握全车涂装的工艺流程及具体操作步骤;
4. 了解汽车涂料的发展趋势;
5. 了解水性涂料的特点及相关知识。

 建议完成本学习任务的时间为 **12** 课时。

 学习任务描述

陈先生的汽车使用了 5 年,由于平时使用及维护不当,车身表面油漆涂层已经出现了不同程度的失光、划伤、凹陷等缺陷,如图 12-1 中圆圈内所示。现在,他想通过汽车涂装修理,恢复整个车身表面的形状、颜色、光泽、纹理等(图 12-2)。请根据车主的要求对车辆进行适当的维修。

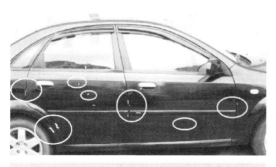

图 12-1 全车涂装前的效果

图 12-2 全车涂装后的效果

学习内容

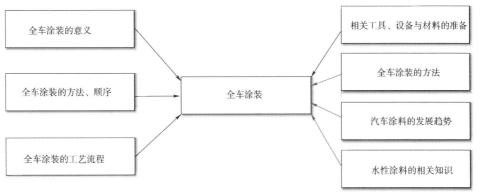

一、资料收集

引导问题1 什么是全车涂装？为什么要进行全车喷涂？

全车涂装是指对汽车车身及所有车身覆盖件进行的涂装作业。

汽车由于使用环境复杂、恶劣,油漆涂层经常会受到雨水、微生物、紫外线和其他酸碱物质等的侵蚀,有时还会出现碰撞、刮擦等,从而造成漆面出现不同程度的失光、变色、划伤及破损等,如果不及时维护,不仅影响美观,还会导致涂层保护性能的降低及丧失,从而降低了车辆的商业价值和使用寿命。对于汽车车身部位出现涂层损坏的情况,小面积的可以采用局部或板块修补,对于多处涂层损伤的情况,如果采用局部或板块修补则很可能出现汽车车身颜色、光泽、纹理不一致的情况,影响美观,采用全车喷涂的方法,则能很好的避免产生"花车",而且也能给人一种焕然一新的感觉。

采用全车喷涂工艺的汽车除了漆面多处损伤的情况之外,还有全车改色和全车翻新两种情况。

在汽车制造厂,全车涂装一般是采用机械喷涂(图12-3),但是在汽车维修厂或汽车修理店由于条件限制,一般采用手工进行喷涂(图12-4)。

 想一想

全车翻新的车辆能送至汽车制造厂涂装流水线上进行涂装吗？

图12-3 机械喷涂

图12-4 手工喷涂

引导问题2 全车修补涂装的方法有哪些?

全车修补涂装根据喷涂方法可以分为实喷法、驳口法以及实喷驳口相结合的方法等。

实喷法是指汽车车身所有覆盖件上都采用边对边的喷涂方法,也就是汽车上全部满喷色漆的方法。这种方法适合全车漆改色,以及汽车上损伤部位较多的情况。采用这种喷涂方法可以使喷涂完后的车辆达到全车颜色一致,但是相对于驳口喷涂法来讲,比较浪费涂料。

驳口法是指在汽车受损区域采用局部喷涂色漆,完好的区域可以不喷色漆,然后整车喷涂清漆的方法。这种方法适合旧车漆面损伤范围比较小、待喷部位适合局部修补的整车翻新喷涂。采用这种喷涂方法可以节约涂料,但是对喷涂技术要求较高,否则很难保证车辆喷涂完后的颜色的一致性。

实喷驳口相结合的方法就是在喷涂时根据喷涂部位的面积和位置的不同,能采用局部喷涂的部位就采用局部喷涂,不能采用局部喷涂的部位就采用板块喷涂,最后整车喷涂清漆的方法。这种方法适合全车损伤部位不是很多,损伤面积大小不一致的全车翻新涂装。采用这种喷涂方法既可以达到颜色一致,也可以适当的节约涂料,对喷涂技术要求也较高。

在进行全车修补涂装时要根据具体的情况,采用合适的方法来进行喷涂。总的原则是用最少的材料,达到最好的效果。

引导问题3 全车修补涂装的顺序是怎样的?

对于全车修补涂装的顺序,总的原则是先内后外、先边后面、先上后下。具体的路线没有一个硬性规定或规则,每个操作人员都有自己不同的操作思路,但有一点是一致的,即如何防止喷涂时产生的漆尘落到已喷涂好的涂面上,减少后喷涂层对已喷涂层的影响,保持整个涂层的湿润度。目前汽车维修厂使用下降式(空气由房顶进入,由地槽排出)通风喷漆房较为普遍,使汽车的三个水平面(车顶、前盖、后盖)获得最佳的湿润度,以及喷涂中间添加涂料后尽可能避免再喷涂时漆尘飞扬到邻近已涂的涂面。正确的喷涂顺序对漆面获得最佳效果是极为重要的。

全车的一般喷涂顺序如下。

1 喷涂车辆内部

首先喷涂发动机罩反面及发动机舱里面,再喷涂行李舱盖反面及行李舱里面,然后喷涂四个车门反面及四个车门框里面。

待内部全部喷涂完后,静置一段时间放下前后盖,注意要避免遮蔽纸擦伤刚喷涂好的油漆。有的师傅或单位要求先将车辆内部单独喷涂好,完全干燥之后再喷涂车身表面也不失为一种好的方法。

2 喷涂顶部

首先从驾驶人另一侧(在我国为右边)的立柱及车门框开始喷涂,然后从右侧车顶依次到左侧车顶进行喷涂,再然后从左侧立柱及左侧车门框喷涂下来。

在喷涂车顶时站在一侧不可能完全喷涂完,需要换边进行操作,换边喷涂时注意喷涂幅度要重叠好。

3 喷涂车辆后部

从左侧的立柱下来之后可以接着喷涂左侧后翼子板、行李舱盖、右侧后翼子板及后保险杠。后半部喷涂完成后应考虑是否需要添加涂料。

4 喷涂右侧车门

首先为了防止后续喷涂时产生的漆雾落在右后翼子板上影响光泽及纹理,可以将右后车门半开,右前车门全开,然后先喷涂右后门,待喷涂好之后再将两扇车门关好,再喷涂右前车门。

因为喷涂时需要打开车门,为了防止漆雾吹进车厢内部,所以在遮蔽时一定要密封好。

5 喷涂车辆前部

右前车门喷涂完后应紧接着从右前翼子板到发动机罩到左前翼子板到前保险杠的顺序进行喷涂。

在喷涂发动机罩时特别要注意,一般喷涂时是站在翼子板两边,分两半进行喷涂,所以既要注意喷幅重叠,又要防止操作时工作服擦伤已经喷涂好的油漆表面。

6 喷涂左侧车门

首先喷涂左侧前车门,然后将左前门打开,将左后门半开,再将左后门喷涂好,完成全车喷涂。

全车涂装时的喷涂方向要根据具体工件的形状及车身流线型方向来确定。如车门及翼子板喷涂时宜采用横向重叠喷涂,三个平面位置宜采用从车前往车后的方向往复喷涂,车门立柱位置宜采用纵向重叠喷涂等。

车身表面的喷涂顺序及喷涂方向如图12-5和图12-6所示。

学习任务十二　全车涂装

图12-5　车身左侧的喷涂顺序及方向

图12-6　车身右侧的喷涂顺序及方向

想一想

如果发动机罩采用从一侧翼子板到另一侧翼子板的方向进行喷涂会出现_____。

引导问题4　汽车制造厂车身涂装过程是怎样的？

汽车制造厂的车身涂装工艺过程如图12-7所示。

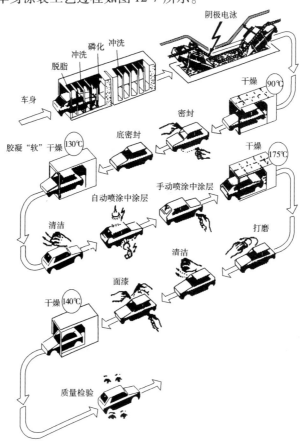

图12-7　汽车制造厂车身涂装过程图

引导问题 5 全车修补涂装的工艺流程是怎样的？

全车修补涂装的工艺流程如图 12-8 所示。

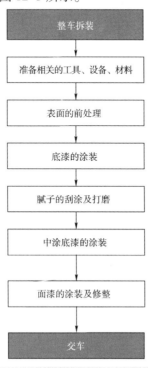

图 12-8 全车修补涂装工艺流程

二、任务实施

引导问题 6 作业前的准备工作有哪些？

1 工具、设备的准备

全车修补涂装需要用到的工具和设备有：干打磨系统、压缩空气及分配系统、油水过滤系统、烤灯、喷烤漆房、喷枪、吹尘枪、抛光机、手工磨块、刮刀及调灰盘、调漆系统等。

2 主要材料的准备

（1）各种规格型号的砂纸及三维打磨材料等。
（2）底漆、腻子、中涂底漆、面漆及配套固化剂、稀释剂等。

学习任务十二 全车涂装

(3)清洁剂、除油剂等。

(4)抹布、擦拭布等。

3 劳动保护措施

在本次作业中你需要用到的劳动保护用品有(请根据前面学习的劳动保护用品知识,完成表 12-1 的内容,在相关的操作中需要用到的劳动保护用品在栏里打"√"):

全车修补涂装作业中的劳动保护用品　　　　表 12-1

工序	推荐的涂装工劳动保护用品									
全车清洗										
除油										
除旧漆										
磨羽状边										
喷涂底漆										
刮涂腻子										
打磨腻子										
喷涂中涂										
打磨中涂										
调色调漆										
喷涂面漆										
抛光打蜡										

引导问题 7　全车修补涂装时如何进行表面的前处理?

全车修补涂装前的表面前处理方法与基础篇里面介绍的表面前处理方法基本相同,但是在全车修补涂装时还是要根据各损伤部位的面积、形状、程度的不同而灵活运用。一般全车的表面前处理方法如下。

1 清洁

按照全车清洗的步骤将全车清洁干净。在表面前处理之前进行清洗,可以避免车辆拆卸后由于密封不严导致车辆内部或内饰件进水。

2 拆卸

车身表面有很多的密封条、装饰条、标牌或一些零部件,如果在涂装时不拆卸下来直接喷涂的话,有可能会粘上涂料或缝隙涂料不均匀,既影响了美观,也给我们增加了大量的后续清理工作,所以最好在操作之前将能拆卸下来的部位都拆卸下来,并分类放置好。

3 鉴别旧涂层

一般旧车车身涂层维修过多次,车身表面的涂料类型、性能都发生了改变,而且每个维修的部位都可能不一样,所以在施工之前一定要认真鉴别每个部位的旧涂层种类,然后选择合适的底漆、中涂涂料、面漆等材料,确定合适的施工工艺,确保在后期施工时不要因为材料不对、施工方法不当而引起返工。鉴别旧涂层的具体方法请参考学习任务二表面的前处理中的相关知识内容。

4 评估损坏程度

车辆在使用过程中会因为很多因素导致车身涂层受损或板件变形,在评估损坏程度时应先将全车所有有问题的地方用记号笔圈出来,如图12-1所示。为了防止有遗漏,最好一个部件一个部件的认真检查。在找出问题之后,再确定每个部位的维修方法。对于变形较大的地方应该先进行校正,合格的钣金件凹陷变形量是不超过2mm,不允许有凸出的变形。

5 除油

车辆在平时使用或维护时会粘上很多油污、车蜡等,在操作之前应该彻底的清洁干净。除油的具体方法请参考学习任务一表面的清洁与除油中的相关知识内容。由于全车面积较大,除油时应分块进行。

6 遮蔽

将车身上一些不能拆卸的部件或打磨时可能会触碰到的部位用粘贴胶带保护好,防止在打磨过程中出现不必要的损坏。

7 除旧漆、除锈

利用打磨机配合不同型号的干磨砂纸对车身上涂层有问题的地方进行适当的打磨。
一般的,对于较大面积或较厚旧涂层的打磨,可以采用单作用打磨机配合P60、P80号砂纸进行彻底打磨(图12-9);对于较浅的划痕或问题较小的部位打磨,为了避免砂纸痕过粗可以使用7mm双作用打磨机配合P120、P180或P240砂纸进行打磨(图12-10)。

8 打磨羽状边

用7mm双作用打磨机配合P120号砂纸将之前粗打磨过的部位先打磨一遍,以消除P60、P80号砂纸留下的粗砂纸痕,再将所有的旧涂层边缘打磨出羽状边,形成平滑的过渡。最后对需要刮涂腻子的部位羽状边边缘3~5cm的地方适当粗化,以提高腻子的附着力。

9 清洁

用干净的抹布及风枪将车身表面打磨下来的粉尘清除干净。

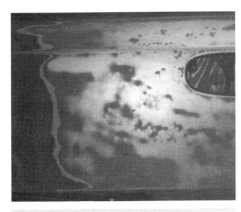

图12-9 大面积除旧漆除锈

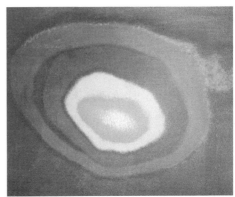

图12-10 小面积除旧漆除锈

10 检查

检查车身表面缺陷是否有遗漏的地方,检查除旧漆、除锈及打磨羽状边是否有不合格的地方。

 想一想

除旧漆、除锈的要求是:_____

_____。

打磨羽状边的要求是:_____

_____。

引导问题8　全车修补涂装时如何进行底漆涂装？

经过表面前处理的全车,为了防止车身上裸露的金属生锈以及增强后续涂层的附着力,一般需要进行底漆处理。但有时为了简化工艺,对于面积较小的裸露金属部位也可以采用直接刮涂合金腻子的方法来进行处理。一般全车修补涂装时的底漆涂装方法如下:

1 遮蔽

将需要喷涂的部位周边位置用遮蔽纸、遮蔽胶带保护好。

2 除油、粘尘

将所有需要涂装底漆的部位用除油剂擦拭干净,并用粘尘布将表面的浮尘擦拭干净。

3 准备涂料

选择合适的底漆,并根据产品技术说明调配好涂料。

由于环氧底漆具有适用底材广、防腐蚀性好和附着力好的特点,所以汽车修补涂装行业一般推荐使用环氧底漆进行涂装。如某品牌的 P565-895 超快干无铬环氧底漆除了具有上述特点之外,还具有干燥迅速、干后无需打磨可直接在其上刮涂腻子等优点。

当然,如果底材是塑料件则要使用塑料底漆。

④ 喷涂底漆

对于较大面积可以采用喷涂的方法进行涂装,对于较小面积也可以用干净的棉布蘸上底漆后薄薄施涂一层或用毛刷刷涂一层。底漆喷涂的方法可以参考学习任务三底漆的涂装中的相关知识内容。

⑤ 干燥

用烤灯对涂装过底漆的地方进行烘烤,加速干燥。

引导问题 9　　全车修补涂装时如何进行腻子的刮涂及打磨?

检查全车,看看哪些打磨过的地方需要刮涂腻子,哪些不需要刮涂腻子。不需要刮涂腻子的地方先暂时不管,记住要刮涂的部位及凹陷程度,然后按照下面的腻子刮涂及打磨工序进行。

① 调制腻子

(1)根据刮涂部位的材质选择合适的腻子。

想一想

腻子有这些类型:_____
它们分别适用的底材类型是_____
_____
_____。

(2)根据刮涂的面积大小选取适量的腻子。如果全车刮涂的面积较大,建议分多次选取、多次调制、多次刮涂。

(3)按照产品技术说明添加适量的固化剂。

(4)充分混合腻子。

② 刮涂腻子

全车刮涂腻子可分三次进行:

(1)第一次刮涂。将全车需要刮涂腻子的部位先用刮刀压实、薄薄的刮涂一层,以增强

图12-11　刮涂腻子

腻子与工件表面的层间结合,特别是表面有缝隙、坑洼不平的地方,更应该用力将腻子填充进去,否则容易在里面形成气孔,时间长了之后,涂层容易出现起泡、开裂、脱落等缺陷。

(2)第二次刮涂。第二次刮涂是要将全车表面填平,为了避免一次刮涂过厚容易形成气孔,在此层可以分多次刮涂,并不是只允许刮涂一遍,以填平为原则(图12-11)。

(3)第三次刮涂。此次刮涂主要是将腻子刮光,将表面轻微的气孔、划痕填平。

3 干燥腻子

一般腻子在刮涂20~30min后即可打磨,有时为了提高工作效率可以用红外线烤灯加速腻子的干燥。

 想一想

一般用红外线烤灯烘烤腻子涂层时,烘烤温度为_____℃,烘烤距离_____cm。腻子厚的地方往往比薄的地方干得_____,这是因为_____。

4 打磨腻子

根据全车腻子刮涂面积的大小、光滑度,选择合适的打磨工具和砂纸进行打磨。一般的腻子打磨可分三次进行:

(1)使用P60~P80干磨砂纸配合双作用打磨机或轨道式打磨机进行粗打磨。

对于面积较大、涂层较厚的腻子,为了提高工作效率也可以先使用单作用打磨机配合较粗的砂纸粗磨一遍。对于面积较小、涂层较薄、不好用打磨机打磨的地方,需要使用手工磨块配合干磨砂纸进行打磨。

粗打磨时为了避免在腻子周围的旧涂层上产生较深的砂纸痕,一般不要超出刮涂腻子的范围。

(2)使用P120~P180干磨砂纸配合双作用打磨机或轨道式打磨机进行中等程度的打磨。

(3)使用P240~P320干磨砂纸配合手工磨块将腻子彻底打磨平整,并磨出腻子周围的羽状边。

在打磨腻子时应注意:

(1)每次打磨或换砂纸型号之前必须涂指示层,以用来显现涂层缺陷。

(2)打磨腻子需要更换砂纸时,砂纸跳号不能超过100号。

(3)在打磨过程中要一边打磨一边检查,防止打磨过度。
(4)如果经过打磨之后检查腻子还有不平整的,应重新刮涂及打磨,直至完全恢复工件表面的形状和平面度为止。

5 腻子的修整

腻子的修整一般分为以下步骤:
(1)仔细检查腻子及车身涂层表面,对于细小的针孔、砂纸痕、划痕等用幼滑腻子填平;对于较大的孔、划痕用双组分普通腻子填平。
(2)采用自然干燥或烘烤干燥。
(3)用P240~P320号干磨砂纸配合手工磨块将填补针孔、划痕的腻子打磨平整。
(4)用P320号干磨砂纸配合双作用打磨机将需要喷涂中涂底漆的部位磨毛。
(5)清除干净腻子及车身表面的粉尘。

引导问题10 全车修补涂装时如何进行中涂底漆的涂装?

全车涂装时,喷涂中涂底漆主要是为了填充工件表面细小的缺陷以及封闭旧涂层。对于车身上旧涂层较好的地方,可以不用喷涂中涂底漆。中涂底漆涂装的一般方法如下。

1 遮蔽

用遮蔽纸和遮蔽胶带将不需要喷涂的部位及部件保护起来。由于中涂底漆的涂膜较厚,为了防止喷涂时产生较厚的台阶,应该注意贴护的范围不要太小,贴护时尽量采用反向贴护。

2 除油、粘尘

将车身表面需要喷涂的部位用除油剂擦拭干净,再用粘尘布将表面的浮尘擦拭干净。

3 准备涂料

选择合适的中涂底漆,并根据产品技术说明调配好涂料。
中涂底漆一般分单组分和双组分两种,对于非重要装饰面、喷涂面积不大和要求不高的部位可以采用单组分的中涂底漆;对于重要的装饰面、喷涂面积较大和要求较高的部位则需要使用双组分的中涂底漆。如果为了有较好的填充性和封闭性,则建议使用双组分的中涂底漆。如果是喷涂在较软的塑料件上面,双组分中涂底漆里面还应添加适量的塑料柔软添加剂。

4 喷涂中涂底漆

中涂底漆喷涂的一般步骤如下:

（1）仔细检查全车，如果有裸露金属的部位，建议先用环氧底漆作防锈处理；如果有裸露塑料部位，建议先用塑料底漆作提高附着力处理。

（2）将需要喷涂的部位先雾喷一层并闪干，确保没有不良反应。

（3）将需要喷涂的部位正常均匀的喷涂两遍，完成中涂底漆的喷涂（图12-12）。

喷涂中涂底漆时应该注意：

（1）喷涂层数可根据喷涂部位的需要来确定。一般缺陷比较严重的（如针孔、砂纸痕等）可适当多喷涂几层，缺陷比较轻微的可适当薄喷。

（2）喷涂完成后的中涂底漆边缘不能有明显的台阶。

（3）如果一个区域内有相邻的几块喷涂部位，则最好是将整块区域进行喷涂。

喷涂好的中涂层应该达到涂层均匀、光滑、平整、无针孔、无划痕等。

5 干燥

根据喷涂的部位多少进行合适的干燥。如果喷涂部位较少，则可以使用红外线烤灯进行烘烤；如果喷涂部位较多，则最好在烤漆房内进行烘烤。

6 检查及补刮腻子

认真仔细检查全车，对于车身表面细小的针孔、划痕等缺陷，用幼滑腻子进行填补，确保车身表面不存在任何问题。

7 打磨中涂底漆

由于中涂底漆有一定的耐水性，所以中涂底漆既可以湿磨，也可以干磨。

湿磨时一般选择手工打磨块配合P600～P1000号水磨砂纸进行打磨。

干磨时一般选择双作用打磨机和手工打磨块配合P320～P500号干磨砂纸进行打磨。

干磨的一般步骤如下：

（1）将车身上有中涂底漆的部位用碳粉指示剂均匀涂抹一遍。

（2）用手工打磨块配合P320号砂纸将刮涂过幼滑腻子的部位和不平整的地方打磨平整。打磨时尽量避免磨薄或磨穿中涂层。

（3）用3mm双作用打磨机配合P400～P500号干磨砂纸将中涂底漆打磨平整光滑。

（4）用3mm双作用打磨机配合P500～P600号干磨砂纸将需要喷涂面漆的部位全部磨至没有光泽（图12-13）。对于一些打磨机不好打磨的部位选用P800号及更细的砂纸、菜瓜布等进行手工打磨。如果全车是准备采用驳口法喷涂的，应该使用较细的砂纸（如P1500号的砂纸）进行打磨。

8 清洁除尘

打磨完成后，先用干净的湿抹布将全车擦拭干净，再用风枪将表面的浮尘吹掉，最后再认真检查表面，确保所有喷涂表面符合面漆涂装前的质量要求，否则面漆涂装完后再返工，会造成更大的材料、时间的浪费。

图12-12 喷涂中涂底漆

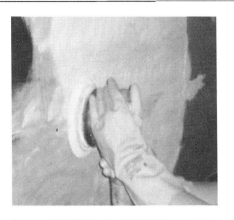

图12-13 打磨旧涂层

 想一想

面漆涂装前底材要达到的要求：_____

_____

引导问题 11 全车修补涂装时如何进行面漆的涂装及修整？

全车打磨完成并彻底清洁后，就可以进行面漆的涂装。面漆涂装的一般方法如下。

1 遮蔽

为了保持喷漆房的清洁，首先应在喷漆房外面用遮蔽纸和遮蔽胶带将不需要喷涂的部位及部件保护起来，只留出阻碍汽车移动的部位，待车辆进入喷漆房停好之后再遮蔽。

2 检查并清洁喷漆房

全车涂装时，喷涂环境对最后涂膜质量的好坏会产生巨大的影响，所以，在车辆进入喷漆房之前需要仔细检查喷漆房的换气系统、照明装置工作是否正常；检查喷漆房的密封性能是否良好；检查喷漆房的过滤系统是否干净；检查喷漆房内的墙体及地面是否干净。确保没有问题之后再将车辆移至喷漆房内，停放好，并将剩下没有遮蔽好的部位及部件遮蔽好。

3 除油、粘尘

仔细检查全车，确保车辆表面没有缺陷、遮蔽良好，然后采用擦拭法或喷擦结合法将所有需要喷涂的部位用除油剂擦拭干净。最后用粘尘布轻轻擦拭工件表面，将表面的浮尘擦拭干净（图12-14）。

图12-14 清洁

4 准备涂料

根据全车需要喷涂的涂料类型,调出颜色并根据产品说明进行调配,选择合适口径的喷枪,将调好的涂料过滤到喷枪里面。

5 面漆喷涂

全车喷涂面漆时可以根据喷涂的涂料类型、损伤部位及面积大小等具体情况,采用实喷法、驳口法或实喷法驳口法相结合的方法进行喷涂。实喷法的操作可以参考学习任务七面漆的涂装中关于面漆喷涂的相关内容,驳口法的操作可以参考学习任务十局部修补涂装中关于面漆喷涂的相关内容,实喷法驳口法相结合的方法的操作可以参考学习任务十局部修补涂装和学习任务十一板块修补涂装中相关的知识内容。

不管采用哪种喷涂方法,一般要求先将颜色不一致的地方遮盖1~2遍,提高涂料之间的亲和力,同时也提高涂层的遮盖力;然后再进行板块喷涂或局部喷涂,如图12-15和图12-16所示。

图12-15 喷涂色漆

图12-16 喷涂清漆

6 干燥

全车干燥时由于喷涂面积较大,如果干燥方法或干燥时间不对,很容易产生涂膜缺陷,如"起痱子"、起泡等。一般全车干燥时应注意以下几点:

(1)喷涂完后不能马上关掉喷漆房,最少要保持系统工作15min以上的时间,特别是不能马上进行烘烤(除非涂料产品有特别说明)。

 想一想

喷涂完后不能马上关掉喷漆房是因为:_____

想一想

喷涂完后不能马上进行烘烤是因为：_____

（2）在烘烤之前最好将部件边缘的遮蔽胶带拆除干净。
（3）最好采用整体加热的方式进行干燥,加热的温度不宜超过70℃。

7 面漆修整

由于施工环境、操作人员技术水平、工具设备等因素影响,经过全车修补涂装的涂膜很难达到完美无瑕,一般还存在或多或少的问题,所以涂层干燥之后一定要认真检查,对有问题的地方进行适当的修整。涂层修整的一般方法如下：

（1）检查涂膜。将车身表面涂层所有有问题的地方找出来,以便进行相应的处理。
（2）分析涂膜缺陷。根据涂膜缺陷的类型及处理方法(详情参考学习任务八面漆的修整中关于涂膜缺陷相关知识内容),将涂膜缺陷进行分类。
（3）对于涂层表面轻微的缺陷采用精打磨之后,再进行抛光打蜡处理(图12-17)。
（4）对于问题较严重的缺陷和非表面缺陷,一般需要通过重新涂装进行处理。

8 收尾

收尾工作包括以下内容：
（1）将涂装之前拆卸下来的部件安装还原。
（2）将车身上有混漆、脱胶的地方清理干净。
（3）将车辆内外清洁干净。
（4）检查(图12-18),确定没有问题之后交车。

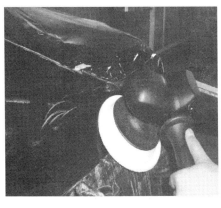

图12-17 抛光

图12-18 质检

三、知识与能力拓展

引导问题12 汽车修补涂料的发展趋势?

汽车涂装技术的发展与涂料的发展是息息相关的,目前汽车涂料的主要发展趋势是为了适应市场竞争的需要和追赶新潮流,努力提高汽车涂层的光泽、鲜映性、色彩、立体感等外观装饰性能,以及耐摩擦、抗石击、抗划伤和耐环境对涂膜的侵蚀等保护性能。同时为适应人类对环境的保护要求,汽车修补涂料正在向着高固体化、非异氰酸酯化和水性化方向发展。

1 涂料的高固体化

涂料的高固体化指的是涂料中的固体含量越来越高,溶剂含量越来越低。涂料中的溶剂是典型的VOC(有机挥发物)。一般来说涂料的溶剂含量越高,其含VOC相对越高。VOC对环境的影响非常大,如当VOC及氮氧化合物(如汽车尾气排放物)在强太阳光照射下同氧气发生反应会形成臭氧并在大气层中聚集,从而破坏大气结构,对人类生存环境造成破坏。如果VOC过度排放会影响地球上动植物的生存并导致水质变坏。因此,全球的环境保护组织及各国国家政府对各类产品中VOC的排放提出了严格的要求。涂料的高固体化有助于减少VOC的排放。在汽车修补涂料中,有机挥发物在各类产品中所占的比例大致为表面前处理产品9.2%,底漆33%,纯色漆10.1%,底色漆及清漆47.7%。提高底色漆、纯色漆和清漆的固体含量,对降低VOC的作用是十分明显的。

2 涂料的非异氰酸酯化

双组分聚氨酯系涂料具有很多突出的性能,多年来一直受到汽车修补涂装行业的广泛使用,但是聚氨酯涂料中的异氰酸酯成分具有较大的毒性,会严重的危及操作人员的身体健康。为了减少这种有毒产品的危害,各个涂料公司都在开发新的涂料品种,如荷兰的阿克苏公司开发了一种非异氰酸酯系的双组分汽车修补漆,该种涂料具有双组分聚氨酯系涂料的几乎所有特点,且交联剂中不含异氰酸酯,干燥速度特别快,可低温干燥,能很好的满足汽车修补涂装的要求。有机硅改性丙烯酸涂料也是一种非异氰酸酯衍生物作交联剂的涂料,它具有超耐候性、耐沸水性、耐溶剂性、抗污性以及涂膜平整、光滑、丰满、机械性能良好等特点,与双组分丙烯酸聚氨酯涂料的性能比毫不逊色。

3 涂料的水性化

水性涂料是最环保的涂料品种,它对环境的污染和对人体的危害是最小的。早在20世纪60年代中期,汽车制造厂就已经开始采用水性化的电泳底漆,80年代中后期又使底色漆完成了水性化,90年代初期水性罩光清漆也开始应用。现在大部分的汽车制造厂已经大量使用水性化的各类涂料。在汽车修补涂料市场,由于涂装设备、施工方法、施工工艺、外观效果等方面的限制,涂料的水性化速度相对缓慢,目前技术较成熟、应用较多是水性底色漆。水性底色漆中的有机溶剂成分仅为(10%～15%)/L,远较于传统色漆的(70%～80%)/L低许多,因此刺激性气味小,对人体健康的影响也较少,能确保喷漆作业及物料储存安全,可大幅降低有机溶剂使用量,减少废弃物,对环境的冲击影响降到最低。随着国家环保要求的提高,汽车修补涂料技术的不断发展,涂料的水性化是涂料发展的必然趋势。

引导问题 13　汽车用水性涂料的知识?

水性涂料作为今后汽车涂装用的主要涂料类型,我们有必要掌握一些常用的水性涂料知识。

1 水性漆的性能及特点

水性漆与传统溶剂型漆一样,基本成分包括溶剂、树脂、颜料和添加剂等。水性中涂漆主要有聚酯和聚氨酯漆,其施工固体分较高,一般为50%～60%。水性中涂漆的抗石击性能优于传统溶剂型中涂漆。水性面漆的底色漆主要有丙烯酸和聚氨酯漆。水性清漆由于价格较高,目前尚未广泛应用,普遍采用的罩光清漆是高固体分双组分溶剂型漆。水性金属底色漆与溶剂型金属底色漆的溶剂含量比较见表12-2。

水性金属底色漆与溶剂型金属底色漆的溶剂含量比较　　表12-2

涂料中各组成成分	低固体分溶剂型金属底色漆中的含量(%)	水性金属底色漆中的含量(%)
不挥发成分	13	21
溶剂	87	14
水	0	65

从表12-2中可看出,水性漆所含溶剂主要是水,树脂分散在水中形成聚合物分散体系;而传统溶剂型漆的溶剂主要是有机溶剂,树脂在溶剂中形成聚合物溶液。这就是水性漆与溶剂型漆的最大差别。

水的独特性质(表12-3)使水性漆的性质也不一般,在许多方面与传统溶剂型漆不同。

水与有机溶剂的物理性质比较　　表12-3

比较项目	有机溶剂	水	对水性漆的影响
表面张力($mN \cdot m^{-1}$)	29.0	72.0	表面张力大,易流挂、缩孔等
蒸发热($kJ \cdot kS^{-1}$)	350～450	2258	蒸发热和热容值大
热容值[$kJ \cdot (kg \cdot K)^{-1}$]	1.6～2.0	4.18	水蒸发慢,易流挂,需设置中间加热挥发区
介电常数	2.37～5.10	80.37	导电性好,对静电喷涂有特殊要求

(1)颜料分散性不好。水性漆属于聚合物分散体系,颜料分散性不是很好,因此须采取措施加以改善。

(2)分散粒子的稳定性差。溶解的分子对剪切力、热、pH等都很稳定,而分散的粒子不稳定,因此要对分散体系采取稳定措施。分散粒子受剪切力后会被破坏,因而须考虑在制造、输送水性漆过程中避免剪切力的作用。分散粒子对 pH 值很敏感,漆中混入酸性物质会形成酸性粒子,从而产生胶化破坏水性漆。还有水性漆在运输过程中受寒冻结后分散粒子也会被破坏。

(3)表面张力大。水的表面张力大,故水性漆的表面张力也较大,在施工过程中要加强管理,否则涂装时易产生下列缺陷和涂膜弊病:

①易流挂;

②展平性不好;

③易产生缩孔、针孔;

④不易伸入被涂物表面的小细缝中。

(4)蒸发热和热容值高,受温度、湿度的影响大。水的高蒸发热和热容值使水性漆中的水蒸发慢。溶剂型漆中溶剂总量的 50% 在喷涂雾化过程中挥发掉,而对于水性漆仅为 25%。水蒸发慢在涂装时易产生流挂,且使涂装效率变差。因此,需设置中间加热区将水从水性底漆涂层中强制挥发出去。在喷涂清漆前必须把 90% 的水从水性底漆涂层中除掉(防止在最终烘烤时沸腾的水穿过清漆挥发出来)以获得最佳的涂膜外观,从而避免水性底漆被清漆返溶。

水的蒸发速率与相对湿度密切相关,相对湿度高时,水的蒸发速率很低。因此,喷漆室的相对湿度和温度必须控制在一定范围内,以确保喷漆雾化过程中适量的水挥发掉,并且使水和有机溶剂在涂膜中保持适当平衡。这个适当的平衡是很重要的,其可使涂料有合适的表面张力以润湿喷涂表面。

(5)导电性好。水的介电常数大,因此水性漆的导电性好,一般水性漆的电阻小于 0.1MΩ,而溶剂型漆有一定的电阻:0.5~20MΩ。水性漆的导电性好,当采用静电喷涂时有特殊要求。

(6)腐蚀性大。水性漆含有大量水,因而对容器、输送管路、喷漆室体等易受潮部位有腐蚀性,需用不锈钢或塑料制品。

(7)流变行为。流体黏度随剪切率的增加而减少时称为假塑性流体。假塑性流体的流变行为与其流变所走路径有关,也就是对时间有依赖,故称之为触变性流体。杜邦公司的水性金属漆和水性色漆本质上属假塑性流体。BASF 公司的水性漆具有触变性,其黏度取决于所用的剪切速率及其剪切历程。基于水性漆的特性,用流杯测量黏度值不具有重现性,只有用旋转黏度计测出包括低剪切速率下和高剪切速率下的数据点完整流变曲线才能给出水性漆流变行为的完整特性。

2 水性漆的喷涂设备

(1)喷涂水性漆使用的喷漆室。喷漆室的室体、槽子等受潮部位需全部采用不锈钢。喷漆室内的温度和湿度必须严格控制,施工区域内温度波动不超过 ±1℃,相对湿度波动不超过 ±5%,基材或车身温度应保持在喷漆室条件下的露点以上。温度和湿度会影响到水性涂膜的颜色、金属闪光效果、涂膜粗糙度、色匀性、防流挂性、结构形态以及对中涂的润湿性能,同时还将影响到电极的污染(应用静电喷涂时)。最佳喷漆室条件如下:

温度:23±1℃;相对湿度:65%±5%。

中涂喷漆室下降风速:手工区0.45m/s;静电喷涂区0.30m/s;挥发区0.20m/s。

底漆喷漆室的下降风速:手工区0.45m/s;静电喷涂区0.30m/s;空气自动喷涂区0.50m/s;挥发区0.30m/s。

由于水性底色漆中主要溶剂是水,与常见的有机溶剂相比,水不容易挥发。在常规条件下,水从涂膜中挥发时,当涂膜表面的空气中水蒸气饱和后,水会停止挥发,涂膜不能很好地成膜。

为促使水性底色漆很好地成膜,一般有两种方法:一是用专用吹风设备驱赶涂膜表面的水蒸气,促使涂膜中水的挥发;二是使用加热装置使水挥发。图12-19所示为汽车修补涂装使用的水性漆专用喷漆房顶部,图12-20所示为水性漆干燥吹风枪。

图12-19 水性漆喷漆房

图12-20 水性漆干燥吹风枪

(2)水性漆的调漆室及输漆系统。调漆室应尽可能靠近喷漆室。调漆室要有温度调节,以保证施工时最佳的油漆温度(20~25℃)。调漆室要有足够的水性漆库存空间。当将水性漆从外送往调漆室时,需在调漆室存放足够的时间,以将水性漆升温到施工温度。例如,在调漆室内室温23℃,普通空调条件下,一个装有水性漆的250L容器从5℃升温到20℃需48h。按此计算,如采用250L的运输容器,油漆车间必须有5班的水性漆库存周转量(溶剂型漆的调漆室需2班的油漆库存周转量)。

调漆罐必须用不锈钢,内表面要尽可能光洁,容器尺寸要尽可能小。尽量减少容器中的空气交换来保持漆面上空气的湿度,避免油漆可能在器壁和搅拌器轴上干结,因此漆罐必须保持密封。容器中油漆液面不能低于回管,避免搅拌时产生气泡,避免污染。

输漆管路系统采用大直径循环管道,避免系统高压。避免使用会留下死角的管道附件和短径弯头,应该用直径不变的连接管。变径时用分级管来代替渐缩管。管路需采用不锈钢或塑性材料,系统中其他的受潮部分也应为不锈钢制品。所有部件,尤其是焊接接头等,必须经过钝化处理。应避免使用含硅树脂、两性电解质等材料用于密封的衬垫、阀门、活塞等,这些材料会导致油漆缩孔。

输漆系统一般设有两道过滤,金属漆的前道过滤器规格为100~150μm,单色漆的前道过滤器规格为46~60μm。后道过滤均可采用100~150μm的过滤器。

(3)水性漆的喷涂设备。水性漆可用空气喷枪、静电空气喷枪或高速旋杯进行施工。高速旋杯的外置式荷电系统已经在德国、欧洲和美国市场诞生,直接荷电的水性漆系统和后来与地绝缘的输漆系统现正在许多生产线上得到应用。

雾化方面的基本情况(如油漆液滴的分散、沉积、喷涂效率等)和溶剂型金属底漆大致相同。但水性漆对流量和漆雾变化更加敏感,如有不当,容易导致涂膜发花和针孔。因此需增加工艺控制内容,如流体环路控制、雾化空气控制、瞬时触发控制和喷枪目标距离环路控制。

水性底漆喷涂设备要求特殊的清洗溶剂和增加换色次数,以确保设备内部清洁。此外,易受潮部位要全部采用不锈钢。

汽车修补涂装中对喷涂过水底色漆的喷枪进行清洗时可以用水。但由于喷枪的零件主要是钢材,残留在喷枪的水很容易腐蚀喷枪零件,因此每次用水清洗喷枪后应该再用清洁的溶剂清洗喷枪所有的管道,并风干喷枪。在每次使用喷枪前,要确保上次的清洗溶剂已完全挥发。为确保喷枪的完好,建议选用供应商提供的专用洗枪液。

清洗喷枪的水不能直接排放至下水道中,一定要经过处理后才能排放。供应商提供专用的水性沉淀剂,使用后清洗废水中的涂料残留物会形成固体物与水分离,过滤后的水可重复用于喷枪的清洗,一般经过10次循环使用后的废水进行沉淀物分离可作为普通工业污水交给有关部门处理。

(4)水性漆的运输及库存。水性漆对温度很敏感,如果贮存在低于冰点的温度时会改变油漆的溶解特性,由此导致油漆中活性物质沉淀,材料就不均匀。经过重新加热后,水性漆不会回到均质状态,它的特性将被破坏。因此,水性漆运输和贮存时有较高要求。温度控制在5~30℃,在冬季和夏季运输过程中需有加热或冷却装置,为此必须使用控热的卡车或运载装置,在仓库和调漆室内需有空调。

因水性漆中含水,故会使传统油漆运输设备产生腐蚀,不仅损坏设备,而且油漆本身易受3价离子(如Fe^{3+})的影响,这些离子将影响油漆的流变特性。因此,要求所有接触到水性漆的设备需用不锈钢或塑料制品。

水性漆贮存稳定性仅3个月,对运输和贮存有较高的要求。因此,国内汽车公司如采用水性漆不宜从国外进口,最好就近生产,便于及时供货。

3 水性漆的施工工艺

目前欧美普遍采用的水性漆涂装工艺体系是:阴极电泳漆→水性中涂漆→水性底色漆→高固体分溶剂型罩光清漆。水性漆的施工工艺与溶剂型漆不同,水性中涂烘干时需增加红外线升温和保温过程,水性底漆喷涂后增加加热挥发过程。一般的水性漆施工工艺如下:

(1)喷涂水性中涂漆。
(2)中涂烘干,工艺参数如下:
①挥发:室内条件下5min;
②红外线升温:2~3min,(70±10)℃(车身);
③红外线保温:3~5min,(70±10)℃(车身);
④循环热空气升温:约5min,165~175℃(车身);

⑤循环热空气保温:15min,165~175℃(车身);
⑥冷却:车身温度冷却到小于35℃。
(3)喷涂水性底色漆。
(4)加热挥发,工艺参数如下:
①挥发:室内条件下1.5min;
②升温:红外线,1~5min,(70±10)℃(车身);
③保温:循环热空气,2~5min,(70±10)℃(车身);
④冷却:车身温度冷却到小于35℃(约2min)。
⑤在加热挥发区必须确保水性漆中90%以上的水分挥发掉。
(5)喷双组分清漆。
(6)面漆烘干。工艺参数如下:
①挥发:室内条件下3min;
②升温:红外线,10min,(125±20)℃(车身);
③保温:循环热空气,20min,(125±10)℃(车身);
④冷却:车身温度冷却到小于35℃。

四、评价与反馈

1. 对本学习任务进行评价,见表12-4。

全车涂装操作考核评价表　　　　　　　　　　　　　　　表12-4

考核项目	评分标准	分 数	学生自评	小组评价	教师评价	备 注
团队意识	是否能互相协助 是否能顾全大局	5				
工作态度	是否积极、认真、负责	5				
现场5S	是否在整个工作过程中贯穿5S	5				
方案设计	是否能结合具体的条件、环境,进行合理的设计	10				
操作过程	工具、设备、材料的准备 清洁与除油 表面前处理 底漆的涂装 腻子的刮涂与打磨 中涂底漆的涂装 面漆的涂装 面漆的修整 质检	60				

学习任务十二　全车涂装

续上表

考核项目	评分标准	分　数	学生自评	小组评价	教师评价	备注
操作结果	质量是否符合要求	5				
安全规范	有无违规或危险的操作	5				
知识与能力拓展	是否具有自学与发展能力	5				
总　　分		100				
教师签名：			年　　月　　日		得分	

2. 在实施作业时，出现了哪些问题？是什么原因产生的？如何预防及处理？

3. 请分析一下全车涂装与局部修补涂装及板块修补涂装有什么不同。

参 考 文 献

[1] 王锡春.最新汽车涂装技术[M].北京:机械工业出版社,1997.
[2] 王锡春,包启宇.汽车修补涂装技术[M].北京:化学工业出版社,2010.
[3] 吴兴敏,马志宝.汽车涂装技术[M].北京:人民邮电出版社,2009.
[4] 中国汽车维修行业协会.车身涂装(G模块)[M].北京:人民交通出版社,2008.
[5] 程玉光.汽车涂装技术[M].北京:人民交通出版社,2005.
[6] 吴复宇.汽车涂装技术[M].北京:中央广播电视大学出版社,2006.
[7] 宋东方.汽车涂装技术[M].北京:化学工业出版社,2011.
[8] (美)James E. Duffy Robert Scharff.汽车车身维修技术[M].吴友生,译.北京:高等教育出版社,2006.